W0193649

Revolution in der Küche

Das Rezeptbuch der säurefreien und allergiearmen Kost

Dr. Klaus Hoffmann - Axel Berendes - Elisabeth Briehl

Copyright 1995
by
Vier Flamingos Verlags- und
Vertriebsgesellschaft mbH
Münsterstraße 86, 48431 Rheine
1. Auflage 1995

Alle Rechte einschließlich der Übersetzung in Fremdsprachen, vorbehalten.

Kein Teil des Werkes darf in irgendeiner Form (Druck, Fotokopie,Mikrofilm oder einem anderen Verfahren) ohne schriftliche Genehmigung des Verlages reproduziert oder unter Verwendung elektronischer Systeme verarbeitet, vervielfältigt oder verbreitet werden.

Umschlaggestaltung

Sabine Rehr, Dr. Klaus Hoffmann

ISBN: 3-928306-09-X

DIE

ERNÄHRUNG

IST DIE

HÜTERIN

DER

GESUNDHEIT

Dieses Buch ist gewidmet

Frau Dr. Veronika Carstens

einer hervorragenden homöopathischen Ärztin
und Befürworterin einer umsichtigen,
biologischen Medizin

Vorwort

Durch Irrtümer zum Erfolg

Schon vor vielen Jahren habe ich auf Vorträgen und Seminaren die Erfahrung gemacht, daß zutiefst Verunsicherung bestand, die von mir als optimal angesehene Ernährungsstrategie, nämlich eine säure- und allergiearme Kost, in die Praxis umzusetzen.

❖

Daraus entstand dann der Plan, einen praktischen Leitfaden der säurefreien und allergiearmen Kost zu erarbeiten, der Ihnen hiermit vorliegt. Gleichzeitig soll der theoretische und therapiebezogene Teil dieser höchst erfolgreichen Ernährungsstrategie nicht untergehen. Diesem theoretischen und therapiebezogenen Teil ist unser Ernährungsbuch 1, "Revolution in der Ernährung, Kursbuch der säurefreien und allergiearmen Kost", gewidmet (Erscheinungsjahr 1996).

❖

Darin werden Sie fundierte theoretische Grundlagen für diese Ernährungsform und viele praktische Hinweise für die Behandlung fast jedweder Erkrankung mittels säurefreier Kost erhalten.

❖

Seit einigen Jahren ist Axel Berendes mein erfahrener Mitstreiter.

Des weiteren habe ich Frau Elisabeth Briehl als Gesundheitstrainerin (UGB) und versierte und erfahrene Kursleiterin für säurefreie Ernährung in unser Team geholt.

Sie ist hier an letzter Stelle genannt, nicht weil ihre Aufgabe erst an dritter Stelle käme, sondern weil sie als Dritte unser Team vervollständigte.

❖

Für dieses Buch haben wir folgende Aufgabenteilung vorgenommen, so daß die unten genannte Aufteilung die federführende Handschrift der jeweiligen Autoren trägt.

❖

Aufgabenbereich

von Dr. Klaus Hoffmann:

Gesamtplanung, Erstellung der Textbeiträge zur Einleitung, über Säuren und Basen, pH-Werte und pH-Wert-Messung, Bewertungssymbole, Wertigkeit von Lebensmitteln, Vorauswahl der Rezepte, Bewertung der Rezepte für ihre Brauchbarkeit in den Bereichen Säure-Basen-Haushalt, Rheuma, Allergien und Krebs. Überarbeitung aller weiteren Textbeiträge.

Zusammenstellung und Gliederung der einzelnen Tabellagen, Gruppen und Einstufungen.

Aufgabenbereich von Axel Berendes:

Literaturrecherchen, Literaturzusammenstellung, Entwicklung unseres früheren Drei-Stufen-Planes, Bearbeitung der Texte über Fette, Keimlinge,Getränke und praktische Ernährungsumstellung sowie die Erfassung sämtlicher Rezepte.

Zusammenstellung der Übersichtstabellen bezgl. Jod-, Kochsalz- und Vitalstoffgehalt von Nahrungsmitteln.

❖

Aufgabenbereich von Elisabeth Briehl:

Einbringen eines großen Teils unserer Rezepte, Beurteilung der anderen eingebrachten Rezepte, Erstellung von verschiedenenen Textbeiträgen, insbesondere zu allen küchentechnischen Bereichen, Zusammenstellung des Wochenplans.

❖

Frau Briehl hat am intensivsten von uns allen kompromißlos auf die wiederholten Angaben in diesem Buch für die ausschließliche Verwendung von Lebensmitteln aus anerkannt kontrolliert, biologischem Anbau hingearbeitet.

❖

Sie ist darüberhinaus strikte Verfechterin einer vegetarischen Kost, insbesondere aus ökologischen Gründen. Darüberhinaus hat sie selbst die Erfahrung gemacht, daß z.B. bei Verzehr von erhitztem Fisch ihr Blutdruck tagelang auf erhöhtem Niveau blieb.

❖

Ganz gehe ich mit der strikten vegetarischen Einstellung von Frau Briehl nicht konform. Denn da 99% aller Menschen keine reinen Vegetarier sind, können wir nicht die restlichen 99% aller Bürger aus unseren Ernährungsbestrebungen ausschließen. Des weiteren ist nicht jede Form von tierischem Eweiß schädlich. Allerdings fordert die Verwendung von tierischen Produkten eine artgerechte Tierhaltung und Fütterung.

❖

Gleichwohl werden Sie finden, daß der Rezeptanteil an tierisch eiweißhaltigen Rezepten in diesem Buch sehr klein ist. Dies insbesondere aus ökologischen Gründen, gehen doch die meisten Umweltbelastungen (u.a. Nitratbelastungen, Vernichtung des südamerikanischen Regenwaldes) überwiegend zu Lasten der (Massen-)Tierhaltung.

❖

Darüberhinaus bin ich als Therapeut dahingehend kompromißlos, daß ich sage, jede Form von erhitztem, tierischen Eiweiß ist gesundheitlich nicht nur schädlich sondern bedenklich. Die Begründung finden Sie in den folgenden Textbeiträ-gen.

❖

Einzig und allein Roheiweiß ist von allen tierischen Eiweißformen geeignet, Gesundheit zu erhalten. Roheiweiß hat in vielen Fällen eine stärker entsäuernde Wirkung als Gemüse und Salate. Hinweise und Begründung siehe ebenfalls später.

❖

So ist meine These ganz klar: Tierisches Eiweiß ist nicht generell schädlich, sondern primär das denaturierte, dadurch vom Körper nicht mehr für sich verwertbare Eiweiß, das letztendlich zu Harnsäure, Ammoniak und Harnstoff abgebaut werden muß.

❖

Darüberhinaus bin ich im Gegensatz zu den anfänglichen Vorstellungen von Frau Briehl ein konsequenter Vertreter einer salzfreien Kost, denn jedes Gramm Salz ist eine Belastung für den Körper, bindet Flüssigkeit, erschwert die Nierenfunktionen oder behindert sie sogar, verdrängt Kalium aus den Zellen und ist, wie ich im Immunbuch II beschrieben habe, ein absoluter Krebsrisiko-Faktor.

❖

Geruchs- und Geschmackssinn lassen an Intensität bei Verwendung von Kochsalz nach. Obwohl Kochsalz ein billiges Konservierungsmittel ist, wird jeglicher Geschmackssinn dadurch allmählich abgetötet.

❖

Ähnlich wie meine Mitautoren präferiere ich ganz klar die Getreidekost in gekeimter Form, denn einzig und allein die Verwendung von Körnern als Keimlinge ist mit einer optimalen Gesundheit vereinbar. Begründung, siehe ebenfalls in entsprechenden Textbeiträgen.

❖

Axel Berendes hat aufgrund seiner jahrelangen Mitarbeit die unbestreitbaren und manchmal unglaublichen Erfolge unserer Ernährungstherapie miterlebt und sie mit unzähligen Hinweisen an Betroffene weitergegeben. Er hat desgleichen daran mitgewirkt, die Verträglichkeit einzelner Nahrungsmittel auf den Einzelnen bezogen zu testen. Desweiteren hat sein wachsames Auge überzeugende Ernährungsliteratur in der umfangreichen medizinischen Presse herausgefiltert.

❖

Von mir selbst wurden alle wichtigen Werke von ärztlichen und nichtärztlichen Ernährungsberatern (Waerland, Dr. Bruker, Dr. Schnitzer, Prof. Kollath, Sommer, Koch, Dr. Lutz, Prof. Leitzmann u.a., um nur einige der Wichtigsten zu nennen) gesichtet und reflektiert.

❖

Letztlich profitieren Sie in und mit diesem Buch aber auch von der Vielzahl von Irrwegen und Fehlern, die ich im Laufe meiner nunmehr zwanzigjährigen ärztlichen Tätigkeit im ernährungstherapeutischen Bereich selbst gegangen bin.

Immer und zu jeder Zeit habe ich mich bemüht, Beobachtungen, die sich mit den praktischen Therapieergebnissen und -erfahrungen nicht deckten, zu revidieren.

Denn Theorie darf kein Dogma sein.

❖

Zuviele "Wahrheiten" haben sich schon als Irrtümer herausgestellt.

Was zählt, sind die praktischen Erfolge.

❖

Zuviele Menschen habe ich kennengelernt, die trotz ihrer eigenen, an bekannte Publikationen angelehnte Ernährungsformen mit viel (Vollkorn) Brot und vielen Milchprodukten schwer krank geworden sind.

❖

Kein anderer
Bereich verdient
so sehr unser
Interesse
wie der Bereich des
Säure-Basen-Haushaltes:

**DENN
HIER
BEFINDEN
WIR
UNS
IM
ZENTRUM
DER
GESUNDHEIT.**

Ich habe keine Ernährungsform kennengelernt,
die je mehr Erfolge gezeigt und gezeitigt hätte, als die
säurefreie und allergiearme Kost.

Das ist die Berechtigung für dieses Buch.

Säurefreie Kost für Gesunde oder Kranke?

15 Jahre praktische Erfahrung mit säurefreier Kost

Als ich vor knapp 15 Jahren die säurefreie Kost in die Ernährungstherapie von Patienten einführte, war diese durch ihre Vorkämpfer bereits für Interessierte oder Eingeweihte in Wort und Schrift verfügbar.

❖❖❖

Saure Nahrung macht krank

Der namhafteste Praktiker, der Chemiker Fred W. Koch, war allerdings bereits verstorben. Doch lebten seine Ideen und Erfahrungen durch einige seiner Schüler weiter, zu denen Frau Hendrika Fuhrer aus Singen und Herr Alfred Peitz aus Bielefeld gehörten und gehören.

Das Buch "Saure Nahrung macht krank" von Fred W. Koch wird für immer seinen Platz in den Medizin-Annalen haben.

❖❖❖

Säurefreie Kost im Vormarsch

Es fehlte aber der breite Eingang in die Medizin. Dieser fehlt heute immer noch, aber von mehr und mehr ernährungsorientierten Ärzten und von mehr und mehr ernährungsbewußten Verbrauchern oder Patienten wird die säurefreie Ernährung vorangetrieben und erfaßt einen immer größeren, wenn auch insgesamt noch relativ kleinen Bevölkerungskreis.

Vermeidung von Zivilisationskrankheiten

Primär ist diese Ernährung die beste Möglichkeit, nahezu alle Zivilisationskrankheiten zu vermeiden. Insofern stellt sie die Idealform der Ernährung für den Gesunden dar.

❖❖❖

Krankheiten bessern und heilen

Was diese Ernährung für den Kranken interessant macht, ist, daß sie zwar nicht immer sofort, aber mittel- und langfristig in der Lage ist, die ganz große Mehrzahl aller Krankheitsbilder zu bessern, oder - wenn diese bereits weit fortgeschritten sind - in Zusammenhang mit anderen therapeutischen Maßnahmen zu stabilisieren oder ein Wiederabrutschen der Gesundheit zu vermeiden.

❖❖❖

Das gewonnene Terrain stabilisieren

Jede sinnvolle Therapie mag eine Hilfestellung zur Problemlösung sein. Die Ernährung jedoch muß das gewonnene Terrain stabilisieren. Ein Teil dieses Terrains, evtl. sogar das ganze Terrain, läßt sich aber auch durch die Ernährungsmaßnahmen selbst gewinnen.

❖❖❖

Keine Krankheit bleibt außen vor

So stellt die säurefreie Kost die idealste und zigtausendfach bewährte Kost zur Erhaltung von Gesundheit, aber auch zu deren Wiedergewinnung dar. Ob Migräne oder Infektanfälligkeit, depressive Verstimmungen oder Psychosen, Krebsgefährdung oder sogar manifeste Krebserkrankungen, Angina pectoris oder Gelenkverschleiß vorliegen: Es gibt kaum einen Kranken, der von der Anwendung dieser Kost nicht profitiert.

❖❖❖

Allergiearme Kost - Gebot der Stunde

Unter den heutigen Verhältnissen, wo nahezu jeder zweite Bundesbürger an faßbaren Symptomen allergischer Erscheinungen leidet, soll die Kost aber gleichzeitig allergiearm gestaltet sein. Nicht nur deswegen, um den entsprechend Betroffenen zu helfen. Es soll vor allen Dingen auch für jeden noch Gesunden vermieden werden, daß er je zu diesen Betroffenen gehören wird.

So stellt eine säurefreie Kost, die gleichzeitig die wichtigsten Nahrungsallergene drastisch reduziert oder sogar ganz vermeidet, eine erhebliche Macht zur Erhaltung der Gesundheit dar.

❖❖❖

Hilfe für den Gestrandeten

***S**eit langer Zeit habe ich in ungezählten Vorträgen und Seminaren und schon bei der Mitwirkung an früheren Büchern ("Zeichen der Zeit", "Fasten, Yoga, Vollwerternährung". "Nahrung für Deine Seele", "Heilen ist einfach", "Rheuma heilt man anders", "Rette Dein Immunsystem") auf die Notwendigkeit und Grundlagen dieser Ernährungstrategie hingewiesen. Den Gesunden, aber auch den gesundheitlich Gestrandeten wird sie eine wahre Hilfestellung sein, viele Probleme entschärfen oder bereits aufgetretene Probleme reduzieren oder sogar ganz beheben.*

❖❖❖

Steter Tropfen höhlt den Stein

Allerdings bitte ich Sie um eins: Unterschätzen Sie bei schweren Krankheitsverläufen nicht die Zeitdauer, bis - trotz konsequenter basischer Kost - der Körper in sämtlichen Geweben ausreichend entschlackt ist. Auch wenn eine Besserung bereits in kurzer Zeit möglich ist, kann eine grundsätzliche Entsäuerung im Einzelfall zwei drei oder sogar vier Jahre benötigen, je nachdem wieviel Jahrzehnte oder in welchem Umfang säurehaltige Kost bereits praktiziert wurde.

❖❖❖

Unser Team ist stolz darauf, Ihnen dieses Buch präsentieren zu können.

❖❖❖

Etwas Theorie macht die Praxis verständlicher

Der theroretische Vorspann zu dem umfassenden Rezeptteil soll Ihnen eine ausreichende Einführung in die Gesamtproblematik des Themas geben. Denn nur allein das Erarbeiten von Rezepten kann nicht alle Theorie erklären.

Auf der anderen Seite haben wir den Theorieanteil gleichwohl versucht prägnant und übersichtlich zu erhalten. Theoretische und therapeutische Grundlagen sowie praktische Erfahrungen dieser Form der Ernährungstherapie finden Sie im Ernährungsbuch 1, "Revolution in der Ernährung, das Kursbuch der säurefreien und allergiearmen Kost".

Ich wünsche Ihnen zusammen mit meinen Mitstreitern Axel Berendes und Elisabeth Briehl viel Erfolg und bleibende Gesundheit im Rahmen all Ihrer gesundheitlichen und ernährungsbezogenen Bemühungen.

Rheine im Juni 1995

Die Autoren

Inhalt

ABSCHNITT 3

DIE ANWENDUNG DER SÄUREFREIEN UND ALLERGIEARMEN KOST

ABSCHNITT 4

REZEPTE ZUR SÄUREFREIEN UND ALLERGIEARMEN KOST UND IHRE BEWERTUNG

Rezeptteil

Müsli-Müsli-Müsli-Müsli-Müsli

Salat-Salat-Salat-Salat-Salat-Salat

Suppen-Suppen-Suppen-Suppen

Kartoffeln-Kartoffeln-Kartoffeln

Gemüse-Gemüse-Gemüse

Hülsenfrüchte-Hülsenfrüchte

Soja-Soja-Soja-Soja-Soja-Soja

Getreide-Getreide-Getreide

Fleisch-Fleisch-Fleisch-Fleisch

Beilagen-Beilagen-Beilagen

Sossen-Sossen-Sossen-Sossen

Nachtisch-Nachtisch-Nachtisch

Bäckerei-Konditorei-Bäckerei

Brot-Backwaren-Brot

Brotaufstrich-Brotaufstrich

Getränke-Getränke-Getränke

Tagespläne-Tagespläne

Tabellen-Infos-Tabellen-Infos

ABSCHNITT 1

DIE THEORETISCHEN GRUNDLAGEN DER SÄUREFREIEN UND ALLERGIEARMEN KOST

Die häufigsten Fehlmeinungen über Säuren und Basen

Alle Abweichungen von der normalen Funktion unseres Säure-Basen-Haushaltes führen erst zu latenten Erkrankungen, die von uns noch nicht wahrnehmbar sind, schließlich aber zu manifesten Erkrankungen, die ein Großteil unserer Bevölkerung nie mehr verliert.

Um an die Quelle zu kommen, müssen wir gegen den Strom schwimmen. *Das ist eine altbekannte Weisheit. So gibt es gerade, was den Säure-Basen-Haushalt betrifft, viele irrige Meinungen.* ***Die Unkenntnis der richtigen Zusammenhänge führt zu Mißverständnissen, falschen Rückschlüssen, sachwidrigem Verhalten und untergräbt trotz bester Bemühungen unsere Gesundheit.***

Gegen folgende nicht ausrottbaren, nichts desto weniger aber verkehrten Meinungen wehre ich mich vehement, besonders auch im Interesse aller Leser dieses Buches, weil sie sonst enttäuscht sein mögen und trotz zum Teil optimaler Bemühungen Gesundheit nicht erlangen oder nicht aufrechterhalten können.

DIE LISTE DER HÄUFIGSTEN IRRLEHREN

☞ Irrlehre 1

Die pH-Werte des Menschen müssen einmal am Tag sauer sein

Man versteht diese These im Sinne einer Säure-Basen-Flut, die besagt, daß basische pH-Werte mit sauren abwechseln sollten. Dies ist absolut unrichtig.
Ein gesunder Mensch, insbesondere ein Säugling oder Kleinkind, weist den ganzen Tag basische pH-Werte auf. Es wäre so, als wenn wir behaupten würden, einmal am Tag ein paar Stunden Kopfschmerzen wären normal, wenn wir den Rest des Tages frei davon sind.

☞ Irrlehre 2

Die Mär von den soo gesunden Vollkornprodukten

Weizen, Roggen und Dinkel, etwas weniger stark auch Gerste und Hafer führen zur Übersäuerung des Körpers. Die irrige Meinung, Dinkel wäre dem Weizen vorzuziehen, trifft schon garnicht zu unter den Aspekten des Säure-Basen-Haushaltes.

Denn Dinkel säuert den Organismus genauso stark wie Weizen. Durch den hohen Anteil an Klebereiweiß ist Dinkel auch vom Standpunkt allergischer Erkrankungen den anderen glutenhaltigen Kornprodukten auf keinen Fall vorzuziehen.

Auch Vollkornbrot führt durch seine schwere Verdaubarkeit zu einer starken Säuerung und zu Gärprozessen im Magen-Darm-Trakt. Der größte Anteil an Zellulose (etwa 80%) kann vom Verdauungstrakt nicht aufgeschlossen werden.

Eine üppige Getreidekost fördert u.a. Pilzerkrankungen, Gärprozesse und damit Blähungen und Übersäuerungszustände des Organismus schlechthin.

Darüberhinaus ist, wie ich besonders in dem Buch, "Rette Dein Immunsystem Teil 2" beschrieben habe, Getreide eine Mangelkost, was die wichtigsten Vitamine und Mineralien betrifft. Erst und allein durch den Keimprozeß werden Getreide aufgewertet, daß heißt besser verdaulich, vitamin- und enzymreicher und der Anteil an Mineralstoffen wird dem Körper besser verfügbar gemacht.

☞ Irrlehre 3

Alles Obst, auch saure Obstsorten wie Zitrone, Äpfel und andere Zitrusfrüchte reagieren im Körper basisch

Wie man diese Fehlmeinung bei auch nur ein bißchen Logik vertreten kann, ist mir gleichfalls unverständlich. Trotzdem ist diese Meinung bei vielen Ernährungsberatern und sogar einem Teil der Heilpraktiker und Naturheilärzte (die anderen Ärzte wissen sowieso kaum je darüber Bescheid), in einigen Fastenhäusern und weiten Schichten der Bevölkerung verbreitet.

Es wäre das gleiche zu behaupten, es wäre einerlei, ob man eine starke Säure oder stilles Wasser über seinen Fuß gießt. Die Aggressivität der Säuren führt immer zu Schäden im Körper. Wieweit er diese dann kompensieren kann, ist eine zweite Frage.

☞ Irrlehre 4

Die Mär von den gesunden Milchprodukten ist so unausrottbar wie die Krankheiten, die dadurch auftreten

Deswegen wird den Milchprodukten hier ein eigenes Kapitel gewidmet. Wer Fleisch wegläßt und dafür Milchprodukte verzehrt und trotzdem glaubt, gesund zu leben, ist schief gewickelt. Denn ***der sogenannte Lactovegetarier,*** *der aus seiner Kost Fisch und Fleisch und Wurstwaren verbannt, dafür aber reichlich Käse, Quark und Joghurt huldigt,* ***ist ein Konsument von tierischem Eiweiß allerersten Ranges.*** *Krankheiten werden durch Milchprodukte in noch größerer Zahl als durch Fleisch ausgelöst. Weder Osteoporose noch andere Krankheiten, die mit zuviel Eiweiß zusammenhängen, sind so vermeidbar.*

Kühe geben keine Sauermilch. Weder Kälber, noch Katzen, noch andere Tiere trinken diese Milch. Daß milchsaure Produkte generell gesundheitsfördernd seien, ist nur die Philosophie ihrer Propheten.

☞ Irrlehre 5

"Fleisch: ein Stück Lebenskraft" hören wir immer wieder

Durch überwiegenden Verzehr von Fleisch, zumal gebraten oder gekocht, bleiben wir auf Dauer nicht gesund. Nur Roheiweiß, roh zubereiteter Fisch, Carpaccio von Rindfleisch und Fisch, Tartar, Eigelb und ähnliche Formen von rohem Eiweiß schaden nicht unserer Gesundheit.
Auffallend ist, daß man nach dem Genuß einer Portion Tartar und anderen Formen von rohem Eiweiß in vielen Fällen wesentlich basischer ist als nach dem Verzehr von Gemüse.

☞ Irrlehre 6

Honig sei angeblich viel gesünder als Zucker

Da Honig ein nahezu reines Zuckerprodukt ist (abgesehen von der Beimengung von Blütenpollen und einigen Mineralien), ist sein Einfluß auf den Körper ähnlich verheerend wie der von Zucker. Zwar spielt die Menge des verzehrten Honigs eine Rolle, aber ihn als gesund zu deklarieren, bleibt wohl ein Vorrecht der Imker. Honig bewirkt Karies und vielfältige andere Schäden im Organismus. Für Allergiker und Rheumatiker ist er ohnehin absolut ungeeignet.

☞ Irrlehre 7

Der Mensch brauche Salz, ist die nächste irrige Meinung

Salz führt, wie andernorts nochmals erwähnt, zur Bindung von Flüssigkeit im Körper belastet das Herz-Kreislauf-System und die Nieren aufs höchste. Der Verzicht auf Salz beim Hochdruckkranken hat allein schon eine medikamentenähnliche Wirkung. Über die negativen Auswirkungen von Kochsalz auf Krebserkrankungen habe ich im Ernährungsabschnitt des Immunbuches 2 hingewiesen.

⌘

Es gibt eine Reihe weiterer irriger Meinungen, die wichtigsten habe ich aber hiermit zusammengefaßt.

Wie schon erwähnt, befinden wir uns bei der Betrachtung des Säure-Basen-Haushaltes im Zentrum der Gesundheit, das heißt, im negativen Fall am Startpunkt vieler Krankheiten, deren Entwicklung durch anhaltende Störungen im Säure-Basen-Haushalt in Gang gesetzt wird.

⌘

pH-abhängige Wirkung von Vitaminen und Säuren

Unter anderem ist die Wirkung der Enzyme und Vitamine, aber auch der Hormone, von ganz bestimmten Säure-Basen-Werten abhängig. Mit der Veränderung der Säure-Basen-Werte kommt es mehr und mehr zu Störungen im Wirkmechanismus dieser wichtigen Vitalstoffe, die Steuerungsfunktionen in unserem Stoffwechsel haben.

Die Messung und Interpretation der Säure-Basen-Werte (pH-Werte)

Die Meßgröße für die Messung von Säuren und Basen ist der pH-Wert. Ein pH-Wert von 7,0 ist neutral.

Egal ob wir eine Flüssigkeit im Körper oder außerhalb des Körpers oder den Säuregehalt von Nahrungsmitteln bestimmen:

Bei einem pH-Wert von 7,0 sind Flüssigkeiten und Nahrungsmittel neutral, das heißt: weder sauer noch basisch.

Basisch bei pH-Werten über 7

Liegen die Werte unter 7, haben wir einen Säureüberschuß, und zwar umso mehr, je mehr der Wert sich von 7 in Richtung Null entfernt.

pH-Null ist der sauerste Wert einer Flüssigkeit oder einer Substanz überhaupt.

Umgekehrt ist eine Flüssigkeit oder ein Nahrungsmittel um so basischer, je höher der pH-Wert über 7 liegt. Der basischste Wert ist 14. Einen stärker basischen Wert als 14 gibt es nicht, genauso wenig wie es keinen stärkeren Säurewert (pH-Wert) als null gibt.

Diese pH-Werte (Säure-Basen-Werte) können wir mit Teststreifen annähernd oder mit Geräten (pH-Meter) genauestens messen.

Die pH-Meßskala ist logarhitmisch aufgebaut

Wichtig ist zu wissen, daß diese Skala mit ihren Maßeinheiten logarithmisch aufgebaut ist. Das heißt der pH-Wert von 7,0 ist nicht das Doppelte von 3,5. Der pH-Wert von 14 nicht das Doppelte von 7.

- *Die Abweichung vom neutralen pH-Wert 7,0 um einen ganzen Punkt nach oben oder unten beinhaltet den Faktor 10.*
- *Ein pH-Wert von 6,0 ist **zehnmal saurer** als ein pH-Wert von 7,0.*
- *Ein pH-Wert von 8,0 ist andererseits **zehnmal basischer** als ein pH-Wert von 7,0.*
- *Ein pH-Wert von 5,0 ist bereits **hundertmal saurer** als ein pH-Wert von 7,0.*
  In diesem stark sauren Bereich bewegen sich die Urin-pH-Werte bei vielen Schwerkranken.
- *Der pH-Wert von 4,5 ist bereits mit dem menschlichen Leben nicht mehr vereinbar.*

Entfernt sich der pH-Wert, im Urin gemessen, oder auch in Körpergeweben, um mehr als den Faktor 250 vom Neutralwert, tritt unweigerlich der Tod ein. Viele Schwerkranke sind von diesen Werten nicht mehr weit entfernt.

Messung der pH-Werte

Die pH-Werte können wir am besten in unserem Urin messen. Wichtig dabei ist zu wissen, daß die pH-Werte im Laufe des Tages starken Schwankungen ausgesetzt sein können.

So ist bei ca. 90% der Menschen der Morgen-pH-Wert sauer, was als normal angesehen wird. Da Säuren aber immer schädlich für den menschlichen Organismus sind, wenn sie nicht in den dafür vorgesehen Organen vorkommen (z.B. Magen) kann jedoch auch ein saurer Morgenurin nicht normal sein, obwohl es fast in allen Lehrbüchern der Chemie bzw. Biochemie und Medizin so verkündet wird.

Wenn also bei der großen Mehrzahl aller Menschen der Morgen-pH-Wert im Urin sauer ist, dann heißt das trotzdem nicht, daß dieser Wert normal oder daß dieser Mensch damit gesund ist.

Ein Beispiel zum Vergleich:

Fehlen dem Menschen im Alter von 45 Jahren im Durchschnitt 5,6 Backenzähne, so ist dies zwar normal, aber es ist weder gesund noch gut.

Der Gesundheitszustand ist gut, wenn überhaupt kein Backenzahn fehlt.

Genauso entspricht es dem Zustand optimaler Gesundheit, wenn die pH-Werte eines Menschen sich ständig in einem basischen Bereich befinden.

Schwankungen des pH-Wertes

Der pH-Wert im Laufe des Tages ist sehr abhängig von dem, was wir essen. So werden wir feststellen, daß nach einem Hirsegericht der pH-Wert besser ist als nach Reis (leicht säurebildend) und wesentlich besser als nach Weizen, Roggen oder Dinkel (stark säurebildend).

Wir werden feststellen, daß die pH-Werte noch besser sind nach bestimmten Kartoffelgerichten (Pellkartoffeln, Kartoffelsuppe), weil die Kartoffel ein kräftiger Basenbildner ist.

Noch basischer können die pH-Werte nach Verzehr von Soja-Produkten sein, weil die Soja-Pflanze den höchsten Anteil an basenbildenden Mineralstoffen überhaupt Pflanzen besitzt (ca. 6g Mineralien pro 100g). Noch höhere Basenanteile haben meines Wissens nur Blaualgen.

Die Messung der pH-Werte im Urin ist ein entscheidender Faktor zur Beurteilung der aktuellen Säure-Basen-Situation in unserem Körper.

Krankheitsentwicklung und Heilungstendenzen

Je weiter sich der pH-Wert vom Neutralpunkt in den sauren Bereich bewegt, desto gefährdeter ist unsere Gesundheit. In einem stark sauren Zustand, der längere Zeit anhält, können nahezu alle gesundheitlichen Probleme auftreten.

Ich stelle folgendes fest:

Alle Krankheiten können besser werden, wenn wir überwiegend basisch sind, und das auf einen langen Zeitraum hin.
Alle Krankheiten werden schlechter werden, wenn wir auf längere Sicht überwiegend sauer sind.

Geeignete pH-Teststreifen

Für den üblichen Gebrauch haben sich Teststreifen mit der pH-Skala von 5,2 bis 7,4 (Bezug siehe Buchende) bewährt, da tiefere Werte und höhere Werte selten sind.

Säuglinge und Kinder, die optimal gesund sind, haben kontinuierlich einen basischen pH. Bei Erwachsenen ist ein guter basischer pH-Wert 7,4, bei sehr gesunden Kindern und Jugendlichen kann der Wert eventuell bis 8,4 ansteigen, das heißt, zehnmal basischer sein als jener basische pH-Wert, den wir für Erwachsene schon als gut ansehen.

Je schwerer eine Krankheit ist oder je länger eine Übersäuerung besteht, desto mehr muß zur Behebung dieser Zustände die Ernährung so gewählt werden, daß die pH-Werte in den nichtsauren, sprich basischen pH-Bereich ansteigen.

Mögliche Schwankungen des pH-Wertes um mehr als das Hundertfache

Der pH-Wert von 7,4 bedeutet, daß der Urin ca. viermal basischer als neutral ist. Der pH-Wert 5,2 auf dem anderen Ende der Skala besagt, daß der Organismus zu diesem Zeitpunkt über hundertmal saurer ist, als bei pH 7,4.

Sie können sich vorstellen, daß es nicht dasgleiche sein kann, ob der eine Mensch soviel saurer ist als der andere.

Das wäre dasgleiche, als wenn wir glaubten, es sei einerlei, ob wir einen Rucksack von einem Kilogramm Gewicht oder einhundert Kilogramm Gewicht tragen.

Ernährung und Ihr Einfluß auf unseren Säure-Basen-Haushalt

So lange eine Übersäuerung besteht, müssen wir mit aller Macht bestrebt sein, diesen Zustand in unserem ureigensten Sinne zwecks Erhaltung der Gesundheit zu beheben.

Saure Getränke

Sie werden bei der Beurteilung der pH-Werte feststellen, daß Kaffee, Wein, Sauermilchgetränke, Früchtetees, Hagebuttentee, Obstsäfte usw. und auch kohlensäurereiche Mineralwässer recht saure pH-Werte haben und damit der Gesundheit nicht dienlich sind.

Säurebildner und Basenbildner

Da manche Nahrungsmittel sich aber mit ihrer Säure- oder Basenbildung erst im Stoffwechsel auswirken, ist es zwangsläufig am besten, pH-Werte nach Genuß von entsprechenden Nahrungsmitteln und Getränken zu testen.

Dann werden sie feststellen, daß Weizen, der am nicht verstoffwechselten Korn gemessen fast denselben pH-Wert wie Hirse hat, zu einem starken Säurebildner wird, während Hirse eher zu einem basischen Mineralstoffspender deklariert werden kann.

Ein Nahrungsmittel wirkt basisch durch seinen Mineralstoffanteil

Voraussetzung dafür, daß ein Nahrungsmittel sich im Körper basisch auswirken kann, ist aber immer, daß ein ausreichender Anteil an Mineralien diesem Nahrungsmittel oder Getränk zu eigen ist.

So kann Kaffee z.B. nie zu einem Basenspender werden, weil ihm die Voraussetzungen bzgl. des Mineralstoffgehaltes fehlen.

Ein saures Obst kann dagegen durchaus als Basenspender dienen; aber nur dann, wenn der Körper in der Lage ist, den entsprechenden Fruchtsäureanteil abzubauen und als Kohlendioxid abzuatmen, so daß der Anteil der Mineralien des sauren Obstes im Körper verbleibt.

Saure Nahrungsmittel und saure Getränke können niemals gesund sein!

Auf der anderen Seite ist es so, daß sich alle Säuren im Körper bis zu dem Zeitpunkt, an dem der Organismus sie eventuell neutralisieren kann, aggressiv verhalten. Warum also sollen wir den Körper erst mit großen Mengen an Säuren belasten (Kaffee, Wein, Weizen, Käse, Zitrusfrüchte usw.), wenn der Körper doch diese Säuren erst eliminieren muß, um den tendenziell basischen Mineralanteil für sich nutzbar zu machen?

Säuren verhalten sich immer aggressiv

Denn Säuren wirken bereits im Mundbereich aggressiv, desweiteren im Magenbereich. In diesen Regionen erfolgt bereits die Aufnahme der Säuren durch den Körper, lange bevor sie durch die sehr basischen Bauchspeicheldrüsensäfte abgepuffert worden sind.

So gehört, wie in einem anderen Kapitel beschrieben, die Mär von dem gesunden sauren Obst, die Mär von dem so gesunden Vollkorngetreide und die Mär von dem so guttuenden Kaffee in das Reich der Fabeln oder Märchen.

Sie werden darüberhinaus feststellen, daß es keine basischen Nahrungsmittel gibt, die so basisch sind, wie saure Nahrungsmittel sauer sein können.

Basenbetonte Nahrungsmittel

Bestehen Übersäuerungszustände, so ist natürlich eine Auswahl basischer Grundnahrungsmittel die beste Möglichkeit hier korrigierend einzugreifen.

Wie bereits geschildert, empfiehlt es sich bei chronischen Übersäuerungszuständen, die pH-Werte anfangs regelmäßig wenigstens dreimal täglich zu messen, um die Auswirkungen der jeweiligen Mahlzeiten und Nahrungsmittel auf den Säure-Basen-Haushalt besser feststellen zu können. Bei Getränken kann bereits zwanzig Minuten nach der Aufnahme, bei Früchten wenig später, bei festen Nahrungsmitteln nach ca. zwei bis maximal zehn Stunden, (je nach Verdaulichkeit) der Urin-pH-Wert beeinflußt werden.

Messen und werten Sie selbst

So kann jeder den Erfolg oder auch Mißerfolg seiner Ernährungsmaßnahmen selbst beurteilen.

Sie werden feststellen, daß frisch hergestellte und etwas konzentrierte Gemüsebrühe (siehe Rezeptteil) einen guten pH-Wert regulierenden Einfluß hat.

Bei Genuß von Wein, anderen alkoholischen Getränken wie Bier, sowie Kaffee, schwarzem Tee, Früchtetee usw. werden die pH-Werte negativ beeinflußt, das heißt, sie gleiten in den sauren Bereich ab. Bei starken Kaffeetrinkern kann durchaus der pH-Wert allein durch den Kaffeekonsum um den Faktor 5 oder mehr absinken. Daraus ergibt sich die grundlegende Problematik von sauren Getränken, da diese oft in erheblichen Mengen zugeführt werden.

Auch Sauermilchprodukte können nicht für sich in Anspruch nehmen, zu den basenbildenden Getränken zu gehören.

Säurebildung durch Getreide

Bei den Getreiden führen insbesondere Weizen, Roggen und Dinkel zu einer kräftigen Säurebildung, etwas weniger stark ausgeprägt ist diese bei Gerste und Hafer.

Auch Reis ist ein säurebildendes Korn, die Säurebildungstendenz ist allerdings nicht so groß wie bei den eben genannten klebereiweißhaltigen Getreiden. Aus diesem Grunde kann Reis - außer bei starken Übersäuerungszuständen - in nicht zu großen Mengen in Form von Naturreis verwendet werden.

Wesentlich besser steht die Hirse da. Auch Buchweizen,Amaranth und Quinoa und besonders Kastanienmehl, sind geeignete Basenspender.

Feldsalat besser als Tomatensalat

Sie werden bei der Messung der eigenen pH-Werte desweiteren feststellen, daß ein Feldsalat möglicherweise wesentlich basischer macht als z.B. ein Tomatensalat oder daß ein mit Essig und Zitrone angemachter Salat sich wesentlich ungünstiger auswirkt als ein solcher, der mit Öl oder Sahne zubereitet wurde.

Darüberhinaus wirkt die Kartoffel (als Pellkartoffel oder kleingeschnitten in einer Gemüsesuppe oder frischgepreßt als Kartoffelsaft) als hervorragender Basenspender. Die entsäuernde Wirkung der Kartoffel beruht in erster Linie auf dem hohen Kaliumgehalt, während sie relativ kalzium- und eisenarm ist.

Soja nicht nur für Tiere

Diesen Mangel haben Soja-Produkte nicht. Sojabohnen (vielfältig in der Viehzucht verwendet) gehören zu den stärksten basenbildenden Nahrungsmitteln, die allgemein erhältlich sind. Abgesehen von bestimmten extrem basischen Algen gibt es so gut wie keine Nahrungsmittel, die einen höheren Mineralanteil haben als die Sojapflanze (ca. 6 g Mineralien auf 100 g Soja).

Soja ist auch ein exzellenter Kalzium-, Magnesium- und Eisenspender.

Aus diesem Grund ist es nicht verständlich, daß die Sojapflanze ein Mauerblümchendasein führt. Auch Sojasprossen sind sehr wertvoll. Ich selbst dünste mir häufig Sojasprossen mit Butter oder Öl ohne weitere Zusätze als hervorragende Basenkost mit hohem Vitaminanteil zum Frühstück. Dafür lasse ich jedes Brot und jedes Müsli stehen.

Was den Säure-Basen-Haushalt betrifft, wird ein Soja-Produkt jedem Getreideprodukt vorzuziehen sein. Darüberhinaus besticht Soja durch seine cholesterinsenkenden Eigenschaften.

Eiweißwertigkeit von Soja

Soja hat darüberhinaus eine besonders hohe Eiweißwertigkeit, die allerdings auch der Kartoffel zu eigen ist. Die Sojapflanze bewirkt allerdings keine starke Erhöhung der Zuckerwerte bei Diabetes, wie dies der Kartoffel und den Getreiden, bedingt durch den hohen Kohlehydrat-Anteil, zu eigen ist

Getreideprodukte und Kartoffeln sind bei gestörtem Zuckerhaushalt sehr stark einzuschränken oder erstere gekeimt zu verwenden, weil dann die Stärke teilweise abgebaut wird.

Entsäuerung durch Mineralsalzgemische

Mineralsalze können eine kräftige Entsäuerung des Körpers bewirken. Hierzu gehören aber nicht die homöopathisierten Schüssler-Salze der Biochemie.

Verschiedene Forscher wenden sich allerdings gegen anorganische Mineralsalzgemische, weil sie angeblich im Körper abgelagert und zur Verschlackung (Versteinerung) führen würden.

Dafür fehlt allerdings noch jeder schlüssige Beweis. Ich gehe davon aus, daß jeder Mineralstoff, der vom Körper aufgenommen wird, eine Umwandlung aus dem anorganischen in einen organischen, vom Körper besser verwertbaren Zustand erfährt.

Anorganische Mineralien werden schlecht resorbiert

Allerdings muß man ganz klar sagen, daß anorganische Mineralien wesentlich schlechter resorbiert werden. So ist z.B. von Magnesium bekannt, daß bestimmte Magnesiumpräparate für denselben Wirkeffekt fünfmal so hoch dosiert werden müssen, als wenn die entsprechende Magnesiummenge in Nahrungsmitteln (z.B. Soja) zugeführt würde.

Das billigste Entsäuerungssalz ist Natronpulver (z.B. Kaisernatron). Natronpulver besteht aus Natriumbicarbonat und hat einen starken Einfluß auf die pH-Werte, die dadurch in den basischen Bereich verschoben werden.

Eine kräftige Entsäuerung hilft bei akuten Erkrankungen

Zum Beispiel wird bei akuter Übersäuerung des Magens und Angina pectoris Beschwerden, beginnenden Hörstürzen, beginnendem Schlaganfall usw. eine kräftige Entsäuerung sehr vorteilhaft sein, indem man mehrfach in ca. zehnminütigen Abständen ein Glas Wasser mit ca. zwei Teelöffel Natronpulver einnimmt.

Die Einnahme ist dann auf ein normales Maß (möglicherweise ein- bis zweimal ein Teelöffel täglich) zu reduzieren, wenn die entsprechenden Krankheitssymptome behoben oder weitgehend abgeklungen sind.

Durch die starke Entsäuerung mit Natronpulver lassen sich selbst schwere Angina pectoris-Anfälle oder sogar beginnende Herzinfarkte zu einem symptomfreien Zustand zurückführen. Auch bei Migräneerkrankungen kann die Entsäuerung ein zentraler Punkt der Therapie sein.

Günstige Basenmischungen sind z.B. Rebasit (Mischung aus Natriumbicarbonat, Kalium-, Magnesium- und Kalziumsalzen) oder die Basenmischung der Firma Flügge, in Tabletten- und Pulverform erhältlich.

Pflanzenprodukte bei Übersäuerungszuständen

Außer bei akuten Übersäuerungskrisen oder tiefgreifenden chronischen Übersäuerungszuständen sollte aber die Optimierung der pH-Werte durch eine basische Kost erfolgen, eventuell ergänzt durch nachfolgend besprochene Algenprodukte.

Darmsanierung und Behebung der sauren Darmgärung

Bei entsprechenden Darmproblemen mit Übersäuerungszuständen, vermehrter Darmgärung, aufgetriebenem Leib, Verstopfung oder Durchfall sowie darmbedingten Erkrankungen wie Asthma, Neurodermitis, rheumatoider Arthritis, Sinusitis usw. empfiehlt sich eine Ergänzung mit den stark saponinhaltigen Extrakten der Yucca-Pflanze, die die stärkste mir bekannte toxinbindende Eigenschaft im Darm und im Körper überhaupt haben (Saponingehalt ca. 50 Prozent).

Die Darmtherapie mit den stark saponinhaltigen Pflanzenextrakten ist bis heute durch keine andere Therapieform zu überbieten.

Zur zusätzlichen Entblähung des Bauchraumes und unterstützenden Behandlung bei Leistenbrüchen, Blasen- und Gebärmuttersenkung, Narbenbrüchen usw. kann das Anoröhrchen verwendet werden. Hierbei kann sich der Bauchumfang um sechs bis sieben und noch mehr Zentimeter reduzieren.

Basenmischungen ersetzen nicht eine gesunde Ernährung

Die Therapie mit Basenmischungen verleitet dazu, Ernährungsfehler nicht zu ändern, sondern einfach mit den Basenmischungen einen Entsäuerungstoß zu setzen.

Dies kann aber auf lange Sicht nicht aufgehen, da die Basenmischungen nicht alle natürlichen Mineralien enthalten, wie sie in Nahrungsmitteln und auch in bestimmten Algenarten aus Salzseen (z.B. Spirulina platensis) vorkommen.

Stärkste natürliche Basenbildner und Vitaminspender: Salzsee-Algen (Blaualgen)

Das mir als am basischsten bekannte Nahrungsmittel sind bestimmte Salzsee-Algen wie Spirulina platensis (z.B. Mega Alg). Die pH-Werte dieser Algenprodukte sind so basisch, daß sie mit den üblichen Teststreifen nicht mehr erfaßt werden können.

Damit helfen diese Algenpräparate intensiv bei der Entsäuerung des Körpers. Zusammen mit ihren hohen Anteilen an Vitaminen, Mineralien und allen notwendigen Aminosäuren ist diese Pflanzenkost ein hervorragendes Lebenselixier. Ein Eßlöffel täglich hebt die pH-Werte bereits meßbar an.

Damit wird erklärlich, warum viele Menschen eine besondere Stärkung ihrer psychischen und physischen Kräfte verspüren, und warum diese Algen bei einer Vielzahl von Krankheiten zur Besserung beitragen können (mehr darüber im Immunbuch I und III nachzulesen).

Meeresalgen sind für diesen Zweck nicht zu gebrauchen, weil sie durch ihren hohen Jodanteil zu einer Überfunktion der Schilddrüse mit schnellem Herzschlag, Herzrhythmusstörungen, Haarausfall, Gewichtsabnahme usw. führen können.

Emulgierung von Nährstoffen

Verschüttelt man ein Öl-Wasser-Gemisch mit Yucca-Pulver, so bleibt die Trennung zwischen Ol und Wasser aus. Das heißt, der Yucca-Extrakt hat eine solche Wirkung, daß eine extreme Feinemulgierung der dem Wassser zugeschütteten Fette erreicht wird.

Dies bedingt im Darm eine sehr hohe Feinverteilung von Nährstoffen, die damit besser der Resorption zugeführt werden, aber auch eine Absorption der entstehenden Toxine, die dadurch besser ausgeleitet werden. Die Säurebildung im Darm wird reduziert, fettlösliche Ablagerungen in Arterien und Vene werden mehr und mehr reduziert.

Besserung des Darm-pH

Auf diese Art und Weise ist die Yucca-Behandlung in der Lage, selbst schwerwiegendste Übersäuerungszustände des Darms allmählich zu beheben. Dadurch kommt es zu einer recht schnellen Normalisierung selbst hartnäckigster Verstopfungserscheinungen des Darmes, Behebung von Durchfallerkrankungen, einer deutlichen Besserung der Darm-pH-Situation, wodurch u.a. auch hartnäckigen Pilzerkrankungen mehr und mehr der Boden entzogen wird.

Auf diese Weise bessern sich allmählich sehr viele darmbezogene Krankheiten, wie Fälle von rheumatoider Arthritis, Migräne, Neurodermitis, Asthma bronchiale, Darmerkrankungen selbst usw.

Allerdings muß bei chronischen oder schwerwiegenden Erkrankungen die Therapiezeit ausreichend lange (selten weniger als zehn bis vierzehn Monate) und die Dosierung am Anfang ausreichend hoch sein (z.B. 2x3 Kapseln Yucca Root oder auch mehr zu Beginn einer Therapie und allmähliche Reduzierung der Dosierung nach Besserung der entsprechenden Krankheitserscheinungen).

Besserung der Arteriosklerose

Die normale Zivilsationskost führt bei fast allen Menschen zu Gefäßverengungen (Arteriosklerose). Zusammen mit der säurefreien Kost (Besserung der Fließeigenschaften des Blutes), stellt die Therapie mit den saponinhaltigen Yucca-Extrakten eine hervorragende Möglichkeit dar, Ablagerungen in den Gefäßen zu lösen (Emulgatoreffekt).

Regulierender Einfluß von Heilerde

Die Regulierung von Übersäuerungszuständen im Magenbereich selbst läßt sich sehr gut mit Heilerde oder frisch gepreßten Kartoffelsäften erzielen.

Heilerde sollte aber nie unmittelbar vor oder mit einer Mahlzeit eingenommen werden. Die Heilerde bewirkt eine kräftige Säureabsorption, während die Behandlung mit Yucca-Extrakten mehr zu einer Feinemulgierung des Nahrungsbreis, einer besseren Aufnahme von Vitalstoffen, einer starken Toxinabsorption und damit zu einer besseren Reinigung und Entgiftung des Darms führt.

Die damit verbundene Entblähung des Darms regt die Peristaltik an, wirkt also damit nahezu jeder Verstopfung entgegen, kann aber durch die hohe Absorptionsfähigkeit für Darmgiftstoffe auch einen chronischen Durchfall positiv beeinflussen.

WAS IST GESUND?

Verzehr
von nichtsauren Obstsorten
- *Kürbis, Melone, Banane, sehr süße wässerige Birnen, Feigen, Datteln, Papayas, Mangos usw.*

Verzicht
auf alle sauren Obstsorten, solange eine Übersäuerung besteht.

Gesunde
können ***nicht zu*** *saure Obstsorten hin und wieder essen, dazu gehören:*
- *Aprikosen, Mirabellen, Süßkirschen, schwarze Johannisbeeren, Blaubeeren und Preiselbeeren, Himbeeren, bestausgereifte Brombeeren, gutausgereifte rote Äpfel, Walderdbeeren usw.*

Verzicht
auf Milcheiweiß
- *Käse, Quark, Joghurt* ***(säuert wesentlich mehr als Fleisch!)***

Verzicht
auf erhitztes, denaturiertes tierisches Eiweiß
- *Fisch, Fleisch, Geflügel, Eier oder zumindest auf zu große Mengen davon (höchstens einmal pro Woche)*

Grundlegender Verzicht
auf alle glutenhaltigen Getreide
- *in erster Linie Weizen, Roggen, Dinkel,*
- *aber auch auf Gerste und Hafer solange eine Übersäuerung besteht;* ***denn diese Getreide sind hochkarätige Säurebildner.***

Der Mineralstoffanteil
dieser Getreide ist durch den hohen Phytingehalt kaum resorbierbar!

Getreidekost
begünstigt nach unseren umfassenden Erfahrungen in dieser Form Gelenk- und Wirbelsäulenschäden, Bindegewebsschwache und Venenerkrankungen, Gefäßerkrankungen mit all ihren komplizierenden Folgeerscheinungen, depressives Verhalten, Zahnfäule (Karies), Krebsentwicklungen und vieles weitere mehr.

Bevorzugt
werden sollten an Vollkornprodukten und Getreidemehl-Ersatz:
- *Hirse, Buchweizen, Amaranth, Quinoa, Kastanienmehl, Vollreismehl, Maismehl, Kartoffelmehl, Sojamehl usw.*

Nur gekeimte Körner

- *im engsten Sinn sind in meinen Augen* ***vollwertig****.*
  Erst durch den Keimprozeß werden die vitaminarmen Getreidekörner zu einem guten Vitamin- und Enzym-Lieferanten!

Der Mineralstoffanteil

- *von Keimlingen kann besser ausgewertet werden. Das gekeimte Korn ist wesentlich besser verdaubar. Auch ein Brot kann natürlich aus gekeimten Körnern gebacken werden. Viele Körner und Samen eignen sich zum Keimen (s. Kapitel: Sprossen und Keime)!*

Alle Gemüse

- *aus* ***hochwertigem Anbau*** *sind geeignet für eine gute Mineralstoffzufuhr. Verschiedene Gemüse sind leicht sauer (Tomaten, Rosenkohl und einige andere), jedoch kann ein leichter Säureüberschuß noch relativ einfach verstoffwechselt werden.*

Verzicht

auf säuernde Getränke

- *Kaffee, Schwarztee, Früchtetees, Hagebuttentee, Molke, saure Obstsäfte, zuckerhaltige Limonaden usw. ist zur Erhaltung der Gesundheit empfehlenswert. Zu bevorzugen sind Kräutertees, stilles Wasser, Gemüsebrühen, frisch gepreßte Gemüsesäfte, Sojamilch usw. Alle Alkoholika führen zu Übersäuerung, insbesondere Wein (deswegen die häufigen Migräneanfälle!).*

Nüsse

- *haben einen leichten Säuerungseffekt, sind aber wegen ihrer hohen Wertigkeit für Mineralstoffe (Kalzium und Magnesium) und als Kalorienträger empfehlenswert; besonders empfehlen wir Haselnüsse, Cashewkerne, Pistazien, Mandeln, Kokosnüsse.*

Roheiweiß

säuert im Gegensatz zu erhitztem Eiweiß nicht (rohes Fleisch fressende Tiere bleiben ein Leben lang gesund) !

Zum Roheiweiß

- *gehören z.B. Tartar, Eigelb (hoher Anteil an wichtigen Nährstoffen) und, obwohl weniger empfehlenswert, auch Schweine- bzw. Rindergehacktes oder Regenwürmer, Engerlinge usw.*
- *Gegebenenfalls kommt rohe Vorzugsmilch in geringen Mengen in Frage, desweiteren Carpaccio vom Rind oder Fisch, kaltgeräucherter Lachs, Aal, Forellen, Matjesfilet (wegen des hohen Salzgehaltes etwas wässern), Gerichte aus Rohfisch etc.*

Falls Fleisch

- *gebraten wird, empfiehlt es sich, eventuell ein Steak nur leicht anzubraten, so daß es innen roh bleibt, um wenigstens einen Teil der Wertigkeit zu erhalten. Rohes Protein dient der körpereigenen Eiweißver-*

sorgung, erhitztes Protein kann dazu nur in geringem Umfang herangezogen werden. Untersuchungen haben ergeben, daß durchschnittlich 92% des erhitzten Eiweißes für den Körper ***nicht*** *verfügbar sind und zu Schlackenstoffen, sprich Harnsäure und Ammoniak bzw. Harnstoff abgebaut werden müssen.*

Auch Blau-Algenpulver

- *stellt einen hochwertigen Ersatz an leicht verfügbaren nicht denaturierten Aminosäuren dar und dient damit zur Stärkung bei allen chronischen Krankheitsprozessen, bei denen der Proteinbedarf vermehrt ist, aber durch erhitztes Eiweiß in Form von Fleisch, Wurstwaren und Molkereiprodukten nicht gedeckt werden kann und darf.*
  Trotz hoher Eiweißzufuhr in der heutigen Zivilisationskost besteht oft ein Mangel an hochwertigen Aminosäuren durch die Verwendung von denaturierten Eiweißprodukten.

Spirulina-Algenpulver

- *ist ein wichtiger natürlicher Basenbildner und ein natürliches pflanzliches Nahrungsergänzungsmittel bei Übersäuerung (nähere Hinweise über den hohen Gehalt an Vitaminen und Mineralien s. Immunbuch I, Kap. 23).*

Eigelb

ist wegen seines hohen Lecithingehaltes (10%) und vieler weiterer Vitalstoffe sehr empfehlenswert. Das Salmonellenproblem, das heute offenkundig ist, läßt sich umgehen, wenn Eigelb frisch verwendet wird, denn Salmonellen befinden sich in erster Linie auf der Eischale und kaum jemals in nennenswerter Zahl im Eigelb.
Darüber hinaus ist das Salmonellenproblem ein Problem der nicht artgerechten Tierhaltung.
Entgegen oft vertretener Theorien führt Eigelb nicht zur Cholesterinerhöhung!

DIE AUSWIRKUNGEN DER ÜBERSÄUERUNG

BEI MENSCH UND TIER

Professor Manfred von Ardenne stellte fest, daß das Herz bei einem pH-Wert von 6,2 den Säuretod stirbt. Die pH-Werte im Urin können wesentlich tiefer, also saurer, sein. Reine Milchsäure hat einen pH-Wert von ca. 3.

Milchsäureinjektionen beim Menschen verändern dessen Verhalten zum Aggressiven. Pflanzen, die mit Milchsäure begossen werden, sterben schneller ab. Soll der Mensch dieses Risiko auch eingehen?

Der reichliche Eiweißverzehr trägt beträchtlich zur Übersäuerung (Azidose) bei. Überflüssiges Eiweiß wird aufgespalten und teilweise zu Harnsäure abgebaut. Diese wird soweit wie möglich über die Nieren ausgeschieden. Dabei wird die Säure durch Mineralien (Elektrolyte) abgepuffert, entzieht diese also dem Körper. Verzehr von viel erhitztem Eiweiß belastet die Nierenfunktionen erheblich, ähnlich stark wie die Verwendung von Salz

Die Magensäurebildung wird nicht nur durch Eiweiß sondern auch durch Kaffee, Schwarztee, Kakao, Schokolade, Schokoladengetränke usw angeregt. Zuviel Magensäure führt zur Zerstörung der säurebildenden Zellen (Belegzellen) in der Magenschleimhaut mit der Folge von Magensäuremangel!

Der pH-Wert der Meere liegt bei 8 - 8,5. Sinkt der pH-Wert in Flüssen durch Säuren und Umweltgifte unter 6 kommt es bereits zu Verätzungen bei Fischen (Kiemen). Geht der pH-Wert des Wassers noch tiefer (pH 5) können Fische nicht mehr überleben. Viele Seen und Flüsse in Deutschland sind bereits "umgekippt".

Der Nobelpreisträger Professor Warburg erforschte, daß auch Krebs eine typische Übersäuerungskrankheit ist.

*Psychische Verstimmungen weisen auf einen ausgeprägten Übersäuerungszustand hin.**

*Arthrosen (sogenannter Gelenkverschleiß) sind Folgen chronischer Übersäuerung.**

** "ich bin sauer"; s. Friebel / Hoffmann, "Nahrung für Deine Seele"*

** siehe Hoffmann, "Rheuma heilt man anders", Teil 1*

Übersäuerte Zellen werden rigide, sie erstarren. Bereits ein geringer pH-Wert-Abfall in unserem Blut verändert die Beweglichkeit und die Fließeigenschaften der roten Blutzellen erheblich (näheres siehe Ernährungsbuch 1).

Die Tierfütterung mit westlicher Hausmannskost läßt das Fell von Mäusen schon nach 6 Wochen ergrauen. Die damit verbundene Eiweiß- und Fett-überfütterung führt zu einer zusätzlichen Blutsäuerung.

Den Haarausfall und das vorzeitige Ergrauen beim Menschen können wir vergleichen mit dem Abfallen der Blätter von Bäumen bei Säureschädigungen des Waldbodens.

ABSCHNITT 2

WICHTIGE ANMERKUNGEN ZU EINZELNEN THEMEN

Milchprodukte und ihre Vorzüge

Der Gedanke, daß Kuhmilch ein notwendiges Nahrungsmittel der Menschen sei, ist eine Form der Sklaverei, denn er ist ein Glaube, der die Menschen von Kühen abhängig macht (Hermann Ahira).

28 % der Gesamtnahrungsmenge bestehen aus Milch und Milchprodukten gefolgt von 20% Fleischkonsum. Um diesen Milchverbrauch zu decken, werden Kühe eingesperrt, man gibt ihnen Hormone und Antibiotika

Der tägliche Verzehr von Kuhmilch prägt die physische Kondition des Menschen. Er wird so fett und stark wie eine Kuh.

Jedoch läßt der übermäßige Kuhmilchkosum das menschliche Gehirn auf das Niveau einer Kuh herabsinken (Hermann Ahira).

Nahrung sollte von dem Standpunkt aus gewählt werden, ob sie ein Teil der Natur ist.

Der Mensch sollte nicht ein Parasit der Kuh sein.

Der erste Säugling, der je mit Kuhmilch ernährt wurde, lebte im Jahr 1793.

Früher wurden Ammen gesucht, wenn Mütter nicht stillen konnten.

Kuhmilch war und ist niemals die perfekte Nahrung für den Menschen.

Die einfache, wahre, unverfälschte Tatsache ist, daß Milch ein großes Geschäft ist. Und als großes Geschäft ist sie denselben Handelsgesetzen unterworfen wie alles andere auch.

Kuhmilch enthält viel mehr gesättigte Fette als Muttermilch. Die gesättigten Fettsäuren in der Milch sind wichtige Verursacher für die Verhärtung der Arterien im menschlichen Körper und verursachen Herzanfälle.

- *Kuhmilch enthält nur die Hälfte bis ein Zehntel der wesentlichen Vitamine, der Muttermilch. Das ist der Hauptgrund, warum mit künstlicher Nahrung gefütterte Babys zusätzlich Vitamin-Gaben und anderer Nahrungsmittelzusätze bekommen sollten.*
- *Ein sieben Tage altes gestilltes Neugeborenes hat mehr als fünf mal soviel Vitamin E in seinem Körper wie das Flaschenkind.*
- *Vitamin C ist in großen Mengen in der Muttermilch enthalten, fehlt aber nahezu vollständig in Kuhmilch.*
- *Ein Kalb wiegt bei der Geburt ungefähr 120 Pfund. Einen Monat später wiegt es 220 Pfund. Deshalb enthält Kuhmilch soviel Kalzium.*
- *Muttermilch enthält dagegen mehr Phosphor. Dieses Element ist sehr wichtig für Wachstum und Entwicklung des Gehirns.*
- *Man gibt dem Milchvieh Antibiotika und Hormone.*
- *94% der Orientalen weisen eine Unverträglichkeit von Milchprodukten auf. Dasselbe ist der Fall bei 70% der erwachsenen Farbigen. Der Gebrauch von Milch ist vergleichsweise neu in der Geschichte der menschlichen Rasse. Es gibt sogar heute noch Völker wie die Japaner und die meisten asiatischen Länder überhaupt, die kaum Milch trinken.*
- *Hunderte Millionen Menschen, die in Indien leben, trinken nicht ein einziges Mal in ihrem Leben Kuhmilch.*
- *Osteoporose wird (näheres siehe Abschnitt über Osteoporose in „Rheuma heilt rnan anders" Teil II) durch Milcheiweißkonzentrate (Quark und Käse) sowie Sauermilchprodukte nach unseren Erfahrungen verstärkt und nicht gemildert. Schließlich betreibt auch das Rindvieh keinen Milchkonsum sondern ernährt sich nur von Pflanzen, die das notwendige Calcium liefern.*

Tierisches Eiweiß: Gesund oder schädlich?

Nicht erhitzt - stark basenbildend

Tierisches Roheiweiß, das heißt nicht erhitzt verwendetes tierisches Eiweiß ist stark basenbildend. Dies kann jeder an seinem Urin selbst feststellen, wenn er eine Portion Tartar, von welchem tierischen Eiweiß auch immer, Matjesfilet (roh eingelegt), kaltgeräucherten Lachs, rohes Eigelb oder rohes Fleisch z. B. in Form von Carpaccio verzehrt.

Der basenbildende Effekt von Roheiweiß übertrifft oft die Wertigkeit von Gemüsen und Salaten. Dieses Roheiweiß führt nicht zum Anstieg der Harnsäurespiegel, weil dieses nicht erhitzte und damit nicht denaturierte Eiweiß vom Körper weitestgehend für sich verwertet werden kann.

Im Gegensatz dazu ist erhitztes Eiweiß denaturiert und ganz offensichtlich kann der Körper es nur zu einem geringen Teil für seine Stoffwechselprozesse verwenden. Denn hier kommt es zum Anstieg von Harnsäure, verstärkter Bildung von Ammoniak und Harnstoff und einem Abfall der pH-Werte, das heißt einem daraus resultierenden notwendigen Anstieg der Ausscheidung von Harnsäure im Urin. Diese Gegebenheiten kann jeder bei sich feststellen.

Aus diesen Gründen ist für den Übersäuerten Roheiweiß durchaus erlaubt, erhitztes Eiweiß stark einzuschränken und bei Kranken oder Schwerkranken tunlichst ganz zu vermeiden.

Mit Roheiweiß gesund - mit erhitztem Eiweiß krank

Wie anders wäre es sonst zu verstehen, daß ein Löwe, der sich ein Leben lang von rohem Fleisch ernährt (aber auch die Innereien mitverzehrt und Knorpel und Knochen abnagt) gesund bleibt, während domestizierte Tiere, wie unsere Haushunde, bei reichlicher Zufuhr von erhitztem Fleisch alle Zivilisationskrankheiten gehäuft bekommen, einschließlich Krebserkrankungen, sogenannten Gelenkverschleiß usw.

Das sind die Gründe, warum wir Roheiweiß in der säurefreien Kost gestatten. Einzig Eiklar führt auch in roher Form zu einer Säuerung.

Erhitztes Eiweiß darf höchstens sehr maßvoll verzehrt werden, am besten wird aber darauf verzichtet. Auch bei der Ernährung von Schwerkranken darf, sofern keine Allergien auf bestimmte Formen von tierischem Eiweiß vorliegen, Roheiweiß häufiger verzehrt werden. Es kräftigt mehr als eine rein pflanzliche Kost, ohne dabei zu schaden.

Wie bei pflanzlichen Nahrungsmitteln - verdient auch die Qualität der tierischen Nahrungsmittel besondere Beachtung. Denken wir an mit Salmonellen verseuchte Hühner und Eier, Schweinepest, Rinderwahnsinn in Großbritannien usw.

Hier sehen wir einmal mehr, daß die Erhaltung eines ökologischen Gleichgewichtes und Verzicht auch Massentierhaltung bzw. die Erfordernisse der artgerechten Tierhaltung strikt zu beachten sind. Das erschwert zwar die Beschaffung aller Lebensmittel. Aber auch beim Verzehr von tierischen Produkten sollte man strikt auf artgerechte Tierhaltung Wert legen zur Vermeidung von möglichen Risiken.

Ökologische Schäden durch Massentierhaltung

Zum Glück wird auch das Interesse der Landwirte, Metzger und Verbraucher an ökoligischer Tierhaltung allmählich größer, so daß es heute etwas einfacher wird, einwandfreie tierische Lebensmittel zu bekommen.

Wer aus ethischen Gründen auf den Genuß von tierischem Eiweiß verzichtet, leidet keinen Schaden, wenn seine übrige Kost den Prinzipien einer säurefreien und allergiearmen Kost folgt.

Wenn wir bedenken, daß riesige ökologische Katastrophen (Abholzung der Urwälder, insbesondere weitgehende Zerstörung des Amazonas-Beckens zugunsten der Tierhaltung und der Beschaffung von Nahrungsmitteln für Tiere, sowie in Deutschland die massive Überdüngung der Böden mit Gülle) zu erheblichen Umweltbelastungen führen, dann wird die Reduzierung von tierischem Eiweiß oder sogar der Verzicht darauf auch aus diesen Gründen stichhaltig.

Für den Kranken: Roheiweiß wirkt kräftigend und entsäuernd

Insbesondere im Krankheitsfall muß aber der Genesende sich dafür entscheiden, was ihm gut tut und bekommt.

Das schließt die Verwendung von tierischem Eiweiß unter den genannten Kriterien nicht aus. Näheres zu dem Thema: Tierisches Eiweiß in der Säure-Basen-Kost lesen Sie im Ernährungsbuch 1,"Revolution in der Ernährung, DAS Kursbuch zur säurefreien und allergiearmen Kost".

Salzstreuer vom Tisch !

In der Bundesrepublik werden pro Tag durchschnittlich erhebliche Mengen Kochsalz (Natriumchlorid, NaCl) aufgenommen. Eine Notwendigkeit für die Zufuhr von Kochsalz besteht nicht. Die Niere ist das Hauptausscheidungsorgan für Natriumchlorid. Sie filtriert täglich 170 Liter Blutplasma.
Vor viertausend Jahren entdeckten die Chinesen Salz als Konservierungsstoff für Nahrungsmittel.
Der größte Teil der täglich aufgenommen Salze stammt aus verarbeiteten Lebensmitteln. Auch Fertignahrungsmittel enthalten im Durchschnitt etwa drei Prozent Kochsalz (Meerwasser enthält im Vergleich dazu zwei Prozent Natriumchlorid
Kochsalz fuhrt zur Wassereinlagerung im Körper und belastet die Funktionen von Herz und Nieren. Kalium ist der natürlichen Gegenspieler von Natrium und tritt deswegen in eine Mangelsituation. Zudem ist oft auch die Aufnahme von Kalium reduziert.
Durch Verzicht auf Kochsalz und erhöhte Zufuhr von Kalium ließ sich bei Patienten mit hohen Blutdruck eine Senkung der unteren und am schwersten beeinflußbaren Blutdruckwerte (diastolischer Blutdruck) um fast 14 mm Quecksilbersäule senken. Dies entspricht bereits der Wirksamkeit von Medikamenten. Weitere Maßnahmen für Senkungen des erhöhten Blutdrucks sind Gewichtsabnahme, reduzierter Alkoholverbrauch, körperliches Training, Rohkost und Fasten.

Quelle: Therapiewoche 44, 10 (1994)

Bei Studenten, die in einer Studentenmensa verköstigt wurden, wurde eine durchschnittliche Salzaufnahme von 22 Gramm pro Tag festgestellt!!!
Die Frage ist also nicht: Wie decke ich meinen Kochsalzbedarf, sondern wie reduziere ich den Anteil vorgefertigter Nahrung mit dem gesundheitsschädlichen Übermaß an Kochsalz.

Kochsalz und Wasserhaushalt

Kochsalz führt zur Wassereinlagerung beim Menschen. Übermäßige Verwendung von Salz und gesalzenen Nahrungsmitteln (Käse, Brot, Konserven, saure Gurken, Sauerkraut, Wurstwaren usw.) schwemmt den Körper auf. Ähnliches tut auch Cortison, welches Kochsalz und Wasser im Körper zurückhält.

Die Folgen:

Mondgesicht, der ganze Körper quillt auf. Es kommt zur Behinderung der Nierenfunktionen. Wasser ist ein Vitalstoffaktor in allen unseren Körperflüssigkeiten. Es wird als Transportmittel für unsere Nährstoffe benötigt, es hält Gifte und Körperhülle in Lösung, die Haut bleibt weich und geschmeidig; die Schleimhäute trocknen nicht aus. Ganze Völker wissen bis heute noch nicht einmal was Salz bedeutet und sind trotzdem gesund und glücklich.

Gefahr - Erhöhte Kochsalzzufuhr

Eine erhöhte Kochsalzzufuhr führt zur Ausbildung von Flüssigkeitsansammlungen im Körper:

- *Ödeme*
- *Herzbelastungen*
- *Belastungen des Gesamtvolumens in den Gefäßen*
- *evtl. Anstieg der Blutdruckwerte*
- *Einschränkungen der Nierenfunktionen.*

Im Tierversuch kam es durch wiederholte Kochsalzinjektionen zur Ausbildung von Krebsgeschwulsten.

Kochsalz steht dem Körper durch pflanzliche Nahrungsmittel in ausreichenden Mengen zur Verfügung. Wenn dennoch zugesalzen wird, sollte die Gesamtmenge an Kochsalz zwei bis drei Gramm täglich nicht überschreiten.

Deswegen sind die Rezepte dieses Buches auch kochsalzarm gehalten.

Wer ohne Kochsalz keinen Geschmack in sein Essen bringt, leidet an Phantasielosigkeit.

Natrium- und Kochsalzgehalt verschiedener Nahrungsmittel

Folgende Nahrungsmittel enthalten jeweils pro 100 Gramm:

Nahrungsmittel	***Natrium (mg)***	***Kochsalz (g)***
Wurstwaren	*711 - 1360*	*1,82 - 4,28*
Fischkonserven	*499 - 2500*	*1,28 - 6,41*
Käse	*410 - 1150*	*1,29 - 2,91*
Brot, Brötchen	*440 - 545*	*1,12 - 1,42*
Butter	*310*	*0,69*
Eier	*58*	*0,21*
Obst, frisch	*1 - 120*	*0,001 - 0,156*
Samen, Nüsse	*19 - 180*	*0,0 - 0,412*
Gemüse, frisch	*10 - 260*	*0,013 - 0,65*
Gemüsekonserven	*232*	*0,59*
Gemüse, milchsauer eingelegt	*355 - 960*	*0,95 - 2,46*
Mineralwässer	*88 - 266*	*0,23 - 0,69*
Heilwässer	*602,5- 5210*	*n.n. n.n.*

Die Sojapflanze

Unser größter Mineralstoffspender

Die Sojapflanze gehört seit ca. 5.000 Jahren zu den Kulturpflanzen. Die Heimat dieser Pflanze ist Ostasien. Ihr Name soll von dem Begriff "fou" abstammen, was in etwa "große Bohne" bedeutet.

Wirtschaftliche Bedeutung erlangte die Sojapflanze, als die USA im zweiten Weltkrieg mit ihrer Hilfe die Fettversorgung sicherstellen wollte.

Hauptanbaugebiete sind Nord- und Südamerika; das wichtigste Exportland stellen die USA dar. Die Soja-Pflanze stellt bestimmte Ansprüche hinsichtlich klimatischer Voraussetzung: Gute Anbaugebiete sind Gegenden mit sehr heißen und feuchten Sommern. Der Anbau scheiterte in Mitteleuropa und nördlichen Ländern.

Die Pflanze verfügt über die Eigenschaft, Stickstoff aus der Luft zu binden. ***Dadurch können große Mengen Mineraldünger eingespart werden.***

Die Soja-Pflanze führt dem Körperbau große Nährstoffmengen zu, insbesondere Eiweiß und Fett. Diese Substanzen können in relativ kurzer Zeit gebildet werden. Keine andere Kulturpflanze ermöglicht eine so hohe Nährstoffproduktion.

Die Sojapflanze ist in der Lage Sonnenenergie etwa vierzigmal mehr als im Durchschnitt anderer Pflanzen zu verwerten.

Bestandteile der Sojabohne

- *36% Eiweiß von hoher biologischer Wertigkeit*
- *18% Öl, hoher Anteil an ungesättigten Fettsäuren*
- *26% Kohlehydrate*
- *5% Rohfasern*
- ***5% Mineralstoffe (bei anderen Kornprodukten und Gemüsen in der Regel nur 0,5 bis 1%)***
- *10% Wasser*

Hoher Vitamingehalt

Außergewöhnlich hoch ist der Anteil an Vitamin B_1 in der Sojapflanze (1 mg pro 100 g). Dies entspricht bereits zwei Drittel der für Erwachsene empfohlenen Tagesmenge. Vitamin B_1 gehört in der heutigen Ernährung zu den kritischen Vitaminen, dessen Versorgung nicht gesichert ist. Auch der Folsäuregehalt (Vitamin B_{11}) liegt etwa sechzigmal über dem Durchschnitt anderer Pflanzen. Folsäuremangel ist der häufigste Vitaminmangel überhaupt! Näheres über die Bedeutung von Folsäure siehe Ernährungsbuch 1.

Hoher Mineralstoffgehalt: Eisen und Kalzium, Magnesium und Kalium

Bei den Mineralstoffen stehen Kalzium und Eisen im Vordergrund, da der Bedarf im Rahmen der heutigen Ernährung oft nicht ausreichend gedeckt wird. Besonders hervorzuheben ist der hohe Anteil an Kalium in der Sojapflanze. So stellt die Sojapflanze das kaliumreichste Nahrungsmittel an sich dar.

Weiterhin weist die Sojapflanze einen hohen Magnesiumanteil auf, der zwanzigmal so hoch liegt wie der Durchschnitt der sonstigen verzehrten Lebensmittel.

Laut Ernährungsbericht 1980 soll die Magnesiumzufuhr gesichert sein. Gegenteiliges stellen wir bei der Behandlung unserer Patienten fest, wo Magnesium eine der wichtigsten Verordnungen bei vielen Krankheiten darstellt.

Soja und Cholesterin

Eine Studie bei Kindern mit familiär fixierter Hypercholesterinämie (angeborene Cholesterinstoffwechselstörung) zeigte bei Sojakost eine deutliche Senkung des Gesamtcholesterins von 235 auf 186 mg/dl und eine Verminderung des teilweise schädlichen LDL-Cholesterin um 28% von 184 auf 132 mg/dl bei Teilernährung mit Sojaprodukten. Auf der anderen Seite nahm das HDL-Cholesterin als günstige Cholesterin-Variante um 20,9% zu.

Somit scheint Soja ein hervorragendes Lebensmittel zur signifikanten Beeinflussung erhöhter Cholesterinwerte mit Besserung einer zu niedrigen HDL-Fraktion zu sein.

Weiteres über die Sojapflanze

Im alten China zählte die Sojabohne neben Reis, Weizen, Gerste und Hirse zu den fünf heiligen Pflanzen. In feierlichen Zeremonien säte der Kaiser sie jedes Jahr selbst aus.

Heute sind allerdings die USA weltweit die Nummer eins im Anbau der Sojapflanze und deren Verwendung als Futtermittel.

Soja-Pflanzen blühen in leuchtenden Farben. Ihre Blüten sind rot, weiß oder hellviolett und erinnern an Orchideen. Die Soja-Pflanze wird in über tausend verschiedenen Sorten produziert. Schon nach 100 Tagen ist die Pflanze erntereif. Die Anbaufläche für Soja in den Vereinigten Staaten ist größer als die Fläche der gesamten Bundesrepublik. Jede zweite Soja-Bohne der Welt kommt aus den USA.

Die Fette der Soja-Bohne und die Erfordernisse der Ernährung mit Fetten

Der Bundesbürger nimmt durchschnittlich täglich 160g Fett zu sich. 48% davon sind gesättigte, 40% einfach ungesättigte, und 12% mehrfach ungesättigte Fettsäuren. Vernünftig wären 60-70g Fett pro Tag mit je einem Drittel der drei Fettsäuregruppen.

Fettverteilung in Sojabohnen

- *14,5 % gesättigte Fettsäuren*
- *21,5 % einfach ungesättigte Fettsäuren*
- *64,0 % mehrfach ungesättigte Fettsäuren*

Sojabohnen haben einen hohen Anteil an Linolsäure, einer Fettsäure, die der Körper nicht selbst herstellen kann. Man sagt dazu: essentiell (Aufnahme mit der Nahrung erforderlich). Sojaöl ist frei von Cholesterin.

Mehrfach ungesättigte Fettsäuren sind sogar in der Lage, hohe Blutfettwerte abzubauen. Nur die gesättigten Fettsäuren sorgen für die gefährlichen Ablagerungen in den Arterien. Von den mehrfach ungesättigten Fettsäuren stellt die zweifach ungesättigte Linolsäure 56%, die dreifach ungesättigte Linolensäure 8% der Fettsäuren im Sojaöl. Linolensäure wird im Körper in Omega-Drei-Fettsäure umgewandelt, die nachweislich vor Gefäßkrankheiten schützt.

FAZIT:

Die Sojapflanze ist eine der wertvollsten Nutzpflanzen überhaupt. Der besonders hohe Gehalt an Kalium, der höchste von allen Pflanzen, der hohe Gehalt an Magnesium, Eisen und Calcium und der bis zu fünfmal höhere Mineralstoffanteil im Vergleich zu vielen Getreiden und Gemüsen machen die Sojabohne zu einem unvergleichbaren Mineralstofflieferanten.

Die cholesterinsenkende Wirkung macht sie gleichzeitig zu einem diätetisch wertvollen Nahrungsmittel. Die optimale Versorgung mit ungesättigten Fettsäuren gleicht Mangelzustände der übrigen Kost aus.

Soja ist desweiteren ein exzellenter Eiweißlieferant. Sojasprossen sind durch ihren hohen Vitamin- und Enzymgehalt eine besonders optimale Form der Sojaverwertung.

Was ist Lopino

Seit Beginn des Jahres 1995 wird auf dem deutschen Markt ein neues Produkt angeboten: ***Lopino.***

Lopino wird aus der - in Deutschland heimischen - Süßlupine ausschließlich aus biologischem Anbau hergestellt. Lopino wird - anders als Tofu - ohne die Verwendung von Gerinnungsmitteln und ohne Erhitzung hergestellt. Ähnlich wie bei Tofu soll Lopino ebenfalls zu Bratlingen, Aufstrichen und Milch angeboten werden.

Lopino enthält alles für den Menschen lebensnotwendigen Eiweißbausteine (essentielle Aminosäuren), hat einen Eiweißgehalt von bis zu 48%.

FAST JEDEM FEHLT ES:

VITAMIN C

Überall hören wir, daß man Vitamine mit der Kost ausreichend aufnehmen kann.

Theroretisch könnte es so sein. Daß es praktisch anders ist, möchte ich Ihnen am Beispiel von Vitamin C darlegen.

Wirkung von Vitamin C im menschlichen Organismus

- ***Kittsubstanz der Gewebe***
  Vitamin C ist am Aufbau der Bindegewebsstrukturen (Faserstrukturen in Knorpel, Knochen, Bindegewebe; Collagenfasern = leimgebende Fasern) beteiligt.
- ***Funktionssteigerung der weißen Blutzellen***
  Bestimmte weiße Blutzellen (neutrophile Granulozyten) haben einen besonders hohen Gehalt an Vitamin C. Diese Zellen sind als Freßzellen (Phagozyten) entscheidend für die körpereigene Abwehr. Insbesondere der Krebskranke oder Krebsgefährdete ist auf ein besonders hohes Maß an Vitamin C angewiesen.
- ***Erhöhung der Leucozytenzahl***
  Vitamin C stimuliert die Bildung der weißen Blutzellen insgesamt recht stark (siehe unten).
- ***Schutz vor krebserregenden Substanzen (Kanzerogene)***
  Vitamin C hat eine Hauptwirkung gegenüber der Bildung von einem der wichtigsten krebserregenden Substanzen im menschlichen Körper, dem Nitrosamin. Nitrosamin entsteht aus Nitraten und Eiweiß. Vitamin C schützt vor der Umwandlung von Nitrat in Nitrosamine.
- ***Rapider Verbrauch bei Streß***
  Vitamin C wird bei Streß stark vermehrt verbraucht. Experimentell wurde nachgewiesen, daß eine Ziege - die im Gegensatz zum Menschen selber Vitamin C bilden kann - unter Streß pro Tag bis zu 70 g Vitamin C bildet.
- ***Funktion der Nebenniere***
  Vitamin C ist besonders wichtig für die Bildung der Nebennierenrindenhormone. Man hat bei Vitamin C-Mangel eine starke Verringerung dieser Hormone festgestellt. Die reduzierte Wirkung auf das gesamte hormonelle System kann zu einem Versagen der körpereigenen Abwehr führen.

- ***Eisenaufnahme***
  Vitamin C ist besonders wich-tig für die Eisenaufnahme des Kör-pers. Es fördert die Resorption von Eisen über die Darmschleimhaut.

  Bei Vitamin C-Mangel traten bei "gesunden" Kindern in Nordschweden in etwa 30 Prozent punktförmige Blutungen auf, die auf Vitamin C-Mangel schließen lassen.
- ***Blutungen bei Vitamin C-Mangel***
  Bei ausgeprägtem Vitamin C-Mangel kommt es zu Blutungen und Blutergüssen in die Gewebe (blaue Flekken, Hämatome).

Vitamin C-Mangel

*Der **Vitamin C-Mangel** ist unter den heutigen Zivilisationsbedingungen deutlich erhöht. Die von der deutschen Gesellschaft für Ernährung ausgewiesenen täglichen 70 mg an Zufuhr reichen offensichtlich in vielen Fällen bei weitem nicht aus.*

Nitratbelastungen durch Nahrungsmittel

Da wir eine starke Nitratbelastung von Nahrungsmitteln mit Nitraten haben, wodurch Vitamin C vermehrt benötigt wird, ist dies schon ein Grund für einen erhöhten Vitamin C-Bedarf.

Besonders Pflanzen, die auf künstlich gedüngten Böden und gespritzt werden, haben ohne weiteres einen Nitratgehalt bis zu 5 g und mehr pro Kilogramm. Gemüse aus biologischem Anbau weist selten Werte über 300 mg pro Kilogramm auf.

Eine Schülerin erhielt bei "Jugend forscht" einen Preis dafür, daß sie nachwies, daß ungedüngte Kresse bis zu zwölfmal mehr Vitamin C entwickelt als gedüngte Kresse.

Vitamin C-Verlust durch Transport und Lagerung

Dr. Juchheim aus München schreibt in einem seiner Bücher, daß Zitronen bereits eine Woche nach der Erntezeit keinerlei Vitamin C mehr enthalten.

Bei Äpfeln, die über übliche Handelswege zum Verbraucher kommen, wurde festgestellt, daß sie achtzig Prozent ihres Vitamin C-Gehaltes verloren hatten.

Viele Lebensmittel enthalten kein Vitamin C

Nahezu Vitamin C-frei sind folgende Lebensmittel:

- *Getreide (es sei denn, es wäre gekeimt)*
- *Fisch, Fleisch, Eier*
- *Milchprodukte*

Nach einer Statistik des amerikanischen Landwirtschaftsministeriums machten zumindest bei US-Bürgern Milchprodukte 28% der Kost, Fleisch und aus der Fleischbearbeitung entstandenen Produkte 20% der Kost und der Getreideanteil etwa 8% der Kost aus.

Somit enthält von vornherein schon der größte Teil der heute zugeführten Kost keinerlei Vitamin C mehr.

Der restliche Anteil der Kost weist, sofern er aus konventionellem Anbau kommt und nitratbelastet ist, einerseits einen recht geringen Vitamin C-Anteil auf, andererseits wird durch den hohen Nitratanteil wiederum Vitamin C vermehrt verbraucht.

Auch beim Verzehr von erhitztem Fleisch und Fisch entstehen vermehrt Nitrate. Häufig wurde und wird zum Teil noch Nitrit zum Pökeln verwendet und führt ebenfalls zu einer erhöhten Nitratbelas-tung des Körpers.

Die erhöhten Streßbelastungen im Rahmen der heutigen Lebensbedingungen führen ebenso dazu, daß der Vitamin C-Bedarf schlecht gedeckt werden kann. Lange Transportwege und das unreife Ernten von Obst und Gemüse wiederum bedingen einen Verlust an Vitamin C. Auch ist Vitamin C gegen Erhitzen empfindlich und wird durch Kochen weitgehend zerstört. Deswegen sollte Nahrung schonend gegart werden.

Durch Kontakte mit Schwermetallen wird Vitamin C schnell zerstört. Deswegen sollten Kochgeschirre aus Eisen, Messing, Kupfer usw. vermieden werden.

Welche Auswirkungen haben Vitamin C-Mangelzustände auf den menschlichen Organismus?

Die Auswirkungen von Vitamin C-Mangelzuständen sehen wie folgt aus:

- *Schwächung des Bindegewebes*
- *Vorzeitige Faltenbildung der Haut*
- *Gefäßaussackungen, Gefäßeinrisse, Haut- und Gewebsblutungen - Das gehäufte Auftreten von blauen Flecken verschwindet nach erhöhter Vitamin C-Zufuhr.*
- *Die Zahl der weißen Blutzellen (Leucozyten) ist bei den meisten Menschen erschreckend gering. Dem wird wenig Bedeutung beigemessen, da fast alle Leute nicht mehr die früher üblichen Zahlen an weißen Blutzellen von acht bis zehntausend haben. Das beinhaltet aber eine reduzierte Leistung des Abwehrsystems, das bei besonderen Belastungen schließlich versagt.*
- *Unter Gabe von Vitamin C kommt es zu einer kräftigen Anhebung der Zahl der weißen Blutzellen. Dieses wurde von uns in vielen Fällen festgestellt. So konnte die damit verbundene chronische Abwehrschwäche deutlich verringert werden.*
- *Die Phagozytose (das Aufnehmen von Bakterien und Viren durch weiße Blutzellen) kann durch Vitamin C deutlich beeinflußt werden. Deswegen kann bei schweren Infekten durch Gabe von ca. 10 g Vitamin C alle ein bis zwei Stunden ein solcher Infekt erheblich gebessert und die körperliche Leistungsfähigkeit relativ rasch überwunden werden. Bei banalen Infekten oft innerhalb desselben Tages.*
- *Da Vitamin C eindeutig die Intelligenz fördert, kann es besonders bei Kindern mit entsprechenden Problemen ohne weiteres eingesetzt werden. Auch zur Erhaltung der*

Vigilanz (Wahrnehmungsfunktionen) ist Vitamin C von Bedeutung.

- *Wichtig ist Vitamin C zur Korrektur eines geschwächten Immunzustandes nach Anwendung von Strahlentherapien, Chemotherapien und Verwendung von Röntgenstrahlen und Szintigrammen in der Medizin.*
- *Da unter Streß Vitamin C stark vermehrt verbraucht wird (dadurch können alle bestehenden Krankheiten aktiviert werden oder neu auftreten) kann auch unter diesen Situationen Vitamin C ein hervorragendes Therapeutikum darstellen.*
- *Bei Sportlern, die ausreichende Mengen Vitamin C vor Wettkämpfen einnehmen, tritt kein Muskelkater auf.*
- *Der typische Mangel an Vitamin C zeigt sich in der Parodontose (Langzeiteffekt). Hierbei werden die Zahnhälse länger, es kommt zu Zahnfleischbluten, das Zahnfleisch schwindet scheinbar; in Wirklichkeit bildet sich jedoch der Kieferknochen zurück. Bei jedem vierten Jugendlichen, bei jedem zweiten Erwachsenen und fast jedem alten Menschen ist die Parodontose klinisch feststellbar. Hierbei gehen insbesondere auch Zähne verloren, die nicht von Karies befallen sind. Vitamin C ist das einzige Therapeutikum, das diesen Zustand vermeiden kann.*
- *Wenn die Zahnung bei Kindern verspätet erfolgt, liegt dieses fast immer an einem Vitamin C-Mangel.*
- *Eine amerikanische Langzeitstudie hat eine erhebliche Lebensverlängerung durch regelmäßige zusätzliche Zufuhr von etwas Vitamin C ergeben, was ja darauf hinweist, daß der Durchschnitt der Bevölke-rung sehr unzureichend versorgt ist.*

Wie erhält der Organismus seinen notwendigen Bedarf?

- *Gemüse und Obst aus kontrolliert biologischem Anbau verwenden*
- *Lange Transport- und Lagerungszeiten möglichst vermeiden*
- *Hohe Nitratbelastungen vermeiden*
- *Einen hohen Rohkostanteil zuführen*
- *Schondend erhitzen, denn Kochen zerstört Vitamin C*
- *Kochbrühe mit verwenden, da Vitamin C wasserlöslich ist*
- *Viel Frischkräuter verwenden*

Wie vermeide ich Vitamin C-Verluste

- *Nahrungsmittelgruppen einschränken, die kein Vitamin C enthalten (Fleisch, Fisch, Eier, Getreide, Milchprodukte)*
- *Mechanismen zur Streßbewältigung erlernen, Streß abbauen*
- *Schwermetallbelastungen vermeiden, das Kochen und Braten in Metallgefäßen vermeiden oder reduzieren*

Wie erhöhe ich die Vitamin C-Zufuhr

- *Prophylaktisch oder therapeutisch bei Problemen der oben genannten Art Vitamin C zusätzlich zuführen.*
- *Dabei natürliches Vitamin C vorziehen (reine Ascorbinsäure wird nicht immer gut vertragen und vom Darm schlechter aufgenommen, was dann zu dünnem oder wässrigem Stuhl führt).*
- *Deklaration bei Vitamin C-Präparaten, bei denen Vitamin C in Milligramm ausgewiesen ist, sind immer zugefügt und entsprechen nicht der natürlichen Herkunft.*

- *Bei Verwendung von Vitamin C-Präparaten auf die zusätzliche Gabe von Zuckerstoffen und Säuerungsmitteln verzichten.*
- *Bei Verwendung von Vitamin C erhöhen Bioflavonide (natürliche rote, gelbe und grüne Farbstoffe) die Vitamin C-Wirkung deutlich, Bioflavonide sind bei synthetischen Vitamin C-Präparaten nicht enthalten.*

- *Den höchsten natürlichen Vitamin C-Anteil enthält eine sehr kleine Wildkirsche namens Acerola. Deren getrockneter Fruchtsaft weist bei günstigen Reifungs- und Erntebedingungen einen Vitamin C-Gehalt bis zu 40 % auf!*

Vitamin A - ähnliche Problemstellung wie bei Vitamin C

Ähnliche Problemstellungen wie bei Vitamin C ergeben sich bei Viamin A. Die Vorstufe von Vitamin A, Betacarotin, ist in vielen Gemüse- und Obstsorten enthalten.

Bei konventionell angebauten Karotten konnte manchmal kein Vitamin A mehr festgestellt werden, wo doch die Karotte als ein Lebensmittel mit hohem Betacarotin-Anteil gilt. Näheres zu diesem Thema lesen Sie im Ernährungsbuch 1 ("Revolution in der Ernährung, Das Kursbuch zur säurefreien und allergiearmen Kost").

DIE VEGETARIER STUDIE

Noch vor achtzig Jahren waren Getreide, Gemüse, Hülsenfrüchte, Kartoffeln, Obst und gelegentlich auch Milchprodukte die überwiegenden Grundlagen menschlicher Ernährung. Im Rahmen zivilisierter Lebensbedingungen wurden diese Lebensmittel zunehmend ersetzt durch Fleisch, Fisch, Eier, vitalstoffarme Nahrungsmittel, gekochte und sterilisierte Milchprodukte, Konserven, Fastfood usw.

Eiweißmast

Heute verzehren die Amerikaner und Westeuropäer gegenüber dem Jahr 1900 wesentlich mehr Milch- und Fleischprodukte, bei Geflügel sogar 280% mehr. Für Tierhaltungen und Futterproduktion für Tiere benötigen wir heute mehr als 64% der Gesamtanbaufläche. Masttiere fressen 90% aller angebauten Sojabohnen!

Grundwasserprobleme durch Massentierhaltung

Tierexkremenle sind zu über der Hälfte für die Wasserverschmutzung und Grundwasserverseuchung verantwortlich. Die Produktion an tierischen Exkrementen beträgt in den USA und Europa zusammen 110.000 Kilogramm pro Sekunde. Die Entsorgung ist nicht mehr zu beherrschen.

Für die Herstellung von 1 Kilogramm Fleisch sind 7 Kilogramm Getreide oder Sojafrüchte erforderlich. Bei dieser 'Umwandlung" der Nährstoffe zu Fleisch gehen über 90% der Pflanzeneiweiße, 92% der pflanzlichen Kohlehydrate und 100% der Faser- und Ballaststoffe verloren. Allein in den USA werden jährlich mehr Tiere geschlachtet als die ganze Erde Einwohner hat.

Chemikalien in der Muttermilch

Um diese riesigen Futtermengen zu erzeugen, werden jährlich mehrere Millionen Tonnen Pestizide auf die Felder gestreut. Diese großen Mengen an landwirtschaftlichen Chemikalien werden unser Grundwasser bis zur Ungenießbarkeit verseuchen.

97% der fleischessenden Frauen haben erhöhte Giftstoffwerte durch das Insektenschutzmittel DDT in ihrer Muttermilch obwohl schon seit Jahren ein Anwendungsverbot besteht.

Bei den vegetarisch lebenden Müttern fanden sich nur in 8% der Fälle erhöhte Werte. Durch DDT-Belastungen und bei den Frauen, die sich ohne Milch und Eier (vegan) ernährten nur in 1,1% der Fälle. Die Pestizidbelastung der Muttermilch bei Mischkosternährung ist 35mal größer als bei rein vegetarischer Kost.

Zunahme von Herz- und Kreislauferkrankungen

Seit der Ernährungsumstellung auf tierisches Eiweiß vor rund 80 Jahren stiegen die natürlichen Herz-Kreislauf-Erkrankungen und Krebserkrankungen jährlich um drei bis fünf Prozent und verursachen heute zusammen mehr als zwei Drittel aller Todesursachen der Menschheit in den westlichen Ländern.

Ebenso erschreckend steigt die Häufigkeit der Allergieerkrankungen. In Deutschland gibt es bereits mehr als 1,2 Millionen Neurodermitis-Kranke. Zwischen 1975 und 1985 nahmen Herz-Kreislauf-Erkrankungen in Deutschland um 41% zu, die Tumorbildung um 80%, die Gesamtzahl der Krankenhauseinweisungen stieg um 114%, die Krankheiten während der Schwangerschaft und zum Zeitpunkt der Geburt und im Wochenbett um 227% (Angaben des Bundesverbandes der Ortskrankenkassen).

Jagd auf den Vegetarier

Vegetarisch lebende Menschen werden gern als unterernährt, krankheitsanfällig, schwächlich und unter Vitaminmangel leidend dargestellt. Diese Angaben sind unglaublich und unhaltbar.

Besonders Eltern von vegetarisch lebenden Kindern werden Schuldgefühle eingeimpft. Stattdessen jagt die Industrie chemischen Substanzen nach um Krankheiten mit einer einzigen Pille beheben zu können! Selbstverantwortung im Hinblick auf Ernährung und Lebensstil wird klein geschrieben.

Eine Vegetarier-Studie aus dem Jahr 1988, durchgeführt von der Universität Gießen, dem Krebsforschungszentrum Heidelberg und dem Gesundheitsamt Berlin sowie dem Vegetarierbund Deutschlands erbrachte folgende Ergebnisse:

An 10.000 Vegetariern hat man festgestellt: kein Übergewicht, keine erhöhten Cholesterin- und Fettwerte, kein erhöhter Blutdruck keine Herzinfarkte, keine Schlaganfälle, wenig Krebserkrankungen.

Ein deutliches Plus gegenüber allen anderen Ernährungsformen. Eine längere Lebenserwartung versteht sich von selbst. Die Überlebenszeiten bei Krebsbefall waren selbst dann deutlich verlängert, wenn erst nach dem Ausbruch der Krankheit auf vegetarische Ernährung umgestellt wurde.

Eindrucksvoll zeigt sich die Beziehung einer fleischfreien Ernährung zu Krebs- und Herz-Kreislauferkrankungen: Weniger als 10% der üblichen Krebsquote (Herzinfarkttod nur 5% des Durchschnittsrisikos). Die Teilnehmer dieser Studie lebten nicht generell tierischeiweißfrei, sondern nur fleischfrei.

Besserungen der Darm- und Nierenfunktionen

Auffallend waren weiterhin eine wesentlich geringere Häufigkeit von Gallenwegserkrankungen und Gallensteinbildungen, entzündlichen Dickdarmkrankheiten und Verdauungsstörungen.Die Vegetarier wiesen desweiteren eine überdurchschnittlich gute Nierenfunktion auf. Als ein großer Risikofaktor für Brust- und Unterleibskrebserkrankungen bei Frauen zeigt sich weiterhin der Umstand, daß die fleischessenden weiblichen Jugendlichen drei bis fünf Jahre früher pubertieren.

(Quelle: Zusammenstellung des Chirurgen Dr. Werner Hartinger, Waldshut).

Lebensmittelbestrahlung

In folgenden europäischen Ländern der EG wird derzeit Lebensmittelbestrahlung durchgeführt:

Frankreich Niederlande und Spanien

Bestrahlt werden dürfen derzeit folgende Nahrungsmittel:

- *Erdbeeren, Datteln, Feigen, Rosinen, getrocknete Aprikosen, andere Trokkenfrüchte*
- *Knoblauch, Zwiebeln, Scharlotten, Kartoffeln, Trockengemüse, geforene Kräuter*
- *Müsliartige Getreide, Weizenmehl*
- *Geflügelfleisch, Froschschenkel, Krabben, Tierblutplasma und Reste*
- *Käsebestandteile und Gewürze*

In folgenden Ländern erfolgt bis heute ***keine*** *Bestrahlung:*

Deutschland, Schweiz, Norwegen.

Bestrahlungsformen

- *Röntgenstrahlen*
- *Gammastrahlen*
- *Elektronenstrahlen*

Die Bestrahlung führt zur Bildung von freien Radikalen also chemisch sehr reaktionsfreudigen Molekülen, gewebsschädigenden Partikeln.

Wirkung der ionisierenden Strahlen

Es entstehen Schäden an Großmolekülen, so am Erbgut und an Eiweißstrukturen, Frisch bestrahlte und sofort verfütterte Lebensmittel verursachen ***im Tierversuch sowohl Chromosomenschäden als auch Mißbildungen.*** *Nach einer geringen Lagerzeit sind freie Radikale nur in geringem Umfang vorhanden.*

Deswegen gehen Wissenschaftler von keinerlei Schadenswirkung durch bestrahlte Nahrungsmittel aus. Es lassen sich aber freie Radikale in bestrahlten Nahrungsmitteln noch nach ein bis zwei Jahren nachweisen!

Wirkungen der Bestrahlung

- *Das Auskeimen, Ausreifen und Altern wird verzögert oder vermieden.*
- *Insekten- und Parasitenvertilgung, Reduzierung von Mikroorganismen*
- *Erhöhung der Haltbarkeit*
- *Pasteurisierung oder Sterilisierung der Nahrungsmittel je nach Strahlendosis.*

Auswirkung der Bestrahlung auf die Qualität der Lebensmittel:

- *Vitaminverluste, Veränderungen an ungesättigten Fettsäuren*
- *Sogenannter Strahlengeschmack bei den zum Abtöten von Keimen notwendigen Dosen*
- *Fördert nachträgliche Fäulnis durch Reduzierung der "Selbstheilungskräfte" der Lebensmittel*
- *Haltbarkeit der Nahrungsmittel nach Verpackungsöffnung verringert*
- *Verschiedene Keime, u. a. Pilze und Hefen, überleben die Bestrahlung*

Nahrungsmittelbestrahlung - nur Nachtelle für den Verbraucher

- *Es besteht keine Notwendigkeit für Lebensmittelbestrahlung*
- *Die Bestrahlung nutzt nur dem Handel, nicht aber dem Verbraucher*
- *Gesundheitliche Auswirkungen werden ignoriert*
- *Erhebliche Vitamineinbußen sind die Folge*
- *Die Beurteilung von Nahrungsmitteln nach ihrem Aussehen ist nicht mehr möglich*

Die Verbraucherinitiative Bonn verfügt über eine Auflistung von Unternehmen, die die Verwendung bestrahlter Lebensmittel für die Zukunft ausschließen, abweichend Stellung nehmen oder sich positiv zur Lebensmittelbestrahlung äußern.

Nitrat - die größte Gesundheitsbelastung

Nitrat: Wachstumsstoff und Schadstoff zugleich

Nitrat (chemische Formel NO 3) ist eine Verbindung von Stickstoff (N) und Sauerstoff(O). Er kommt als natürlicher Wachstumsstoff im Boden und in Pflanzen vor. Im Boden entsteht Nitrat aus Luftstickstoff durch die Tätigkeit von Mikroorganismen.

Aber auch verrottendes Pflanzenmaterial setzt Nitrat im Boden frei. Alle Pflanzen benötigen Nitrate, um Blattgrün (Chlorophyll) und Eiweiße zu bilden.

- *Durch die Überdüngung der Äcker und Felder (bis zu 190 Kilogramm Stickstoff pro Hektar Fläche) kommt es zu einer "Nitratflut" im Boden.*
- *Das Ausbringen von Gülle (Fäkalien aus der Massentierhaltung führt zu einer weiteren Anreicherung von Nitraten in den Böden. Da sie auch im Herbst oder Winter, also ganzjährig erfolgt, wenn das überschüssige Nitrat nicht von wachsenden Pflanzen aufgenommen werden kann, ist diese Maßnahme besonders problematisch.*
- *Auch Abgase von Industrie und Verkehr führen zu einer zusätzlichen Nitratbelastung der Felder und Äkker*

Nitrat im Boden - Nitrat in den Pflanzen

Durch das erhöhte Nitratangebot im Boden kommt es zu einer hohen Nitratanreicherung im Pflanzengewebe, die nicht zur Chlorophyll- und Eiweißbildung verwendet werden kann. Naturgemäß lagern einige Pflanzen mehr Nitrat ein als andere:

PFLANZEN MIT HOHEM, SCHEINBAR NATÜRLICHEN NITRATGEHALT

Gemüseart	*Nitratgehalt (mg/kg)*
Kopfsalat	*1500 - 5500*
Feldsalat	*1450 - 4100*
Spinat	*1000 - 4000*
Rettich	*2030 - 6700*
Radieschen	*1500 - 3900*
Rote Rüben	*1630 - 6800*

Hierbei handelt es sich um konventionell angebaute, also auch überdüngte Gemüse. Erstaunlicherweise existieren keine erlaubten Höchstwerte für den Nitratgehalt von Gemüsen.

Wir erkennen einerseits, daß der Nitratgehalt vieler Gemüse oftmals weit über den Richtwerten liegt, aber auch zu, daß der Gehalt der einzelnen Gemüse stark schwankt (bis zu 3000 % und mehr).

Diese Schwankungen sind hauptsächlich durch anbautechnische Maßnahmen zu erklären:

- *Überdüngung - besonders die Düngung mit Gülle oder Kunstdünger führen zu einer erhöhten Nitratanreicherung, manchmal über 5000mg* **(!)** *pro Kilogramm, bei organisch gedüngtem Gemüse finden sich selten Nitratwerte über 300mg/ Kilogramm.*
- *Zu geringe Sonneneinstrahlung, z.B. bei Treibhausgemüse bewirkt eine hohe Nitratbelastung.*

Aus dem gleichen Grund enthält abends geerntetes Gemüse in aller Regel weniger Nitrate als morgens geerntetes.

Vom Boden in das Grundwasser

Ist die Fähigkeit der Pflanzen, das Nitrat aus dem Ackerboden zu speichern erschöpft, wird Nitrat durch Regenwasser aus den Böden ausgeschwemmt und gelangt in die unterirdischen Grundwasserreservoirs, in unser Trinkwasser. Besonders im westlichen Niedersachsen (Weser-Ems-Region) und in den angrenzenden Niederlanden, wo die Gülle Sommers wie Winters auf die Felder gekippt wird, liegen die Nitratwerte im Trinkwasser oftmals um ein Vielfaches über den erlaubten Grenzwerten.

Nitrate: 10 - 15 % werden zu toxischen Produkten umgewandelt

Nitrate selbst stellen in der Regel kein gesundheitliches Risiko für den Menschen dar. Problematisch sind die Abbauprodukte von Nitrat: Nitrit und Nitrosamine.

- *Nitrit (NO2) wird einerseits durch das Kochen von Gemüse, Braten oder Grillen von nitratbelastetem Fleisch und Fisch aus Nitrat gebildet. Auch bei der Verdauung von nitrathaltigem Gemüse kommt es zur Bildung von Nitrit. So werden bereits im Mund 10-15 % des Nitrats zu Nitrit umgewandelt, das mit dem Speichel in den Körper gelangt.*
- *Besonders bei Säuglingen blockiert Nitrat den Sauerstofftransport im Blut. Es kommt zu der sogenannten "Blausucht" der Babys (Metahämoglobie, "Blue Babys"), die im Extremfall zur Erstickung der Kinder führen kann.*
- *Beim Erwachsenen kann es aus Nitrit und Eiweißstoffen, den sogenannten "Aminen" zur Bildung von "Nitrosaminen" kommen. Diese Stickstoff-Eiweißverbindungen gelten als stark krebserregend (kanzerogen). Amine kommen besonders in Käse, Fleisch und Wein vor, wobei besonders gepökeltes Fleisch (Kassler) zu hohen Nitrosaminbelastungen im Körper führt, da dieses Fleisch zur Erhöhung der Haltbarkeit vom Metzger mit Nitritsalzen vorbehandelt wird.*

Nitratbelastungen und Nitratgrenzwerte in Europa

- *25 mg pro Liter ist der von der EG festgesetzte Nitrat-Richtwert des Wassers, der nicht überschritten werden sollte. In verschiedenen deutschen Gebieten, z.B. im Weser-Ems-Gebiet sowie in der Region Hannover/Braunschweig überstieg allerdings der Nitratgehalt des Trinkwassers sogar den wesentlich höheren deutschen Grenzwert von 90 mg / l.*
- *Das Trinkwasser von 6 Mio. Bundesbürgern, also von rund 10% der Bevölkerung, überschreitet den EG-Grenzwert von 50 mg /l.*
- *In etwa 5% der Gemeinden ergab bereits 1982 eine Untersuchung des "Stern" eine Überschreitung der* **deutschen** *gesetzlichen Nitratgrenzwerte von 90 mg / l.*
- *In verschiedenen Gemeinden mußte den Säuglingen bereits Tafelwasser für Babynahrung gegeben werden. Die Nitratbelastung sollte für Babys sollte 10 mg /l eigentlich nicht überschreiten.*

Empfehlungen für die Reduzierung der Nitratbelastung durch die Ernährung

- *Einkauf von Gemüse auf Waren aus kontrolliert biologischem Anbau, diese sind deutlich weniger nitratbelastet als Waren aus konventionellem Anbau.*
- *Verzicht auf tierisches Eiweiß bzw. dessen Reduzierung trägt ebenfalls zur Minderung der Nitrat-, Nitrit- und Nitrosaminbelastung.*
- *Verzehr von Rohkost erhöht die Zufuhr von Vitamin C. Vitamin C ist wasserlöslich und hitzeempfindlich, wird deshalb beim Kochen vernichtet. Vitamin C verhindert die Umwandlung von Nitrat in Nitrit und die Bildung von kanzerogenen Nitrosaminen*
  Ungedüngtes und -gespritzes Gemüse hat einen bis zu zwölffach höheren Vitamin C-Gehalt als gedüngtes. Für diese Untersuchung erhielt eine Schülerin einen Preis im Wettbewerb "Jugend forscht" 1994.
- *Besonders nitrathaltige Gemüse sollten wenig erhitzt und auf gar keinen Fall wieder aufgewärmt werden, um die Umwandlung von Nitrat in Nitrit zu verhindern. So sterben Versuchstiere früher, wenn sie wieder aufgewärmte Nahrung erhalten.*
- *Besonders bei der Herstellung von Babynahrung empfiehlt sich die ausschließliche Verwendung von Mineralwasser mit einem Nitratgehalt von <10 mg/Liter oder von osmosegefiltertem bzw. destilliertem Wasser (s. Kapitel "Wasser und Wasserqualität heute") anstelle von Leitungswasser.*

Unter Berücksichtigung dieser Ratschläge kann man die gesundheitsgefährdende Belastung des Körpers mit Nitraten und deren Abbauprodukten deutlich reduzieren. So ergaben mehrere Studien, un-

ter ihnen die Gießener Vegetarierstudie aus dem Jahre 1989, daß bei Vegetariern trotz ihres hohen Gemüseverzehrs keine erhöhten Nitratwerte in Blut, Speichel und Urin festgestellt werden konnten.

Testen Sie Ihre eigene Nitratbelastung!

Nitrat-Teststreifen sind im Handel erhältlich. (*)

Sie können sowohl Ihren Speichel, Urin, Trinkwasser, Böden und Nahrungsmittel damit testen.

Bei Rauchern fällt die Testung von Nitrat allerdings nicht verläßlich aus.

* *Sie können auch über den Vertrieb des Flamingo-Verlages bezogen werden.*

Literatur

1) *Tina Pohl, "Nitrat - Die Menge macht's zum Problem", UGB Forum 5/92*
2) *Prof. Dr. H. Vogtmann, "Kein Ende in Sicht - Das Nitratproblem", neuform Kurier 1/83*
3) *Marc Fritzler, "Stichwort Umweltgifte", 1993, W. Heyne Verlag, München*
4) *Hans Joachim Kursawa-Stucke, Volkmar Lübke, Hans-Jürgen Nantke und Gottfried Mayr-Stürmer, "Knaurs Umwelt- Lexikon", 1994, Th. Knaur Verlag, München*

Unser wichtigstes Lebensmittel:

Wasser und Wasserqualität heute

Der Mensch muß ständig Wasser haben, sonst kann er 72 Stunden nicht überstehen, ohne in ein Koma zu verfallen.

Wasser macht 4/5 unseres Körpergewichtes aus und unterhält die inneren Funktionen unseres Körpers.

Zur Entschlackung brauchen wir reines und weiches Wasser, denn weder hartes noch belastetes Wasser (Chlor, Nitrate, Schwebestoffe Insektizide und Pestizide etc.) kann zur Entschlackung beitragen.

Wir alle kennen Menschen mit welker, fahler, trockener und knittriger Haut. Zuerst kommt es an der Haut des Halses und der Hände zur Austrocknung. Diese Haut sieht dann welk und alt aus, es treten Falten und Verstopfung auf. Dies alles sind Zeichen eines chronischen Wassermangels.

Länger jung durch reines Wasser

Der Amerikaner Dr. Paul C. Bragg berichtete, daß Fernsehstars, für die er als Ernährungs- und Konditionsberater tätig war, viel länger ein jugendliches Aussehen behielten, wenn sie reine Flüssigkeit tranken, als wenn sie Leitungs- oder Mineralwasser zu sich nahmen. Reines Wasser erhält die Zellen des Körpers und verhindert ihre Austrocknung.

Anstatt genügend Wasser zu trinken, dopen sich viele Menschen mit Alkohol Tee, Kaffee, Cola, Aspirin, Zigaretten und anderen Stimulanzien.

Anorganische Mineralien des Wassers, Kochsalz und toxische Säurekristalle können die Zehen- und Fingernägel verformen. Große, dicke Zehennägel sehen manchmal aus wie zementiert.

Laut Dr. Bragg verursachen anorganische Mineralien plus Cholesterin und Kochsalz den größten Schaden an den kleinen Arterien und anderen Blutgefäßen im Gehirn. Solche Menschen sind praktisch schon Tote, die nur noch darauf warten, begraben zu werden.

Das Grundwasser ist in weiten Teilen der Bundesrepublik durch die Stickstoffdüngung belastet. Die EG-Richtlinien von 25mg Nitrat pro Liter Wasser werden heute häufig weit überschritten.

Oberhalb dieses Nitrat-Richtwertes ist das Risiko der sogenannten Blausucht bei Säuglingen stark erhöht. 6 Millionen Bundesbürger müssen Wasser trinken, dessen Nitratgehalt den von der EG vorgeschlagenen Höchstwert von 50 mg pro Liter übersteigt. Rund eine halbe Million Bundesbürger werden sogar mit Leitungswasser versorgt, das selbst den, zur Zeit noch geltenden bundesdeutschen Trinkwasserverordnungen mit 50 mg Nitrat pro Liter nicht genügt.

Selbst verschiedene Mineralwässer enthalten überhöhte Nitratwerte.

Darüberhinaus sind die meisten Mineralwässer mit Kohlensäure versetzt, einem Schlackenstoff, den wir über die Lunge ausatmen müssen!

Saures Wasser - Säuretod !

In zehntausenden Seen in Kanada und Skandinavien trat ein merkwürdiges Phänomen auf. In kristallklaren Seen und Flüssen kriecht kein einziger Krebs, schwimmt kein einziger Fisch. Flüsse und Seen bergen ein schreckliches Geheimnis. Die toten Gewässer liegen in Gegenden mit kalkarmen Böden. Diese können dem sauren Niederschlag nicht standhalten, der überall in Mitteleuropa Wälder ruiniert, Bauten angreift und Säuglinge krank macht.

- *bei pH-6,0 sterben Krebse und Muscheln*
- *bei pH-5.5 sterben Lachse und Forellen*
- *bei pH-5,0 sterben Flußbarsch und Hecht*
- *bei pH-4,5 sterben Bachwaidling und Aal*

Auch westdeutsche Forscher brauchen nicht nach Schweden zu fahren, um studieren zu können, was der saure Regen bewirkt. Die Säuregrade westdeutscher Bäche und Flüsse gehören mittlerweile zu den höchsten der Welt. Auch hier gehen Fische und andere Organismen daran zugrunde. In vielen Waldbächen der deutschen Mittelgebirge vom Harz bis zum Fichtelgebirge ist das Wasser stark übersäuert, die Werte liegen größtenteils zwischen 4,0 und 5,0.

Die Qualität des Wassers ist so wichtig wie die Qualität der Nahrungsmittel

Professor Louis-Claude Vincent hat eine Studie publiziert, daß bei extrem kalkhaltigem Wasser im gleichen Zeitraum doppelt soviele Menschen starben wie an Orten mit weichem Wasser.

Wenn es darum geht, belastungsarme Nahrungsmittel zu verwerten, können wir am mengenmäßig wichtigsten Nahrungsmittel, nämlich Wasser, nicht spurlos vorbeigehen.

Bezüglich des Einkaufs von Lebensmitteln ist in diesem Buch wiederholt darauf hingewiesen worden, daß Produkte aus kontrolliertem biologischen Anbau zu bevorzugen sind. Fast noch wesentlicher ist das Beachten einer guten oder zumindest ausreichenden Wasserqualität.

Die Wasserqualität in Deutschland ist sehr unterschiedlich, Nitratbelastungen, Insektizid- und Pestizidbelastungen sind vielfach nachweisbar, auch Chlorierung wird stellenweise vorgenommen. Darüberhinaus sind vielfältige weitere Verunreinigungen im Wasser enthalten.

Wasser soll rein sein und nicht mineralisiert

Ich selber habe mein Trinkwasser bisher häufig destilliert, und es ist enorm, welche unglaubliche Menge an Rückständen dabei im Destilliertopf zurückbleibt, die man sonst mit dem Trinkwasser aufnimmt.

Wie soll ein Wasser, das selber verunreinigt ist, zur Reinigung des Körpers beitragen? Denn das Spülen und Entschlacken des Organismus ist ja die Funktion des Wassers.

Das Wasser ist ***nicht*** *dazu vorgesehen, wie vielfach geglaubt wird, den Körper zu mineralisieren. Das erfolgt durch die Nahrungsmittel.*

Welches Wasser kaufen wir?

- ***Mineralwasser:***
  Dieses Wasser muß aus einer unterirdischen Quelle stammen, die vor Verunreinigung geschützt ist. Auf dem Flaschenetikett muß eine Analyse der Inhaltsstoffe sein.
  Schädliche Substanzen müssen nicht ausgewiesen werden.
- ***Quellwasser:***
  Dieses Wasser hat seinen Ursprung im unterirdischen Wasservorkommen und muß am Quellort abgefüllt werden.
- ***Tafelwasser:***
  Dieses Wasser ist lediglich in Flaschen abgefülltes Trinkwasser. Dies bedeutet, daß Leitungswasser in Flaschen abgefüllt und verkauft werden kann.

Die Meinung von Fachbuchautoren:
Anorganische Mineralien verschlacken

Es wird darüberhinaus fast in allen Fachbüchern über Wasser und Wasserqualität darauf hingewiesen, daß die in den Mineralwassern enthaltenen anorganischen Mineralien den Körper verschlacken und versteinern sollen.

Ich kann mir bis dato noch keine endgültige Meinung dazu bilden, ob harte (an anorganischen Mineralien reiche Mineralwasser) tatsächlich eine Gefährdung für die Gesundheit darstellen.

Unabhängig davon sollte aber generell hochqualitatives Mineralwasser verwendet werden, denn die Menge an Flüssigkeit, die wir aufnehmen, übertrifft ja die Menge an verzehrten Nahrungsmitteln deutlich.

Wenn Sie eine Gemüsesuppe kochen und das Gemüse aus kontrolliertem Anbau bezogen haben, wäre es sehr unlogisch, die Gemüsesuppe oder andere Getränke mit einem minderwertigen Leitungswasser herzustellen.

Neben entsprechenden stillen (kohlensäurefreien) Mineralwässern, sind heute drei verschiedene Filterungsverfahren gebräuchlich:

1. Kohleaktivfilter:

Diese haben keine ausreichende Filterkapazität und werden von verschiedenen Fachleuten als "Wasserverschönerungsfilter" eingestuft. Sie sind allenfalls als Vor- oder Nachschaltung bei anderen Filterverfahren sinnvoll.

2. Dampfdestillation:

Die Dampfdestillation ist ein bewährtes Verfahren zur Gewinnung von gereinigtem Wasser. Das Wasser wird hier verdampft, wobei im Durchschnitt über 90 % aller Verunreinigungen zurückgehalten werden können, nicht aber solche, die bei niedrigeren Temperaturen als das Wasser selbst verdampfen. Hierbei handelt es sich insbesondere um einige chemische Stoffe.

***Nachteil** der Gewinnung von gereinigtem Wasser durch Dampfdestillation sind die hohen Betriebskosten durch den Stromverbrauch (ca. 0,35 DM pro Liter);*

***Vorteil** sind die etwas billigeren Anschaffungskosten als bei dem nächstfolgenden Wasserfilterungssystem. Durchschnittlich muß man heute für ein Wasserdestilliergerät ca. DM 600,- bis 700,- aufwenden. Die Leistung dieser Geräte ist nicht sonderlich hoch. Für die Verdampfung einiger Liter Wasser werden in der Regel mehrere Stunden gebraucht. Danach ist die Küche gut geheizt.*

3. Umkehrosmosesysteme:

Hierbei handelt es sich um eine Technik, die im Rahmen der US-Raumfahrt entwikkelt wurde. Das Wasser wird durch Schichten von feinen Membranen gefiltert, die nur Moleküle von Wassergröße passieren lassen. Der Reinigungsgrad ist ähnlich groß wie bei der Wasserdampfdestillation.

***Vorteil:** Kein Energieaufwand zum Betrieb, denn die Osmosefilterung funktioniert allein mit dem Druck des Leitungswassers. Die Geräte reinigen sich quasi selber im Gegensatz zu den Destilliergeräten, denn Rückstände werden über das Abwassersystem eliminiert. Vorteil ist weiter die hohe Lebensdauer der Membranen (ca. fünf Jahre) und die hohe Leistungsfähigkeit der Geräte (die Produktion mehrerer Liter Wasser pro Stunde ist bereits bei einfachen Geräten möglich.*

***Nachteil:** Höhere Anschaffungspreise von über DM 1.000,- für Auftischfiltergeräte, bis zu über DM 2.000.- für technisch aufwendigere Untertischfiltergeräte,*

Die Umkehrosmose funktioniert allein mit dem Druck des Leitungswassers. Eine feine Membran läßt nur Moleküle von Wassergröße durch.

Selbst Viren und Bakterien sind wesentlich größer als die Pore einer Osmosemembran.

Osmosegefiltertes Wasser weist ein besseres Aroma auf, es kommt zu keinen Ablagerungen in den Geräten, zur Lebensverlängerung bei technischen Geräten, es verbleiben keine Rückstände auf dem Geschirr beim Spülen.

Eine Patientin von mir gibt für die ganze Familie für stilles Wasser einen Betrag von über eintausend DM aus! Diesen Preis hätte sie nach Anschaffung eines Osmosefiltersystems in ein bis zwei Monaten "hereingeholt"

Angesichts der vielfältigen chemischen Belastungen des Wassers mit Insektiziden und Pestiziden, Chlor, Nitraten und einer Unzahl weiterer Chemikalien wird es immer empfehlenswerter, sich selbst Wasser von guter Qualität herzustellen.

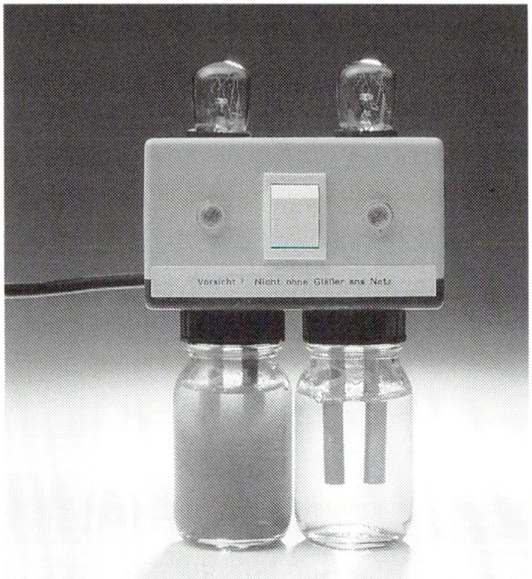

Ergebnis einer Zersetzung des Wassers (Ausfällung von Rückständen im Wasser) mit dem Hoffmann´schen Zersetzungsapparat.

Oben sehen Sie die ausgefällten Rückstände aus nur einem kleinen Fläschchen Leitungswasser. In dem Fläschchen wurde Osmose-Wasser zersetzt, was nahezu rückstandsfrei ist.

Glauben Sie immer noch, daß Leitungswasser entschlackend wirkt? (Verwendet wurde Leitungswasser der Stadt Rheine in Westfalen, Sitz des Vier Flamingos Verlages).

ABSCHNITT 3

DIE ANWENDUNG DER SÄUREFREIEN UND ALLERGIEARMEN KOST

Frischkost

Es empfiehlt sich, ca. die Hälfte der täglichen Nahrung als unerhitzte Frischkost zu sich zu nehmen, vorwiegend bestehend aus Gemüse und Obst. Der Gemüseanteil sollte überwiegen.

Zur Frischkost zählen:

- *frisches ausgereiftes Gemüse und Obst, Garten- und Wildkräuter*
- *desweiteren Nüsse, Mandeln, Samen, Getreide, kaltgepreßte, unraffinierte Öle, Keimlinge und Sprossen, Vorzugsmilch, rohe Eier, Tartar u.a.*
- *Alle Produkte sollten aus anerkannt kontrolliert ökologischer Landwirtschaft stammen.*

♦ *Die Frischkost hat einen hohen Gehalt an wertvollen Inhaltsstoffen, z.B. Vitaminen, Mineralstoffen, Spurenelementen und Enzymen. Diese werden nicht durch Erhitzen oder Auslaugen ins Kochwasser vermindert. Das gleiche gilt auch für die sekundären Lebensmittelinhaltsstoffe (Aroma-, Duft- und Geschmackstoffe).*

♦ *Die Frischkost hat gleichzeitig einen geringen Energiegehalt.*

♦ *Die Frischkost aus anerkannt kontrolliert ökologischer Landwirtschaft hat einen besseren Geschmack.*

♦ *Frischkost sollte stets zuerst verzehrt werden zwecks Vermeidung einer Verdauungsleukozytose (der D-Zug fährt vor dem Bummelzug) oder als getrennte Mahlzeit.*

♦ *Die physiologische Wirksamkeit der Ballaststoffe ist am größten, wenn diese, wie bei der Frischkost, nicht erhitzt wurden.*

♦ *Frischkost besänftigt das erste starke Hungergefühl. Durch intensives Kauen, aber auch durch die Geschmacks- und Aromastoffe wird die Produktion von Verdauungssäften angeregt.*

♦ *Bevorzugen Sie die Lebensmittel, die zum Zeitpunkt ihrer natürlichen Erntezeit verfügbar sind. Sie haben dann den höchsten Gehalt an wertvollen Inhaltsstoffen, schmecken am besten und sind am preiswertesten.*

Frischkorn-Mahlzeit (Müsli)

Die Grundlage für die Frischkorn-Mahlzeit sollten Getreidekeimlinge oder geschrotetes Getreide sein.

Werden diese nicht vertragen, kann auch mit Flocken gearbeitet werden (z.B. Hirseflocken.) Eine gute Alternative als Grundlage ist Chufas (Erdmandel), insbesondere dann, wenn es mal schnell gehen soll.

Einweichen von Getreide für die Frischkorn-Mahlzeit

Das Getreide soll frisch geschrotet oder gemahlen mit soviel Wasser eingeweicht werden, daß eine breiige Masse entsteht und sich kein Wasser mehr absetzt.

Die Einweichzeit sollte 8 - 12 Stunden betragen. Sie ist erforderlich, weil unter Feuchtigkeit das Phytin der Getreide inaktiviert wird. Hierbei handelt es sich um einen Pflanzeninhaltsstoff, der die Aufnahme bestimmter Mineralstoffe behindern kann. Nach ca. 30 Minuten Einweichzeit wird ein Enzym aktiv, die Phytase. Diese spaltet Phytin von den Mineralstoffen, so daß dieses dem Körper zur Verfügung stehen kann.

Ein vollkommener Abbau des Phytins liegt - je nach Getreideart - nach ca. 10 - 12 Stunden Einweichzeit vor.

Die Phytase wird jedoch durch Hitze zerstört. Bei Kochen des Getreidekorns oder -schrotes geht sie verloren und kann das Phytin nicht mehr abbauen.

Bei warmen Temperaturen sollte das eingeweichte Getreide im Kühlschrank aufbewahrt werden.

Falls nach der Einweichzeit einmal das eingeweichte Getreide nicht zur Frischkorn-Mahlzeit verwertet werden kann, kann es noch zum Brotbacken oder ähnliches Verwendung finden. Für die Frischkorn-Mahlzeit ist es mangels Bekömmlichkeit dann nicht mehr zu gebrauchen, weil sich die Milchsäure der Nahrung dann in Essigsäure umgewandelt hat.

Zubereitung einer Frischkorn-Mahlzeit:

- *abwechslungsreich und nach persönlichem Geschmack (s. Rezeptteil)*
- *schrittweise an die Frischkorn-Mahlzeit gewöhnen*
- *zunächst kleinere Getreidemengen, beginnend mit ca. 20 g, dann auf 40-60g steigernd,*
- *zunächst fein schroten, noch besser* ***gekeimt*** *verwenden*
- *Obst-Anteil zunächst erhöhen.*

Vorzüge des Frischkorn-Verzehrs:

- *Erhaltung aller hitzeempfindlichen Inhaltsstoffe*
- *Vermeidung größerer Blutzuckerschwankungen*
- *anhaltende Sättigung*
- *hoher Anteil an Ballaststoffen.*

Getreide sollte nicht zusammen mit Trokkenfrüchten oder ungesäuerter Milch eingeweicht werden (fördert die Bildung von gesundheitsschädlichen Keimen) sondern mit kaltem Wasser.

Die Frischkorn-Mahlzeit kann zu jeder Tageszeit gegessen werden.

Wenn angekeimte Getreidekörner verwendet werden, erhöht sich die biologische Wertigkeit erheblich!

Roh- bzw. Vorzugsmilch (wird der Frischkost zugeordnet)

Rohmilch ist Milch, die nicht erhitzt worden ist. Sie wird entweder direkt ab Hof verkauft oder kommt abgefüllt unter dem Namen „Vorzugsmilch" in den Handel.

Vorzugsmilch ist weder pasteurisiert noch homogenisiert. Sie verfügt über ihren natürlichen Fettgehalt. Zur Gewinnung müssen besonders strenge gesetzliche Anforderungen hinsichtlich des Gesundheitszustandes der Tiere, der Fütterung, Pflege und Haltung, der Stallhygiene sowie des Keimgehaltes der Milch eingehalten werden. Vorzugsmilch mußspätestens 24 Stunden nach der Gewinnung direkt beim Erzeuger abgefüllt und innerhalb von 2 Tagen an die Verbraucher abgegeben werden.

Vorzugsmilch heißt nicht, daß sie von Bio-Höfen mit artgerechter Tierhaltung stammt.

Rohfleisch und Rohfisch als Frischkost

Auffallenderweise herrscht bei Laien und Fachleuten die Meinung vor, bei der Zufuhr von Eiweiß sei es unerheblich, ob ich dieses erhitzt und damit denaturiert in Form von Käse, Quark, Fleisch, Fisch, Eiern oder als frische Nahrungsmittel zuführe, wenn die Kost nur ausgewogen ist.

In der Praxis ergeben sich ganz andere Verhältnisse.

Roheiweiß ist stark basenbildend und darf bei guter Qualität (Bezug von Bio-Höfen mit artgerechter Tierhaltung) auch häufiger verwendet werden, siehe insbesondere auch das Kapitel: "Tierisches Eiweiß: Gesund oder schädlich?".

GETREIDE

Verwenden Sie Getreide aus anerkannt kontrolliert ökologischer Landwirtschaft.

Wir unterscheiden zwischen:

- ***glutenhaltigem = klebereiweißhaltigem Getreide (Weizen, Dinkel, Roggen, Gerste, Hafer)***

und

- ***glutenfreiem = klebereiweißfreiem Getreide (Hirse, Buchweizen, Mais, Reis, Amaranth, Quinoa).***

Dinkel und Weizen haben einen hohen Gehalt an Klebereiweiß = Gluten. Dieser Stoff spricht für besonders gute Backeigenschaften. Er verursacht aber auch Allergien und ist von Patienten mit Zöliakie / Sprue (entzündliche Darmerkrankungen) streng zu meiden. Bei vielen weiteren Allergien sollten klebereiweißhaltige Kornprodukte ebenfalls vermieden werden.

Bei Dinkel ist die Eiweißzusammensetzung anders als bei Weizen.

Glutenhaltige Getreide gehören allerdings generell nicht zur säurefreien und allergiearmen Kost!

Deshalb finden Sie in diesem Buch keine Rezepte mit diesen Kornsorten!

In gekeimter Form ist allerdings gegen die Verwendung dieser Körner (außer bei Allergien und Arthritis) nichts einzuwenden.

Kochen von Getreide

Vor dem Kochen empfiehlt es sich, das Korn zu waschen und eine halbe bis eine Stunde einzuweichen.

***Einweichen verkürzt die Kochzeit**, spart Energie und schließt das Getreide für die Verwertung im Organismus besser auf.*

Beim Vorquellen wird ein bestimmter Inhaltsstoff der Getreide, nämlich Phytin, inaktiviert, der die Aufnahme bestimmter Mineralstoffe wie Calcium, Magnesium usw. behindern kann.

Dieser Prozeß des Vorquellens volzieht sich auch beim Brotbacken, besonders bei der Sauerteigführung.

*Die Menge des benötigten Wassers variiert je nach Getreideart und beträgt in der Regel die zwei- bis dreifache Menge des Getreides. Nach dem Einweichen werden die Körner sodann mit dem Einweichwasser aufgekocht. Das aufgekochte Getreide soll auf kleiner Flamme lediglich **leicht köcheln**, je schwächer es kocht, **desto mehr Wasser nehmen die Körner auf**.*

Das Getreide nach dem Kochen gut ausquellen lassen, und zwar bei abgeschalteter Platte und geschlossenem Deckel. Das Ausquellen der Stärke dient der besseren Bekömmlichkeit. Eine Kochkiste ist nur für das Ausquellen von Getreide zu empfehlen. Der Gebrauch führt bei Gemüse zu Vitaminverlusten.

Die Zugabe
von Doldenblütlern
Fenchel, Anis, Kümmel, Koriander
und
von Lippenblütlern
Majoran, Oregano, Thymian, Basilikum
begünstigt ebenfalls die Bekömmlichkeit.

Die sonst übliche Mehlschwitze ist weniger geeignet (s. Rezeptteil)

Beim Kochen von Getreide für Nachspeisen oder ähnliches sollte die Kochzeit mindestens 2 Minuten betragen, um einen optimalen Geschmack zu erreichen.

Getreide zur Suppen- und Soßen-Zubereitung

Getreideschrot oder -mehl in kaltes Wasser einrühren, mindestens eine halbe Stunde quellen lassen, aufkochen, mindestens 2 Minuten weiterkochen lassen (dient dem besseren Geschmack).

Getreide nicht im Fett andünsten (wie bei der üblichen Mehlschwitze), weil Getreide zuviel Fett aufnimmt und Röststoffe (Benzpyrene) entstehen können.

Backen mit Getreide

*Das Getreide sollte immer direkt **vor** dem **Gebrauch frisch vermahlen** werden. Durch den Sauerstoff der Luft findet eine Zersetzung statt, **Vitamine werden zerstört**. Dieser Vorgang wird unterbunden, sobald das Getreidemehl in Flüssigkeit eingerührt wurde.*

Wenn keine eigene Getreidemühle vorhanden ist und Mehl auf Vorrat gemahlen werden muß, sollte man dafür sorgen, daß es luftdicht verschlossen und dunkel aufbewahrt wird.

Hirse:

Sie sollte vor Gebrauch immer heiß abgewaschen werden. Hirse ist ein Spelzgetreide. Der Keimling der Hirse wird beim maschinellen Schälen oft verletzt, dadurch kann beim Lagern das austretende Öl ranzig werden und einen bitteren Geschmack verursachen.

TIp:

Es ist am zweckmäßigsten, die gekaufte Hirse heiß abzuwaschen, kalt nachzuspülen und auf dem Backblech im Backofen bei geringster Wärme langsam nachtrocknen zu lassen. So ist die Hirse für die weiteren Gerichte gebrauchsfertig, vor allen Dingen, wenn die Hirse gemahlen werden muß.

Hirse ist für den Rohverzehr für die Frischkorn-Mahlzeit nicht geeignet, denn Hirsestärke ist roh für den Organismus nicht aufschließbar.

Zum Keimen muß speziell keimfähige, nicht entspelzte Hirse verwendet werden.

Buchweizen:

Er soll ebenfalls vor dem Gebrauch heiß abgewaschen werden.

***Buchweizen** läßt sich gut keimen und ist gekeimt geschmacksneutral.*

Amaranth:

weist mit 250 mg Calcium/100g einen wesentlich höheren Calciumanteil als Weizen mit 44 Milligramm / 100 g auf.

Amaranth kann generell nicht in der Getreidemühle gemahlen werden. Unter andere Getreidekörner gemischt wird es zum Teil zerkleinert. Mit der Flockenquetsche kann Amaranth zerkleinert werden, indem man die Körnchen 3 x durchlaufen läßt.

Für die Frischkorn-Zubereitung ist es wichtig, Amaranth zuvor zu zerkleinern, damit der Organismus die Inhaltsstoffe besser aufschließen kann.

Darren von Getreide

Darren ist ein Vorgang, bei dem Getreidekörner bei ca. 60 Grad im Topf oder auf dem Backblech ohne Fett ausgelegt werden. Der Vorgang kann ca. 30 Minuten dauern. Durch das Darren bleibt das Getreide kerniger und es entsteht ein kräftigerer Geschmack. Darren dient auch dem besseren Aufschließen des Getreides und damit der besseren Bekömmlichkeit.

Einweichwasser:

Das Einweichwasser der Getreide sollten Sie auch zum Kochen verwenden, da sich wertvolle Inhaltsstoffe bereits darin gelöst haben.

Pfannkuchenteige und Backteige aus dem vollen Korn

Anstatt Milch sollte Sojamilch, Mineralwasser, Wasser-Sahne-Gemisch oder Gemüsebrühe verwendet werden.

Eier bewirken durch ihren Protein-, Fett- und Lecithingehalt, daß die Pfannkuchen reißfest werden.

Die Verwendung von Eiern ist bei der Pfannkuchen- und Backteig-Zubereitung nicht unbedingt erforderlich.

Ersatz für Eigelb (ein Stück)

1 Eßlöffel	*Sojamehl*
oder	
2 Teelöffel	*Eifrei*
oder	
1 Meßlöffel	*Biobin*

Für dünne Pfannkuchen (Crepp) sollte der Teig dünnflüssig sein (den Teig vor dem Ausbacken öfter umrühren).

Für dickere Pfannkuchen sollte der Teig dickflüssig sein. In diesem Fall sollte zur Lockerung als Flüssigkeit Mineralwasser oder etwas Weinstein-Backpulver hinzugegeben werden.

Auch Gemüse kann gut in dickeren Pfannkuchenteigen eingebacken werden.

Mengenangaben zu den einzelnen Rezepten

Die Mengenangaben sind nicht immer auf die gleiche Personenzahl abgestimmt.

Die Mengenangaben sind ohnehin individuell. Abgesehen davon, daß man im Essen maßhalten soll, schmeckt dem einen ein Lebensmittel besser als dem anderen.

Bitte daher selbst die Portionen abschätzen.

Hinweis zu den Mengenangaben

(abgesehen davon, daß sie ohnehin individuell sind):

Getreidegerichte:	*pro Person ca.* ***50*** *g*
Gerichte für die Frischkorn-Mahlzeit:	***40 - 60*** *g =* ***3-4*** *EL*
Hülsenfrüchte: *(pro Person)*	*ca.* ***60*** *g*
Gemüse oder Kartoffeln: *(pro Person)*	*als Beilage* ***100- 200*** *g* *als Hauptgericht* ***200- 300*** *g*
Frischkost-salate: für Vorspeisen: *oder*	***50- 150*** *g Blattsalate* ***150 - 250*** *g festere Gemüse*
für große Salatteller:	*ca.* ***400*** *g Blattsalat und andere Gemüse*
Suppenportion:	***150*** *ml bei einem mehrgängigen Menü* *bis* ***500*** *ml bei einem Hauptgericht*

Gemüse und Obst

Beide sollten immer aus anerkannt kontrolliert ökologischer Landwirtschaft stammen.

Anerkannte Verbände der ökologischen Landwirtschaft:

Demeter	*- Warenzeichen Demeter*
Bioland	*- Warenzeichen Bioland*
Biokreis Ostbayern	*- Warenzeichen Biokreis*
Naturland	*- Warenzeichen Naturland*
ANOG	*- Warenzeichen ANOG*
*BÖW**	*- Warenzeichen Ecovin*
Ökosiegel	*- Warenzeichen Ökosiegel*

Außerdem haben alle anerkannten Betriebe eine Betriebs-Nummer.

Produkte von diesen Höfen enthalten keine chemischen Stoffe, die bei der Erzeugung oder Lagerung dieser Lebensmittel angewendet wurden, z.B. während des Anbaus, der Tierhaltung oder der Vorratshaltung.

Sie enthalten keine chemischen Zusatzstoffe, die bei der Verarbeitung zugesetzt werden, z. B. Konservierungs-, Farb- und Aromastoffe.

Sie sind nicht frei von Schadstoffen, die über Industrie, Verkehr und Haushalt in den Öko-Kreislauf gelangen.

*(Bundesverband ökologischer Weinbau)

Verarbeitung von Gemüse und Obst

Obst und Gemüse sollte so wenig wie möglich, aber soviel wie nötig be- und verarbeitet werden, das heißt:

- *immer erst waschen und dann zerkleinern; wenn nicht aus kontrolliert ökologischem Anbau auch schälen. Durch Schälen von Gemüse und Obst gehen teilweise Vitamine, Mineralstoffe und Ballaststoffe verlo-ren.*
- *Dem Verschmutzungsgrad und der Blattstruktur angepaßt waschen (wasserlösliche Vitamine und Mineralstoffe können herausgewaschen werden)*
- *Wurzelgemüse mit der Gemüsebürste gut bürsten, evtl. in lauwarmem Wasser. Nicht im Wasser liegen lassen! Gemüsebürsten sind im Naturkosthandel erhältlich.*
- *Porree längs aufschneiden und unter fließendem Wasser waschen. Durch gründliches Waschen von Gemüse und Obst (natürlich unzerkleinert), kann ein Großteil der auf der Schale sitzenden Schadstoffe entfernt werden.*
- *Wenn Sie die Frischkostzubereitung unterbrechen müssen, dann am besten nach dem Waschen. Das Zerkleinern sollte erst unmittelbar vor dem Verzehr stattfinden.*

- *Geben Sie die zerkleinerten Zutaten sofort in die Salatsoße. Falls die Frischkost nicht sofort verzehrt werden kann, bewahren Sie sie mit der Salatsoße vermischt (außer Blattsalat), luftdicht verschlossen, kühl und dunkel auf.*
- *Der Nitratgehalt läßt sich durch Entfernen der Stiele, der innersten Blätter, der dicken Blattrippen und des Strunkes bei Salat- und Kohlköpfen reduzieren.*

  In Lebensmitteln ist Nitrat überflüssig. Aus Nitrat können über die Bildung von Nitrit krebsbegünstigende Nitrosamine entstehen. Die Nitrosaminbildung wird durch Vitamin C und E gehemmt. Deswegen eignet sich der Zusatz von natürlichem Vitamin C besonders zur Vermeidung von schädlichen Auswirkungen der Nitrate auf unseren Organismus.

  Es ist sinnvoll, das Gemüse am besten abends zu ernten, wenn der Nitratgehalt in der Pflanze durch den Einfluß des Sonnenlichtes reduziert wurde.
- *Es sollte immer darauf geachtet werden, daß Obst und Gemüse natürlich ausgereift sind. Reife Früchte übersäuern den Körper weniger.*

  Ausgereiftes Gemüse und Obst enthält mehr sekundäre Pflanzeninhaltsstoffe (Aroma-, Duft- und Geschmackstoffe). Dieses sind Stoffe, die sich während des Wachstums der Pflanzen bilden. Dadurch bleiben Gemüse und Obst länger lagerfähig.

Gemüse schonend garen

Es kommt darauf an, möglichst viele wertvolle Inhaltsstoffe zu erhalten.

Die Garzeit beträgt je nach Gemüsemenge und -sorte ca. fünf bis zehn Minuten.

Bitte beachten:

- *Topfdeckel geschlossen halten*
- *Platte herunterdrehen bzw. ausschalten*
- *gegebenenfalls Niedrigtemperatur-Gartopf, Kochkiste, Wok o. ä. verwenden*
- *Gemüse soll noch bißfest sein*
- *Bei gemischten Gemüsen zuerst das Gemüse mit der längsten Garzeit, dann die weicheren Gemüse in den Topf geben. Gemüse wie Spinat, Keimlinge usw. erst zum Schluß zugeben.*

Gemüse dünsten

ohne Fett	-	*mit Wasser oder Brühe*
mit Fett	-	*Gemüse mit Fett anschwitzen und mit wenig Wasser ablöschen.*

Fett wird somit nicht überhitzt.

Gemüse dämpfen

Praktisch zum Dämpfen ist ein Siebeinsatz, der passend zum Topf gekauft werden kann. Das übrige Gemüsewasser sollte weiter verwendet werden.

Gemüse garen durch Pfannenrühren:

Zerkleinertes Gemüse wird bei wenig Fettzugabe gargerührt.
Eventuell übrige Garflüssigkeit sollte mitverwendet werden.
Durch Garen wird das in den Pflanzen enthaltene Provitamin A (Beta-Carotin) für den Körper nutzbar gemacht
Kartoffeln in wenig Wasser mit der Schale dünsten.
Durch Garen wird Kartoffelstärke für den Körper verwertbar gemacht.

Sauerkraut

Beim käuflichen Sauerkraut gibt es große Unterschiede. Nach 2 Stunden können Sie an Hand des Indikatorpapiers testen, ob das Sauerkraut sie basisch oder sauer macht.

Sauerkraut sollte möglichst roh verzehrt werden, nicht pasteurisiert sein und nicht vorher gewaschen werden.

Zur Herstellung sollte selbstverständlich Weißkohl aus anerkannt kontrolliert ökologischem Landbau verwandt worden sein.

Champignons

Angeblich werden einige Zuchtchampignons behandelt, damit sie besonders weiß bleiben

Steinpilze

sind schwer zu beschaffen. Ausweichen auf getrocknete Steinpilze. Vor dem Garen einweichen.

Spinat und Mangold nicht aufwärmen.

Herstellung von milchsaurem Gemüse

Folgende Arten von rohem Gemüse können verwendet werden: Kohlrabi, Blumenkohl, Möhren, Weißkohl, Rotkohl, Spitzkohl, Tomaten, Zwiebeln, Paprika, Gurken, Zuchini, Kürbis, Brokkoli usw.

Sie werden geputzt, gewaschen, in mundgerechte Stücke zerteilt und in saubere Schraubverschlußgläser geschichtet.

Darauf gibt man 2 Eßlöffel Brottrunk als Milchsäure-Gärungshilfe, füllt bis 2 cm breit unter den Deckel mit einem Wassergemisch (1 l Wasser und 5 g = 1 Teelöffel jodiertes Meersalz) abgekocht und abgekühlt auf, den Deckel fest aufschrauben und im Vorrat oder Keller aufbewahren.

Das milchsauer vergorene Gemüse ist im Winter eine willkommene Aufwertung der Frischkost

Ananas und Kiwi

Diese Früchte können eine Nachspeise oder Frischkorn-Mahlzeit bitterschmeckend machen, wenn sie mit Milchprodukten, also auch Sahne, in Berührung kommen, da sie eiweißspaltende Enzyme enthalten.

Küchenkräuter und Gewürze

Es ist sehr empfehlenswert reichlich Kräuter und Gewürze zu verwenden und Kochsalz ganz wegzulassen. (Erklärung siehe Salz / Kalium / Krebs).

Auch die Gewürze und Kräuter sollten aus anerkannt kontrolliert ökologischem Anbau stammen. Es ist zu empfehlen, sofern möglich Kräuter selbst anzubauen oder im Naturkosthandel zu erwerben. Viele der üblicherweise im Handel erhältlichen Kräuter sind bestrahlt oder begast.

Auf Gewürzmischungen, darunter fällt auch Curry, sollte verzichtet werden, wegen besonderer Allergiegefährdung durch umfangreiche Mischungen.

Curry

zum Beispiel enthält:

- ***Pfeffer***
- ***Paprika***
- ***Chili***
- ***Ingwer***
- ***Koriander***
- ***Kardamon***
- ***Nelken***
- ***Piment***
- ***Bockshornsamen***
- ***Muskat***
- ***Macis***
- ***Kümmel***
- ***Zimt***

Nach deutschem Lebensmittelrecht dürfen auch noch 5% Kochsalz, bis zu 10% Stärke und Dextrose oder Hülsenfruchtmehl (Sojamehl) vorhanden sein.!

Kräuter und Gewürze haben einen hohen Gehalt an sekundären Pflanzeninhaltsstoffen (Aroma-, Duft- und Geschmackstoffe).

Durch Zugabe bestimmter Kräuter ist die ***Bekömmlichkeit und Verdaulichkeit*** *einzelner Lebensmittel* ***günstig zu beeinflussen****.*

Kräuter und Gewürze sollten erst direkt vor der Zubereitung zerkleinert werden, damit die gesamten Aroma-, Duft- und Geschmackstoffe voll zur Wirkung kommen.

Kräuter können im Sommer auf Vorrat getrocknet werden, an der Luft oder auf dem Dörrgerät. Kräuter können auf Vorrat eingefroren werden.

Kräuter und Gewürze sollten stets gut verschlossen und trocken aufbewahrt werden.

Frische Kräuter sind wesentlich aromatischer als getrocknete.

Hülsenfrüchte

Hülsenfrüchte sind heute in weitem Umfange vom Speiseplan verschwunden. Sie galten früher als "Arme-Leute-Essen" und waren ein Grundnahrungsmittel. Hülsenfrüchte weisen unter den Lebensmitteln den höchsten Proteingehalt auf. Die biologische Wertigkeit wird durch Kombination mit Getreide auf ca. 100 erhöht. (Vergleich: Rindfleisch biologische Wertigkeit = 77, Milch biologische Wertigkeit = 85).

Zum Gebrauch von Hülsenfrüchten:

Hülsenfrüchte verlesen, waschen und mit der 2-3-fachen Menge Wasser über Nacht einweichen denn auch Hülsenfrüchte enthalten Phytin näheres hierzu s. Seite 68).

Hülsenfrüchte immer ohne Salz kochen, ebenso ohne gekörnte Brühe. Salz behindert die Wasseraufnahme in die Hülsenfrüchte und verlängert die Garzeit.

Hülsenfrüchte nach der Kochzeit **gut ausquellen** lassen, **dies verbessert die Bekömmlichkeit**. Ebenso wird die Bekömmlichkeit gefördert durch Doldenblütler (Kümmel, Kreuzkümmel, Anis, Koriander) sowie durch Lippenblütler (Majoran, Thymian und Rosmarin).

Hülsenfrüchte dürfen **nicht** roh gegessen werden. Sie enthalten natürliche **Gifte** wie Hämagglutinine und Proteaseinhi-bitoren, die **durch das Kochen zerstört** werden.

Hämagglutinine binden sich an rote Blutkörperchen, wodurch diese verkleistern und die Funktion des Sauerstoff-Transports nicht mehr übernehmen können.

Proteaseinhibitoren hemmen den Eiweißabbau.

Hülsenfrucht-Keimlinge vor dem Verzehr blanchieren (z. B. Sojasprossen).

Blanchieren z. B. von Hülsenfrucht-Keimlingen heißt, Hülsenfrucht-Keimlinge in ein Metallsieb geben, ca. 2 Minuten in kochendes Wasser hängen und anschließend kalt abspülen, damit der Garvorgang abgestoppt wird.

Falls Hülsenfrucht-Keimlinge zur Gemüsepfanne gegeben werden, reicht es, sie mitzudünsten.

Kombinieren mit Getreide

Durch den Verzehr von Hülsenfrüchten zusamen mit Getreide kann die biologische Wertigkeit erhöht werden. Hülsenfrüchte sind sehr eiweißhaltig, aber mit Methionin, einer lebensnotwendigen Aminosäure, dürftig ausgestattet. Getreide kann hier ausgleichen.

Das Einweichwasser der Hülsenfrüchte sollte zum Kochen verwendet werden, da sich wertvolle Inhaltsstoffe bereits darin gelöst haben. Zum Garen sollte die zwei- bis dreifache Menge an Flüssigkeit genommen werden. Falls zu hartes Leitungswasser das Weichwerden der Hülsenfrüchte verhindert, Wasser vorher ab-

kochen und dann im abgekochten Zustand weiterverwenden.

Weitere Hinweise zu Hülsenfrüchten

Früher setzte man Hülsenfrüchten Natronsalze zu. Diese lösen zwar die Calziumsalze im Kochwasser, beeinträchtigen aber auch den Vitamin B_1-Gehalt.

Hülsenfrüchte aufkochen, bei geringer Hitze (Zeitangabe im Rezept) weiterkochen lassen. Anschließend gut ausquellen lassen (dient der besseren Bekömmlichkeit).

Evtentueller Schaum bei z.B. Erbsen oder Kichererbsen, sollte mit dem Schöpf-löffel entfernt werden.

Hülsenfrüchte liefern zum größten Teil Kohlenhydrate in Form von Stärke und kaum Fett (ausgenommen Sojabohnen) und einen hohen Gehalt an Ballaststoffen.

Der Blutzuckerspiegel steigt nach dem Verzehr von Hülsenfrüchten nur sehr langsam an (günstig für Diabetiker).

Während des Kochens von Hülsenfrüchten gehen ca. 20 % der Mineralstoffe ins Kochwasser über. Daher sollte das Kochwasser immer mitverwertet werden wie z.B. bei Suppen. Oder Sie sollten das Kochwasser so bemessen, daß es einkocht.

Gekeimt können Hülsenfrüchte nach dem Blanchier-Vorgang ohne große Hitze-Einwirkung verzehrt werden. Dadurch ist auch der Verlust an Vitaminen gering zu halten.

Soja-Produkte

Soja-Produkt	Beschreibung
Sojamilch	*wird aus gekochten Sojabohnen hergestellt. Sojamilch läßt sich zu ähnlichen Produkten verarbeiten wie Kuhmilch. Aus Sojamilch läßt sich auch Sojamilch-Joghurt herstellen (siehe Rezeptteil)*
Tofu	*könnte man als Soja-Quark bezeichnen. Er ist geschmacksneutral und läßt sich sowohl als süße wie auch als pikante Speise zubereiten.*
Okara	*ist der Rückstand, der bei der Herstellung von Sojamilch anfällt. Okara eignet sich gut für Aufläufe und Bratlinge (siehe Rezeptteil)*
Tempeh	*ist eines der wenigen fermentierten Sojaprodukte, die ohne Salz hergestellt werden. Tempeh enthält bedeutende Mengen an Vitamin B 12. Es wird vorwiegend in Scheiben geschnitten, gewürzt und gebraten.*
Natto	*sind ganze fermentierte Sojabohnen.*
Sojasoße	*„Shoyu „ ist eine aus ganzen Sojabohnen, Weizen, Meersalz, Koji (Starter) und Quellwasser hergestellte Sojasoße.*
„Tamari“	*ist eine weizenfreie Sojasoße. Diese Soßen sind in einem 2-jährigen Gärungsprozeß entstanden und wurden nicht im Schnellverfahren hergestellt.*
Miso	*ist eine aus fermentierten Sojabohnen, Getreide und Meersalz gewonnene, cremige bis feste Paste, die als pikantes Gewürz und als Brotaufstrich unter Zugabe von z. B. Tomaten, Gurken, Avocados Verwendung findet.*

Miso sollte nicht pasteurisiert sein

Fermentation = Gärung bezüglich der Sojaprodukte wie Sojasoße und Miso

Die in den ganzen gekochten Sojabohnen enthaltenen Kohlenhydrate, Fette und Proteine werden durch den Gärungsprozeß umgewandelt und sind so leichter aufnehmbar.

Miso enthält alle essentiellen Aminosäuren, ist somit eine wichtige Eiweißergänzung.

Japanische Wissenschaftler entdeckten im Miso eine Substanz namens „Zybicolin". Ihr wird nachgesagt, radioaktive Elemente wie Strontium zu absorbieren und aus dem Körper eliminieren zu können.

In Japan wird Miso auch als Krebsprophylaxe angesehen.

Nicht empfehlenswert

Produkte aus stark verarbeitetem Sojaprotein, z.B. "Sojafleisch", Sojawurst etc.

Was spricht gegen Soja?

Mehr als gegen alle gängigen anderen Nahrungsmittel werden gegen Soja derzeit starke Geschütze aufgefahren.

Erstens

wird behauptet, Soja werde stark gespritzt.

Soja wird nicht weniger und nicht mehr gespritzt als leider fast alle Produkte aus konventionellem Anbau. Die Priorität und Notwendigkeit Produkte aus kontrolliertem, biologischen Anbau zu verwenden, haben wir ja schon wiederholt betont.

Zweitens

wird behauptet, Soja sei allergiereich.

Auch das ist eine Mär. Glutenhaltige Getreide, aber auch Milchprodukte, Honig, Erdbeeren, Karotten, Sellerie usw. haben eine wesentlich höhere und häufigere Allergiepotenz als Soja.

Durch allergiereiche Verarbeitung können allerdings erhebliche Probleme auftreten.

*Wenn einer Sojawurst Milcheiweiß, Eiklar, Weizenmehl, verschiedene Zuckerstoffe etc. beigemengt werden, wird aus der Sojawurst auf einmal eine Allergiebombe. Wobei das aber **nicht (!)** am Sojaanteil liegt. Deswegen sollte man bei allen verarbeiteten Sojaprodukten auf die Deklaration / Zusammensetzung achten !*

Drittens

ist Soja extrem mineralstoffreich

*(höchster Gehalt von allen Pflanzen an Kalium, guter Lieferant von Calcium und Eisen). Soja enthält **alle** für den Körper notwendigen Eiweißstoffe (Aminosäuren) mit höchster biologischer Wertigkeit und wirkt cholesterinsenkend. (Die Sprossen sind besonders vitalstoffreich !)*

Süßungsmittel

Es ist anzustreben,die Sinneswahrnehmung für natürlich süße Nahrungsmittel und Getränke zu schulen. Der Gebrauch von Zucker, Honig, Süßstoff etc. stumpft unsere Geschmackswahrnehmung erheblich ab !

Zum Süßen sollten allenfalls Verwendung finden:

- frische Früchte
- ungeschwefelte Trockenfrüchte (vor Verzehr quellen lassen!) Die Verwendung von 50 mg Schwefelsäure / kg Trockenfrüchte braucht nicht deklariert zu werden.
- evtl. Rübenkraut (Fa. Kanne)
- Vollrohrzucker: Ursüße (Reformhaus)
Rapadura (Naturkosthandel)

Vollrohrzucker ist gepreßter Zuckerrohrsaft, getrocknet und vermahlen. Er ist nicht zu verwechseln mit dem "braunen Zucker" = 96 % weißer Zucker und 4 % Melasse. Melasse entsteht bei der Herstellung von weißem Zucker.

Isolierte Zucker und auch Honig übersäuern den Körper und führen zu Gärprozessen im Darm, Schwächung der körpereigenen Darmflora, Pilzbefall usw.

Außerdem benötigt Zucker zur Verstoffwechselung Vitamin B_1.. Zucker selbst ist nur ein reiner Kalorienträger und entzieht somit dem Körper dieses Vitamin.

Brotaufstriche

Selbst fertige, pflanzliche Brotaufstriche sind immer nur eine Konserve. Brotaufstriche sind einfach selbst herzustellen, und zwar aus

- *unterschiedlichen Gemüsesorten gegart oder roh*
- *unterschiedlichen Obstsorten roh oder getrocknet und sodann eingeweicht*
- *unterschiedlichen Getreidesorten gekocht*
- *unterschiedlichen Hülsenfrüchten gekocht.*

Sie ergeben püriert mit den entsprechenden Gewürzen oder Kräutern sehr abwechslungsreiche Brotaufstriche. Bei der Auswahl der Zutaten ist darauf zu achten, daß diese aus anerkannt kontrolliert ökologischem Anbau stammen.

Selbstgemachte Brotaufstriche bieten:

- *viel Abwechslung*
- *sind fettarm*
- *preiswert*
- *Die Zutaten sind bekannt. Unverträglichkeiten und Allergien kann somit am besten vorgebeugt werden.*

Diese Brotaufstriche lassen sich im Schraubglas im Kühlschrank je nach Sorte ein bis acht Tage aufbewahren.

Noch einfacher lassen sich Keimlinge, Gurken, Tomaten, Paprika usw. roh mit Kräutern als Brotbelag verwenden.

Haltbarmachung und Lagerung von Lebensmitteln

Die empfehlenswerteste Haltbarmachung von Gemüse geschieht über das „Säuern" (milchsaure Gärung)

- *Vitamine und Mineralstoffe bleiben dabei erhalten*
- *Vitamin B_{12} wird noch zusätzlich gebildet.*

So wird's gemacht

Gemüse kurzzeitig einmieten

Kunststoffeimer mit Löchern versehen), mit Gemüse füllen und in die Erde eingraben, mit Zeitungspapier, einem Brett und etwas Erde abdecken.

Geeignet sind vor allem Wurzel- und Knollengemüse.

Als Behälter eignet sich auch eine ausgediente rostfreie Wäschetrommel.

Getreide

trocken lagern, oft bewegen. Kornkäfer sind licht- und kälteempfindlich.

Brot

im Stoffbeutel (zusammengenähtes Trokkentuch) und Backofen oder im entsprechenden Brotbehälter aufbewahren. Backferment- oder Sauerteigbrote sind gegen Schimmel länger geschützt.

Im schimmeligen Brot bilden sich „Aflatoxine". Solche Brote sowie schimmelige Nüsse müssen weggeworfen werden.

Ausscheidungen von Maden sind krebserregend. Auswaschen der Küchenchränke mit Lavendeldestillat.

Kräuter und Gewürze

sollten gut verschlossen, kühl und trocken aufbewahrt werden.

Kaltgepreßte Öle und Fette

Diese sollten in dunklen, lichtgeschützten Flaschen kühl gelagert werden. Kaltgepreßte, nicht raffinierte Speiseöle haben nach Öffnen der Flasche eine kürzere Haltbarkeit.

*Eventuelle Trübstoffe sind darauf zurückzuführen, daß das Öl nur gefiltert und **nicht** raffiniert wurde. Ausflockungen bei kühler Lagerung verschwinden, wenn sich die Temperatur erhöht.*

Biologische Wertigkeit von Eiweiß

Die biologische Eiweiß-Wertigkeit gibt an, wieviel körpereigenes Eiweiß aus 100 g verdautem und resorbiertem Nahrungseiweiß aufgebaut werden kann:

Beispiele von biologischen Wertigkeiten:

- *Milch* *Wertigkeit von* ***85***
- *Rindfleisch* *Wertigkeit von* ***77***
- *Bohnen* *Wertigkeit von* ***73***
- *Mais* *Wertigkeit von* ***76***

Durch die Kombination von Getreide und Hülsenfrüchten, z.B. Bohnen und Mais, Hülsenfruchtsuppe und Vollkornbrot, Linsen und Vollkornnudeln, kann die biologische Wertigkeit auf ca. 100 erhöht werden.

Soßen

Bei der Soßenzubereitung sollte man auf das Anschwitzen verzichten, weil beim Einrühren des Vollkornmehls in das heiße Fett krebserregende Röststoffe entstehen können.

Bei der Soßenzubereitung das gemahlene Getreide in die Flüssigkeit (z.B. Gemüsebrühe oder Wasser) einrühren, erst am Ende Butter, Sahne oder Öl dazugeben.

Wahlweise kann man auch das Mehl oder den Schrot kurz trocknen, d.h. ohne Fett andarren, mit der Flüssigkeit aufgießen und ebenfalls am Ende Butter, Sahne oder Öl dazugeben.

Teigzubereitung mit Backferment: (siehe Rezeptteil)

Beim Backen mit Backferment benötigt man über mehrere Stunden eine Temperatur von ca. 30° C. Diese erreicht man, wenn der Teig bei angeschalteter Beleuchtung in den Backofen geschoben wird. Ist keine Backofenbeleuchtung vorhanden, reicht es, den Teig in einen Küchenschrank zu schieben, unter dem eine Beleuchtung angebracht ist.

Überbacken mit Käse

Falls ausnahmsweise mit Käse überbakken wird, sollte Ziegenkäse in geringer Menge verwendet werden. Den Käse maximal 10 Min. vor Ende der Backzeit über das Gericht streuen. Bei Überhitzung von Käse kann es zur Bildung krebsbegünstigender Nitrosamine kommen.

Pilze

Das Eiweiß von Pilzen ist leicht verderblich. Bakterien können sich dann leicht vermehren. Möglichst frich verwenden !

Sojanudeln

enthalten meist auch Hartweizen oder Weizen und sind damit allergen.

Nudeln selbst herstellen (siehe Rezeptteil), Getreide wie Buchweizen, Hirse, Sojamehl, Amaranth, Quinoa, Reis und Mais nach Verträglichkeit zu mischen.

Schabzigerklee

ist ein pikantes Gewürz und im Reformhaus erhältlich.

Gomasio

wird aus geröstetem Sesam und Meersalz hergestellt und dient als pikantes Würzmittel und als Brotaufstrich.

Tahin

ist ein Sesammus, das als Brotaufstrich, als Zusatz zur Frischkornmahlzeit und zum Verfeinern von Soßen, Desserts und Milchshakes Verwendung findet.

Ei-Ersatz

ist in Reformhäusern erhältlich und besteht aus:

- *Pflanzenfett*
- *Maisstärke*
- *Monoglycerid von Palmöl (Emulgator)*
- *Sojaeiweiß*
- *Verdickungsmittel Xanthan (E415, ohne Nebenwirkungen) durch Fermentation von Kohlenhydraten mit einer Reinkultur des Bakteriums xantomonas campestis.*

Es dient als Ei-Ersatz zur besseren Bindung (2 Teelöffel anstelle von einem Ei).

Verwendung von Ei-Ersatz

2 Teelöffel (10g) Ei-Ersatz und 40 ml Wasser entsprechen einem Ei.

Den Ei-Ersatz

- *mit Wasser glattrühren*
- *anschließend mit dem Handrührgerät schaumig aufschlagen und*
- *erst dann unter den Teig arbeiten.*
- *Vor dem Einrühren in heiße Gerichte (zur Bindung) nur anrühren.*

Ei-Ersatz eignet sich zur Anwendung bei warmen und kalten Speisen.

Einsatzmöglichkeiten:

- *zur Herstellung von Backwaren*
- *in Gemüsegerichten*
- *zur Bindung von Soßen*
- *Zubereitung von Pfannkuchen usw.*

Biobin

Biobin ist ein kalorienarmes, geschmacksneutrales, pflanzliches Bindemittel aus Johannisbrotkernmehl.

Es enthält:

- *E410*
- *Calciumlactat E327, ohne Nebenwirkungen*

Verwendung von Biobin

1 Meßöffel anstelle von einem Ei,kalt oder vor dem Aufkochen einstreuen und gut verrühren.

Weitere Dosierung:

1 Meßlöffel = 1 g reicht für:

- *100 ml kalte Flüssigkeit, z.B. Saft*
- *200 ml Suppen, Kaltschale*
- *100 ml Gemüse*

Tomatenmark

Hier sollte man nur Tomatenmark im Glas aus dem Naturkosthandel verwenden.

Herkömmlicher Tomatenmark ist stark mit Blei belastet.

Salatsoße

Brottrunk und kaltgepreßtes Öl gut miteinander verrühren bis eine Emulsion entsteht. Dann erst weitere Zutaten zugeben. Die Salatsosse wir besonders sämig, wenn eine gekochte Kartoffel daran gerieben wird.

Peperoni-Pulver

Da Pfeffer allergieauslösend sein kann, sollte man anstatt dessen Peperoni-Pulver verwenden.

Peperoni-Pulver kann folgendermaßen selbst hergestellt werden:

- *Peperoni-Schoten trocknen*
- *im Moulinex zerkleinern*
- *im Gewürzbehälter aufbewahren.*

Senf

Senf gibt es ohne Zucker im Naturkosthandel oder Sie können ihn selbst herstellen (siehe Rezeptteil).

Weinstein-Backpulver

(erhältlich im Naturkosthandel oder Reformhaus)

*Bei Weinstein-Backpulver dient als **Säure Weinsteinsäure**.*

*Herkömmliches Backpulver hat als **Säure Zitronensäure** oder **Phosphorsäure.***

Diese können Allergien auslösen, schmecken vor und sind unverträglich.

Agar-Agar

Dies ist ein Geliermittel, das aus verschiedenen Rotalgen hergestellt wird. Es ist geschmacksneutral und im Reformhaus erhältlich.

Kartoffeln

*Sie sollte man soweit wie möglich immer als **Pellkartoffeln** kochen. So können zusätzliche **Vitamin- und Mineralstoffverluste** durch **Schälen und Auslaugen** vermieden werden.*

***Rohe Kartoffelstärke** ist für den Organismus schwer verwertbar.*

Solanin

***Gekeimte und unreife** Kartoffeln und besonders durch Lichteinwirkung **grün** gewordene Teile enthalten **Solanin**, ebenso der **Stielansatz** der **Tomaten**.*

- *Gekeimte Kartoffeln sollten **nicht** mehr **verwendet** werden.*
- *Die **grünen** Stellen an Kartoffeln sollten **immer entfernt** werden.*
- *Der **Stielansatz** der Tomaten ist **auszuschneiden**.*

Solanin

wird durch Erhitzen nicht zerstört aber durch das ***Kochwasser ausgewaschen****. Das* ***Kochwasser*** *in diesem Falle wegschütten.*

Nach Aufnahme größerer Mengen Solanin können Kopfschmerzen, Erbrechen und Durchfälle auftreten. In der Vergangenheit sind Todesfälle bekannt geworden.

Weiterführende Literatur:

- *Kaufberater Biokost, Humboldt-Taschenbuchverlag Jacobi KG, München*
  ISBN-Nr. 3-581-666O8-1

- *Vollwert-Ernährung Koerber/Männle/Leitzmann 7. Auflage Haug-Verlag, Heidelberg,*
  ISBN-Nr. 3-7765O-1346-X

- *Naturkost-Warenführer Rolf Goetz, Pala-Verlag GmbH, Schaafheim*
  Band 1 ISBN-Nr. 3-923176-77-5
  Band 2 ISBN-Nr. 3-923176-78-3

Literaturhinweise:

zu den Themenschwerpunkten:

- *Lebensmittelqualität,*
- *Lebensmittelwertigkeit,*
- *Verarbeitung von Lebensmitteln*

- *UGB-Forum*
- *UGB-Praxismappe*
- *Zweimonatsschrift Juni / Juli 87 der Brecht GmbH*

Was ist mit den Fetten?

Fettstoffe sind für unseren Körper lebensnotwendig:

- *Sie bilden wichtige Depots als Energiereserven und übernehmen Schutz- und Polsterfunktionen in Geweben (Bau- und Strukturfette).*
- *Fette dienen zum Transport von wichtigen fettlöslichen Vitaminen im Organismus.*
- *Schließlich sind Fette auch wichtige Geschmacksträger für fettlösliche Aromastoffe. Durch Fette wird unser Essen schmackhafter.*

Eher zuviel

130 - 150 g *Fett nimmt der Deutsche durchschnittlich täglich mit der Nahrung auf, in erster Linie durch versteckte Fette in Wurst, Mayonnaisen, Käse, Nüssen usw. Dabei sollte die Fettzufuhr 60 - 70 g täglich nicht überschreiten.*

Folgen: Herzinfarkt und Krebs

Zu fettreiche Ernährung kann sich in Übergewicht auswirken, zur Blutdruckerhöhung beitragen und das Risiko von Herz- und Kreislauferkrankungen vervielfachen. Die statistisch häufigsten Todesursachen, Herzinfarkt und Krebs sind eindeutig mit einem zu hohen Fettverzehr verbunden. Dabei spielt aber nicht nur die Menge, sondern auch die Zusammensetzung der Fette eine wesentliche Rolle.

Woraus bestehen Fette?

Fette bestehen in ihrer Grundlage aus Glyzerin. Wir kennen Glyzerin in Zäpfchenform als eine Art Schmier- oder Gleitmittel bei Verstopfung.

An dieses Glyzerinmolekül sind 1-3 Fettsäuremoleküle gebunden.

Fettsäuremoleküle wiederum sind lange, kettenförmige Gebilde, die aus den Elementen Kohlenstoff und Wasserstoff bestehen.

Was sind gesättigte und ungesättigte Fettsäuren?

Bei gesättigten Fettsäuren sind alle Bindungsstätten der Fettsäuren mit einem Wasserstoffatom besetzt, ähnlich als wenn an einem Schiffsanlegeplatz alle Anlegeplätze mit je einem Schiff vertäut sind.

*Fehlt einer Fettsäure nunmehr eines der Wasserstoffatome, so nennt man diese Fettsäure "**einfach** ungesättigt", fehlen zwei Wasserstoffatome nennt man diese Fettsäure "**zweifach** ungesättigt", bei dem Fehlen von drei Wasserstoffatomen "**dreifach** ungesättigt".*

Was bewirken ungesättigte Fettsäuren?

An den Stellen, wo freie Bindungsarme für Wasserstoff vorhanden sind, können nunmehr anstelle von Wasserstoff andere Stoffe „andocken": so zum Beispiel Aro-

ma- und Geschmacksstoffe oder auch die fettlöslichen Vitamine: Das sind die Vitamine A, D, E, K.

Somit helfen diese Fettsäuren, die entsprechenden Vitamine in den Körper zu transportieren. Bei mangelnder Präsenz von ungesättigten Fettsäuren im Körper kann der Organismus nicht mehr mit ausreichenden Mengen an lebenswichtigen Vitaminen versorgt werden.

Fettverteilung

Die aufgenommenen Fettmengen müssen in einem sinnvollen Verhältnis dem Organismus zur Verfügung stehen. Das Verhältnis von 1 : 1 : 1, das heißt zu gleichen Teilen aus ungesättigten, einfach ungesättigten und mehrfach ungesättigten Fettsäuren, wird als optimal angesehen. So sollte man danach trachten, die verschiedenen Fette und Öle im richtigen Verhältnis einzusetzen.

Je härter ein Fett bei Zimmertemperatur ist, desto höher ist sein Anteil an gesättigten Fettsäuren.

So hat Kokosfett zum Beispiel einen Anteil an gehärteten Fetten von 80 - 90 %, die Butter von 60 %, Pflanzenöle aber nur von 10 - 20 %. Gleichzeitig ist in Pflanzenölen der Anteil an mehrfach ungesättigten Fettsäuren besonders hoch und liegt zwischen 30 - 75 %. Den höchsten Anteil an einfach ungesättigten Fettsäuren enthält Olivenöl, den höchsten Anteil an mehrfach ungesättigten Fettsäuren das Distelöl (s. nachfolgende Tabelle).

Verteilung von gesättigten (S) und einfach (US) bzw. mehrfach ungesättigten Fettsäuren (PUS) in fetthaltigen Nahrungsmitteln

Nahrungsmittel	*S*	*US*	*PUS*	*P/S Quotient*
Butter	60 %	37 %	3 %	0,5
Kokosfett	92 %	6 %	2 %	0,02
Olivenöl	19 %	73 %	8 %	0,42
Sojaöl	14 %	24 %	62 %	4,4
Saflorlöl	10 %	15 %	75 %	7,5

Der P/S-Quotient beurteilt das Verhältnis von vielfach ungesättigten (P für "polyunsaturated"= mehrfach ungesättigt) zu gesättigten (S für "saturated"=gesättigt) Fettsäuren. Der P/S - Quotient sollte über 1,0 liegen. Durch die hohe Aufnahme von versteckten Fetten liegt die Bilanz des durchschnittlichen Nordeuropäers bei einem P/S - Quotienten von 0,3!!!

Das Olivenöl steht - trotz seines eher ungünstigen P/S - Quotienten von 0,42 - ernährungsphysiologisch günstig da. Ursache dafür ist der hohe Gehalt der Ölsäure, einer einfach ungesättigten Fettsäure. Die Ölsäure hat nach neueren Untersuchungen die höchste cholesterinsenkende Wirkung unter allen Fettsäuren.

Viel Verunsicherung

Soll man nun auf Butter verzichten, oder ist Margarine schädlicher?

Ist Olivenöl in Ordnung?

Darf man Pflanzenöl erhitzen oder nicht?

Das sind Fragen, die sich immer wieder stellen. Was können wir glauben?

Butter

Butter wird wegen ihres Cholesteringehaltes verteufelt. Da die Butter aber auch Vitamin A und E in natürlicher Form enthält und wenig industriell verarbeitet wird, geben wir ihr den Vorzug vor den meisten Margarinen. Allerdings sollte der Anteil etwa 30 g pro Tag (außer bei untergewichtigen Menschen) nicht übersteigen. Dabei sind zusätzlich versteckte Fette zu berücksichtigen.

Margarine

Margarine ist häufig stark industriell verarbeitet bzw. denaturiert. Margarinen haben einen hohen Anteil sogenannter Trans-Fettsauren, die unter anderem im Verdacht stehen, Darmkrankheiten auszulösen, im Grunde genommen muß jedes Margarineprodukt aufgrund veränderter Zusammensetzung einzeln, beurteilt werden.

Schockiert war ich, als ein Metzger mir berichtete, daß seine tierischen Abfälle zur Margarineverwertung nach Holland gebracht werden.

Pflanzenöle

Sie sind in der Ernährung unverzichtbar und haben ihren höchsten Wert, wenn sie kaltgepreßt und aus Erstpressung sind. Pflanzenöle können den Cholesterinspiegel im Blut reduzieren und bewirken eine Steigerung des "guten" HDL-Cholesterins.

Kokosfette (Palmkernfett)

Kokosfett gilt als Fett der ersten Wahl, wenn Fett hohen Temperaturen ausgesetzt wird wie beim Braten oder Fritieren. Es ist ansonsten eher als minderwertig einzuordnen. Auch Kokosfett sollte ungehärtet sein.

Werden beim Braten oder Backen mit Pflanzenölen gefährliche, gesundheitsschädliche bzw. krebserregende Stoffe freigesetzt?

Wenn dies stimmen würde, müßte in den Ländern am Mittelmeer, wo Olivenöl häufig zum Braten verwendet wird, die Krebssterblichkeit am höchsten sein. Gerade in diesem Raum erkranken die Menschen aber weitaus seltener an Brust- und Lungenkrebs.

Allerdings verliert Pflanzenöl durch die "thermische Oxydation" (Veränderungen beim Erhitzen) einen Teil seines gesundheitlichen Wertes, da verschiedene ungesättigte in gesättigte Fettsäuren übergehen.

Beim Erhitzen entstehen flüchtige gesundheitsschädliche Stoffe, so daß gute Entlüftung (z. B. Dunstabzugshaube und genügender Abstand von den aufsteigenden Dämpfen empfehlenswert ist.

Insbesondere beim Olivenöl dringen bis zu 100% weniger Fette und Fettbestandteile in das Brat- oder Fritiergut ein als bei anderen Fetten.

Folgerung:

Pflanzenöle, insbesondere Olivenöl, können zum schonenden Braten und Fritieren verwendet werden. Auf zu starkes Erhitzen dieser Fette sollte man verzichten. Pflanzenöle sollten nie höher als 180° heiß werden.
Stark erhitzte Fette sollten vernichtet und nicht mehrfach verwendet werden.

Sahne

Sie sollten aus ökologischen Gründen Sahne im Mehrwegglas - möglichst von Biohöfen - bevorzugen.

Im übrigen achten Sie darauf, daß Sahne nicht den Zusatzstoff Carrageen=E407 enthält. Carrageen wird lt. Zutatenliste aus Rotalgen gewonnen.
***Mögliche Nebenwirkungen:** bei Ratten und Meerschweinchen wurden Geschwüre im Darm festgestellt.*
Carrageen fungiert als Stabilisator.

Keimlinge und Sprossen
Vitalstoffe von der Fensterbank

Durch die Zucht von Sprossen und Keimlingen auf der eigenen Fensterbank kann der Ernährungsbewußte seinen Speiseplan um eine Reihe von Lebensmitteln erweitern, die

- *vollwertig und unbelastet,*
- *ganzjährig frisch verfügbar*
- *und - besonders im Winter - preisgünstig sind*

Der Wert von Keimlingen

Der Wert von gekeimten Körnern und Samen ist Mensch und Tier schon seit Urzeiten bekannt:

- *Die "Körnerfresser" in der Tierwelt, wie z. B. Vögel und Pferde werden immer angekeimten Körnern den Vorzug geben. Kanarienvögel und Wellensittiche werden schneller krank, wenn sie nur mit ungekeimten Körnern gefüttert werden.*
- *Bereits 5000 v. Chr. gehören Keimlinge wie die Bambussprossen oder Sojabohnensprossen in der chinesischen Küche zu den unverzichtbaren Nahrungsbestandteilen. Die Sojabohne rechnete man zu den 5 "heiligen Pflanzen" in der chinesischen Kultur.*
- *5000 Jahre vor unserer Zeit untersuchte und bestätigte der chinesische Kaiser Sheng Nung die medizinische Wirkung von Sprossen in seinem Buch über die 360 seinerzeit bekannten Nutz- und Heilpflanzen. Seine Erkenntnisse haben bis heute Gültigkeit behalten.*
- *Zahlreiche Ernährungswissenschaftler haben Keime und Sprossen auf ihre Inhaltsstoffe untersucht und bezeichnen sie als "Vitaminschatzkammer"*

Das bewirkt das Keimen

- *Durch das Auskeimen eines Samens wird dieser "aufgeschlossen", d. h. seine Inhaltststoffe verändern sich und können so besser vom Körper verarbeitet werden.*
- *Man könnte dieses "Aufschließen" am ehesten mit den Vorgängen vergleichen, die beim Kochen einer Nahrung stattfinden: Die Nahrung wird bekömmlicher, allerdings ohne das Nahrungsmittel nachteilig zu verändern (denaturieren).*
- *Der Vitalstoffgehalt der Pflanze steigt an oder wird in eine, für den Körper besser verdauliche Form verwandelt. Somit steigt die Ausbeute an Vitaminen, Mineralstoffen und Spurenelementen.*

- *Es werden zusätzliche, sogenannte "sekundäre Pflanzenstoffe" entwikkelt, deren Auswirkungen auf die Gesundheit immens sind.*
- *Gleichzeitig werden natürliche Schadstoffe bzw. schädliche Bestandteile der Pflanzen abgebaut.*

Die wunderbare Mehrung der Vitamine

Läßt man ein Getreidekorn keimen, kommt es zur Ausbildung (Synthese) von verschiedenen Vitaminen und somit zur Steigerung des Vitamingehaltes um ein Vielfaches:

Vitamin B 1:	***50 - 320 %***
Vitamin B 2:	***65 %***
Vitamin B 6:	***48 %***
Vitamin E:	***116 %***
beta - Karotin:	***190 %***
Niacin (B 3):	***10 %***
Inositol:	***25 %***
Biotin:	***14 %***
Vitamin C:	***500 %***

Mehr Aminosäuren, bessere Verwertung von Mineralstoffen

Pflanzliche Lebensmittel enthalten normalerweise weniger sogenannte "essentielle Aminosäuren" (lebenswichtige Eiweißbausteine) als tierische Produkte (Fleisch, Eier usw.)

Der Gehalt an essentiellen Aminosäuren von Keimen erhöht sich durch den Keimvorgang um 10-15 % bei Getreiden und um rund 7,5 % bei Hülsenfrüchten. Lediglich die Sojabohne verliert hier rund 3 % ihres Aminosäuregehaltes.

Außerdem weisen Keimlinge einen hohen Gehalt an Ballaststoffen auf, die eine wichtige Rolle bei der Prävention von Darmkrebs sowie der Vorbeugung hinsichtlich erhöhter Cholesterin- oder Blutzuckerwerte spielen. Verglichen mit Gemüse, das zwischen 0,4 und 3,4 Gramm Ballaststoffe pro 100 Gramm enthält, liegt der Anteil bei Keimlingen zwischen 3,1 bis 9,0 Gramm pro Portion.

Der hohe Phytingehalt glutenhaltiger Getreide mindert die Mineralstoffaufnahme aus diesen Kornprodukten erheblich und begünstigt die Übersäuerung des Körpers. Durch den Keimprozeß werden die Phytine abgebaut und auch säurebildende Körner wie Weizen, Roggen und Dinkel werden basischer.

Frischgepreßte Grassäfte aus gekeimten Getreiden sind z.B. hochgradig basisch.

Hämagglutinine sind Stoffe, die in den meisten Hülsenfrüchten natürlich vorkommen. Sie bewirken im Übermaß ein Verklumpen der roten Blutkörperchen. Das Erhitzen (Kochen), aber auch das Auskeimen der Hülsenfrüchte verringert diese Stoffe z. B. bei der Sojabohne auf 3% und der Mungobohne auf 0% der ursprünglichen Menge ! Da die-ser Vorgang bei anderen Hülsenfrüchten noch nicht ausreichend erforscht ist, sollten gekeimte Hülsenfrüchte vor dem Verzehr immer blanchiert werden.

Weniger Fett

Der relativ hohe Fettgehalt von Sonnenblumenkernen, Sojabohnen und Sesamsamen nimmt durch das Auskeimen um rund 20 - 80% ab. Darüberhinaus verändert sich das Verhältnis der unterschiedlichen Fettsäuren. Ungesättigte Fettsäuren nehmen um bis zu 100%, die mehrfach ungesättigten Fettsäuren immerhin noch um bis zu 50% zu. Damit ist der Verzehr von Keimlingen und Sprossen auch im Rahmen unserer Empfehlungen zum Fettverzehr (s. Kapitel "Fette") als besonders vorteilhaft anzusehen.

Nitratbelastung durch Keimlinge?

In vielen Büchern wird vor dem reichlichen Verbrauch von Keimlingen und Sprossen gewarnt. Dennoch liegt der Nitratgehalt von Keimlingen und Sprossen - besonders im Winter - stark unter dem von Treibhausgemüsen. Außerdem wird durch den hohen Vitamin C-Gehalt von Keimlingen oder Sprossen deren Nitratgehalt mehr als wettgemacht.

HINWEISE ZUR SPROSSENZUCHT

- *Am wenigsten zu empfehlen ist die Anzucht auf Fließpapier, Styropor oder Watte. Hier muß mit der verstärkten Gefahr von Mikroorganismen (Schimmelpilze, Bakterien) gerechnet werden, die das Keimgut verderben können. Ähnlich verhält es sich mit den sogenannten "Sprößlingen", Leinensäckchen mit Wattefüllung. Diese sollten höchstens einmal im Urlaub auf Reisen Verwendung finden.*
- *Besser sind die Keimschalen aus Kunststoff oder Keramik, die ein- oder mehrstöckig angeboten werden ("Bio-Snacky"). Sie erlauben die gleichzeitige Anzucht von mehreren Sprossenarten. Nachteil: Es kann ein "Plastikgeschmack" bei den Kunststoffgeräten auftreten. Auf jeden Fall sollten die Keimschalen eine glatte Oberfläche haben und gut zu reinigen sein.*
- *Für größere Sprossenmengen empfehlen sich Keimgläser (Firma Eschenbach): Große Gläser, den Einmachgläsern ähnlich, die mit einem Siebaufsatz statt Deckel geliefert werden. Nachteil: Diese Gefäße erfordern oft viel Platz auf der Fensterbank.*

  Mit wenigen Mitteln kann man sich solche Keimgläser selbst herstellen: Man nimmt ein Marmeladen- oder Einmachglas, das mit einer Lage Mull verschlossen wird, die man mit einem Bindfaden oder Gummiband über der Öffnung festbindet. Eine reiche Auswahl an unterschiedlichen Keimgeräten erhalten Sie im Reformhaus oder Naturkostladen.

  Auch Ihr Keimgut erhalten Sie im Reformhaus bzw. Naturkostladen, wo man Sie gern weiter berät.

SO KEIMEN SIE RICHTIG

1. Schritt: Waschen und Reinigen

Waschen Sie Ihr Keimgut in einer Schale mit Wasser gut aus. Sie entfernen dadurch Schmutz und eventuelle Samenschalen und Verunreinigungen. Schütten Sie das Waschwasser mit den Rückständen weg.

2. Schritt: Quellen lassen

Weichen Sie nun Ihr Keimgut über Nacht in möglichst reinem Wasser (gefiltert oder Mineralwasser) ein. Dadurch erhalten die Samen Ge-legenheit, zu quellen.

Alle Samen oder Körner, die am nächsten Morgen nicht mit Flüssigkeit getränkt sind, sondern auf der Wasseroberfläche treiben, sind vermutlich nicht zum Keinem geeignet. Sortieren Sie diese aus.

3. Schritt: Ansetzen in der Keimschale

Das gequollene, verlesene Keimgut kann nun in ein Keimgefäß gefüllt werden. Achten Sie darauf, daß reichlich Luft an die Keime kommt und daß das überflüssige Wasser gut ablaufen kann. Dadurch verringern Sie die Gefahr, daß Ihre Saat schimmelt oder fault

Beginnt Ihre Keimzucht modrig oder faulig zu riechen, droht die Gefahr, daß sie verdirbt. Spülen Sie sofort Ihr Keimgut mehrmals mit frischem Wasser durch. Oft werden oft auch die winzigen Wurzelfädchen, die sich beim Keimen bilden, mit Pilzbefall verwechselt.

Fällt Ihnen kein modriger oder fauliger Geruch auf, besteht kein Grund zur Sorge!

4. Schritt: Feucht halten

Zwei- bis dreimal täglich müssen Sie nun Ihre Keime kräftig spülen: Füllen dazu Sie reichlich Wasser in das Keimgefäß, spülen kräftig um und gießen das Wasser wieder aus. Danach sorgen Sie dafür, daß das Keimgefäß so steht, daß überflüssiges Wasser ablaufen kann und alles luftig steht. Ein Wasser- oder Luftstau ist der Tod einer jeden Keimzucht!!!

Das Spülwasser sollte immer lauwarm sein, um die empfindlichen Sprossen nicht zu schädigen. Nur an heißen Sommertagen empfiehlt sich kaltes Wasser. Es reduziert das durch die Hitze beschleunigte Wachstum.

5. Schritt: Die Ernte

Je nach Art des Keimguts können Sie nach 2 - 4 Tagen die ersten Sprossen ernten. Vor dem Verzehr spülen Sie alles nochmals unter fließendem Wasser ab - fertig!

Denken Sie daran, Keimlinge von Hülsenfrüchten noch kurz mit kochendem Wasser zu überbrühen (Zerstörung schädlicher Hämagglutinine) anderfalls die Reste der Fruchtschalen entfernen.

Hinweis:

Ihre Keimlinge halten sich im Kühlschrank gut 2 - 3 Tage frisch. Keimlinge können "nur so" als Knabberspaß gegessen werden, dienen als Zusätze zu Salaten, Suppen oder Frischkornmahlzeiten, denen sie zusätzlichen Geschmack und Würze verleihen. Im Rezeptteil dieses Buches finden Sie verschiedene Rezepte und Anregungen zur weiteren Verwendung.

LITERATURHINWEISE

Walter Binder, "Naturheilkundliches Ernährungsbrevier", Verlag für Naturmedizin und Bioenergetik, 1987

Rose-Marie Nöcker, "Körner, Sprossen und Keime", 1991, Wilhelm Heyne Verlag, München

Prof. Dr. Angelika Meyer-Ploeger, "Die Bedeutung von Sprossen und Keimen in der Vollwert - Ernährung", natura-med. 4: 12/1989

"Keime - Frisches von der Fensterbank", Sonderheft Ernährung der Stiftung Warentest, Mai 1990

Dipl. oec. troph. Thomas Bischoff, "Die Verwandlungskünstler: Keimlinge und Sprossen", UGB - Forum 4/93

Alpana Kumar, B. M. Chauhan, "Effects of phytic acid on protein digestibility and HCL - extractibility of minerals in pearl millet sprouts", Cereal Chemistry 70 (5), p. 504 - 506, 1993

Margret Uhle, "Was kann man überhaupt noch essen? - ABC der gesunden Nahrungsmittel", 1989, Goldmann Ratgeber

Jod

Eine mangelhafte Jodversorgung führt zu einer Unterfunktion der Schilddrüse. Dies begünstigt unter Umständen eine Volumen-zunahme beider Schilddrüsenlappen (größerer Halsumfang).

Obwohl Jod nicht der alleinige Faktor zur Erhaltung einer ausreichenden Schilddrüsenfunktion ist, sollte bereits bei den ersten Symptomen einer Schilddrüsenunterfunktion oder Vergrößerung an die Erhöhung der Jodzufuhr gedacht werden. Dieses läßt sich durch den Verzehr von Salzwasser-Fischen bzw. mehr Obst und Gemüse anstelle anderer Nahrungsmittel bewerkstelligen.

Bei Verzicht auf Seefisch kann zur Zufuhr der ausreichenden Jodmenge die Einnahme von zwei Tabletten Parkelp pro Tag (Jodgehalt pro Tablette 50 Microgramm) empfohlen werden.

Dies ziehe ich der Verordnung von Jodtabletten (z.B. dem Präparat Jodid 100) vor.

Auswirkungen des chronischen Jodmangels:

- *Schilddrüsenvergrößerung*
- *Schilddrüsenunterfunktion, dadurch bedingt Verlangsamung der Stoffwechselprozesse*
- *Nachlassen der geistigen Leistungsfähigkeit*
- *Verringerung der Körpertemperatur (kalte Hände und Füße)*
- *Abfall der Pulsfrequenz*
- *gehäufte Tendenz zu Krebserkrankungen*
- *vermehrtes Auftreten von Depressionen*
- *auch vermehrter Haarausfall*

Ein auffälliges Symptom einer Schilddrüsenunterfunktion ist nach eigenen Erfahrungen auch der Anstieg der Cholesterinwerte.

Zum Jodgehalt in Nahrungsmitteln siehe Tabelle auf der nächsten Seite...

Folgende Nahrungsmittel enthalten jeweils an Jod pro 100 Gramm:

Der tägliche Jodbedarf des Menschen wird mit 100 - 200 Mikrogramm (millionstel Gramm) pro Tag angegeben.

Nahrungsmittel	Jodgeghalt	Bedarfsdeckung (%) (Mikrogramm)
Äpfel	2,0	1 - 2 %
Bohnen	0,6	0,3 - 0,6 %
Chicoree	10,0	5 - 10 %
Eier	10,0	5 - 10 %
Erbsen	14,0	7 - 14 %
Grünkohl	10,0	5 - 10 %
Hafer	6,0	3 - 6 %
Hering	52,0	26 - 52 %
Hirse	2,5	1,25 - 2,5 %
jodiertes Salz	150 - 250	62,5 - 125 %
Karotten, roh	15,5	8,8 - 15,5 %
Karpfen	1,7	0,85 - 1,7 %
Kartoffeln	3,8	1,9 - 3,8 %
Rinderleber	14,0	7 - 14 %
Mais	2,6	1,3 - 2,6 %
Milch	3,4	1,7 - 3,4 %
Porree	21,0	10,5 - 21 %
Rindfleisch	3,0	1,5 - 3 %
Roggen	7,2	3,6 - 7,2 %
Kopfsalat	3,3	1,25 - 3,3 %
Scholle	140	70 - 140 %
Seelachs	190	95 - 190 %
Weißkohl	5,2	2,6 - 5,2 %
Weizen	0,6	0,3 - 0,6 %

KÜCHENGERÄTE

Gemüsereibe	*Diese sollte aus Edelstahl, Glas oder Kunststoff sein. Gewöhnlicher, nicht rostfreier Stahl zerstört bei Berührung mit dem Gemüse einen Teil der Vitamine. Für Kleinkinder- und Säuglings-Ernährung eignet sich besonders eine Glasreibe.*
Moulinex oder Moulinette	*Elektrischer Zerkleinerer. Geeignet zum Zerkleinern von Mandeln, Nüssen, Trockenfrüchten, Senfkörnern usw.*
Flockenquetsche	*dient zur Herstellung von Getreideflocken. Im Handel erhältliche Getreideflocken (auch im Naturkosthandel) wurden bereits erhitzt. Die Flockenquetsche eignet sich auch zum Zerkleinern von Amaranth. Amaranth fällt bei den meisten Getreidemühlen durch.*
Küchenmesser	*Küchenmesser sollten aus Edelstahl sein.Zweckmäßig zum Schärfen ist ein Schleifstahl. Zum Schneiden von Gemüse und Kräutern eignet sich ein Messer mit einer Klingenlänge von ca. 2O cm.*
Pürierstab	*Zum Pürieren von Suppen, Soßen, zur Herstellung von Mixgetränken. Im Handel erhältlich einzeln oder als Zusatzgerät zum Handrührgerät.*
Joghurt-Gerät	*Erhältlich im Haushaltswarengeschäft.*
Getreidemühle	*Im Naturkosthandel oder Fachgeschäft beraten lassen. Gute Getreidemühlen haben eine lange Lebensdauer, über Zeitungsanzeige oft günstig gebraucht zu erwerben.*
Dörrgerät	*Zum Trocknen von Obst, Gemüsen und Kräutern. Kräuter werden so einhundert Prozent trocken.*
Keimgerät	*Günstig ist ein Einmachglas, mit Küchenkrepp abgedeckt. Neu im Handel: Schraubglas mit Siebeinsatz im Schraubverschluß. So kann das Wasser besser abtropfen und eine Verpilzung vermieden werden !*
Elektrisches Handrührgerät	*Erhältlich im Haushaltswaren- oder Elektro-Geschäft. Mit diesem Gerät läßt sich alles mühelos verarbeiten, was gerührt oder geknetet werden soll.*

LEBENSMITTELQUALITÄT

Die verwendeten Lebensmittel sollten aus anerkannt kontrolliert ökologischem Anbau bzw. anerkannt kontrolliert ökologischer Landwirtschaft stammen.

Sie haben folgende Vorteile:

Lebensmittel aus anerkannt kontrolliert ***ökologischem Anbau*** *bzw. aus* ***anerkannt kontrolliert ökologischer Landwirtschaft***

- ***sind rückstandsarm:***
  Chemische Stoffe werden bei der Erzeugung und Lagerung auf diese Lebensmittel nicht angewendet
  Im Anbau z.B. werden keine Kunstdünger, keine Beizmittel und keine Pestizide verwendet,
  In der Tierhaltung - z.B. keine Hormone
  In der Vorratshaltung - z.B. keine Keimhemmstoffe
- *Sie sind nicht durch Kunstdünger hochgezüchtet, sondern entwickeln sich natürlich bis zur vollständigen Reife. Ausgereiftes Obst und Gemüse enthält mehr Vitamine, Aroma-, Duft- und Geschmackstoffe. Diese sogenannten sekundären Pflanzen-Inhaltsstoffe bilden sich erst während des Wachstums.*
- *Diese Produkte schmecken besser, sind besser lagerfähig und widerstandsfähiger gegenüber Fäulnisbakterien.*
- *sind außerdem*
  nicht begast
  nicht bestrahlt
  nicht gentechnisch manipuliert
  noch werden
  gentechnisch manipulierte Zutaten *eingesetzt.*

Wintergemüse *aus dem Treibhaus sind weitgehend zu meiden wegen der hohen Nitratbelastung. Außerdem sind sie wesentlich vitaminärmer als Sommergemüse. Ggf. sollte beim Verzehr zusätzlich natürliches Vitamin C verwendet werden, da dieses allein in der Lage ist, die Umwandlung von Nitraten in krebsfördernde Nitrosamine zu vermeiden. Der Nitratanteil von Treibhausgemüsen und -salaten beträgt oft mehrere Prozent! Auch durch Düngung wird der Nitratanteil der Pflanzen stark erhöht.*

Wenn tierische Produkte verzehrt werden, sollten sie aus artgerechter Tierhaltung von Bio-Höfen stammen. Diese Tiere bekommen:

- *kein dritte-Welt-Futter*
- *kein Tiermehl*
- *kein Futter, das mit Pestiziden behandelt ist*
- *keine Antibiotika.*

Es sollten vorwiegend pflanzliche Lebensmittel verwendet werden.

Tierische Lebensmittel enthalten im Gegensatz zu pflanzlichen Lebensmitteln keine Ballaststoffe.

Die Lebensmittel sollten nicht mehr als unbedingt nötig be- bzw. verarbeitet werden.

Sinnvolle Ernährung

Gleich, welche Ernährungsform Sie wählen, ob säurefrei, allergiearm, Trennkost oder vegane Kost: Sie sollte immer ***vollwertig*** *sein.*

Hier muß deutlich gemacht werden:

Vollwertkost bedeutet nicht

Vollkornkost

Vollwertig heißt, daß Produkte aus anerkannt kontrolliert ökologischem Anbau bzw. aus anerkannt kontrolliert ökologischer Landwirtschaft verwendet werden.

Die Hälfte der täglichen Nahrung sollte als Frischkost verzehrt werden, d.h. 50 % sollten vorwiegend aus Obst und Gemüse bestehen, wobei der Gemüseanteil überwiegen sollte. Obst und Gemüse sind sehr nährstoffreich und gleichzeitig energiearm, wobei Gemüse mehr lebensnotwendige Nährstoffe enthält als Obst.

Nüsse, Mandeln, Vorzugsmilch, rohes Fleisch, Rohfisch, rohe Eier, kaltgepreßte Öle, Keimlinge in Form von Getreide, Hülsenfrüchten und Saaten fallen auch unter Frischkost.

Die anderen 50 % der Lebensmittel können schonend gegart oder gedünstet werden.

Individuelle Umstellung

Die Umstellung von einer ballaststoffarmen auf eine vollwertige ballaststoffreiche Kost sollte schrittweise vorgenommen werden.

Sinnvolle Ernährung sollte die obigen Grundsätze berücksichtigen und kann doch für jeden wieder anders zusammengesetzt sein. Jeder muß für sich herausfinden, was ihm von der Zusammensetzung her bekömmlich ist, wie groß die Mahlzeiten sein dürfen, wieviele Mahlzeiten er zu sich nimmt, ob evtl. die Abendmahlzeit weggelassen werden sollte usw. Dieses ist wichtig für die Bekömmlichkeit und den Nutzen, den der Körper daraus zieht.

Empfehlenswert ist auch, die Regeln der „Hayschen Trennkost" mit einzubeziehen, d.h. stark kohlenhydrathaltige Lebensmittel nicht mit stark eiweißhaltigen Lebensmitteln zu verzehren.

Frischkost sollte immer frisch zubereitet sein und vor den Mahlzeiten oder als Zwischenmahlzeit verzehrt werden.

Nicht alles auf einmal - aber trotzdem abwechslungsreich

Es ist sinnvoll, möglichst nur eine Getreidesorte je Mahlzeit zu verwenden, im übrigen aber abwechslungsreich zwischen den erlaubten Getreidesorten zu wählen. Gegartes Getreide sollten Sie immer gut ausquellen lassen (siehe Rezeptteil). Das gleiche gilt für Hülsenfrüchte (siehe Rezeptteil). Getreide und Hülsenfrüchte ergeben zusammen eine hochwertige Eiweißkombination.

Fettempfehlung

Nicht mehr als 70 - 80 g pro Person und Tag, einschließlich der versteckten Fette können für Normalgewichtige sein.

Sie sollten ggf. nicht nur die Fettmenge reduzieren, sondern auch hochwertige Fette und Öle verzehren, d.h.

- *Butter: vorwiegend **gesättigte** Fettsäuren*
- *kaltgepreßte Öle wie Olivenöl: überwiegend **einfach ungesättigte** Fettsäuren*
- *kaltgepreßte Öle wie Sonnenblumenöl, Distelöl, Maiskeimöl usw. **mehrfach ungesättigte** Fettsäuren*

*Diese drei Fettarten sollten im Verhältnis **1 : 1 : 1** verzehrt werden.*

Es empfiehlt sich:

- *Butter und ungehärtete Pflanzenmargarine als Streichfett*
- *Kaltgepreßte, unraffinierte Öle für Salate*
- *Ungehärtetes Kokosfett zum Braten überhaupt*

zu verwenden.

Werden Fette oder Öle gegarten Speisen zugegeben, sollte

- ***Butter:** nicht höher als max. bis 150°*
- ***kaltgepreßte, unraffinierte Öle** nicht höher als max. bis 100°*
- ***Kokosfett:** nicht höher als max. bis 220°*

erhitzt werden.

Bei der Überhitzung von Fetten bildet sich Acrobin, ein krebsauslösender Stoff.

Die überhitzten Fette oder Öle dürfen nicht weiter verwendet werden.

Die bedeutenden Inhaltsstoffe der Öle und Fette können auch direkt durch den Verzehr von Ölfrüchten, Ölsaaten und Nüssen aufgenommen werden.

Weitere Empfehlungen

***Eigelb** sollte von Hühnern aus artgerechter Haltung von Bio-Höfen stammen. Der Verzehr sollte 1 - 2 Eier pro Woche nicht überschreiten, einschließlich der Eier für Kuchen, Pfannkuchen usw.*

*Beim **Fleischverzehr** besinne man sich auf den früheren "Sonntagsbraten" (Fleisch vom Bio-Hof aus artgerechter Haltung).*

*Einmal pro Woche kann **Fisch** auf dem Speiseplan stehen. Es sollte möglichst Fisch verwendet werden, bei dem das Eiweiß nicht erhitzt wird. Das ist z.B. auch bei Matjesheringen der Fall.*

*Für die Anzucht von **Keimlingen** sollten Sie ebenfalls unbehandelte Getreidesorten, Hülsenfrüchte oder Saaten aus anerkannt kontrolliert ökologischem Anbau verwenden. Eventuell sind diese sonst nicht keimfähig und faulen.*

*Es ist sinnvoll, den **Salzverbrauch** stark einzuschränken oder das Salz ganz wegzulassen. Dafür sollten Sie Kräuter und Gewürze reichlich und abwechslungsreich einsetzen. Außer der geschmacklichen Komponente können diese Blähungen verhindern, verdauungsfördernd wirken usw.*

*Zum **Süßen** eignen sich besonders frische Früchte oder eingeweichte Trockenfrüchte. Sie sollten nur Trockenfrüchte mit der Aufschrift „ungeschwefelt“ verwenden. Trockenfrüchte können bis zu 50 mg/kg mit Schwefel behandelt werden, ohne daß dieses deklariert werden muß. Außerdem kann für Kuchen und Gebäck für den Gesunden in geringen Mengen Vollrohrzucker (Rapadura oder Ursüße) oder Kanne-Rübenkraut eingesetzt werden.*

***Brotaufstriche** können abwechslungsreich aus Getreiden, Hülsenfrüchten oder Gemüsen hergestellt werden. Der Phantasie sind hier keine Grenzen gesetzt.*

*Es ist ganz wichtig pro Tag ca. 1 - 2 Liter zu **trinken**, und zwar als natürliches Mineralwasser oder Kräutertee. Eine zu geringe **Trinkmenge** kann teilweise kompensiert werden durch reichlichen Genuß wasserhaltiger Gemüsefrüchte (z.B. Gurke, Kürbis) und entsprechenden Obstsorten (z.B. Melone).*

Verwendung von Küchenkräutern

Verwenden Sie reichlich Küchenkräuter. Sie erhalten dadurch schmackhafte Speisen ohne zu salzen. Probieren Sie aus, welche Kräuter Ihrem Geschmack entsprechen.

Es empfiehlt sich, Küchenkräuter selbst zu ziehen. Das ist schon im Balkonkasten möglich. Ein reichhaltiges Angebot an Küchenkräutern finden Sie auch auf dem Wochenmarkt.

Küchenkräuter getrocknet sollten Sie im Naturkosthandel erwerben, da Kräuter im üblichen Handel zum Teil bestrahlt werden.

Frische Küchenkräuter sind wesentlich aromatischer als getrocknete.

KÜCHENKRÄUTER IM DETAIL

Salate allgemein	
● ***Frischkost:***	*Basilikum, Brunnenkresse, Dill, Gartenkresse, Estragon, Kapuzinerkresse, Zitronenmelisse, Pfefferminze, Portulak, Salbei, Weinraute, Thymian, Kerbel, Piment und Anis*
Salate speziell	
● ***Blattsalat:***	*Bohnenkraut, Borretsch, Brunnenkresse, Dill, Zitronenmelisse, Portulak, Weinraute, Estragon, Gartenkresse, Kapuzinerkresse*
● ***Gurkensalat:***	*Borretsch, Dill, Portulak, Bohnenkraut*
● ***Tomatensalat:***	*Kerbel, Basilikum, Portulak, Ysop, Thymian*
● ***Weißkohlsalat:***	*Koriander, Kümmel, Petersilie, Thymian, Estragon*
● ***Endiviensalat:***	*Petersilie, Knoblauch, Zitronenmelisse, Dill, Estragon*
● ***Kürbissalat:***	*Ingwer, Zitronenmelisse, Dill, Petersilie*

Salate speziell	
• ***Rote-Bete-Salat:***	*Schnittlauch, Liebstöckel, Piment, Merrettich*
• ***Sauerkrautsalat:***	*Thymian, Kümmel, Merrettich*
• ***Kohlrabisalat:***	*Petersilie, Thymian, Liebstöckel, Estragon*
• ***Spinatsalat:***	*Boretsch, Dill, Zitronenmelisse, Schnittlauch, Knob-lauch*
• ***Radieschensalat:***	*Liebstöckel, Dill, Melisse, Borretsch,*
• ***Rettichsalat:***	*Petersilie, Schnittlauch*
• ***Mangoldsalat:***	*Knoblauch*
• ***Chicoreesalat:***	*Petersilie, Dill*
• ***Chinakohlsalat:***	*Piment, Anis, Petersilie*
• ***Brokkolisalat:***	*Knoblauch*
• ***Blumenkohlsalat:***	*Dill, Zitronenmelisse, Ingwer*
Gemüse allgemein	
• ***Gemüse:***	*Basilikum, Bohnenkraut, Dost, Thymian, Liebstöckel, Knoblauch, Dill, Kümmel, Majoran, Muskat, Salbei, Lorbeerblatt, Petersilie, Rosmarin, Koriander*
Gemüse speziell	
• *Bohnen:*	*Dill, Bohnenkraut, Knoblauch*
• *Erbsen:*	*Dill, Petersilie*
• *Tomaten:*	*Basilikum Thymian, Dost, Dill*
• *Möhren:*	*Dill, Petersilie, Zitronenmelisse*

Gemüse speziell	
• ***Zucchini:***	*Dost, Thymian, Majoran, Petersilie, Gewürzpaprika, Basilikum, Knoblauch*
• ***Weißkohl:***	*Liebstöckel, Kümmel, Thymian, Koriander, Lorbeerblatt.*
• ***Brokkoli:***	*Muskat, Knoblauch, Petersilie, Zitronenmelisse*
• ***Wirsing:***	*Majoran, Muskat, Petersilie, Salbei, Liebstöckel*
• ***Blumenkohl:***	*Petersilie, Zitronenmelisse, Knoblauch, Muskat*
• ***Dicke Bohnen:***	*Bohnenkraut, Majoran, Thymian, Liebstöckel*
• ***Chinakohl:***	*Thymian, Oregano, Knoblauch, Lorbeerblatt*
• ***Mangold:***	*Knoblauch, Liebstöckel, Rosmarin*
• ***Gurken:***	*Rosmarin, Liebstöckel, Bohnenkraut, Knoblauch, Petersilie, Dill,*
• ***Grünkohl:***	*Muskat, Liebstöckel, Senf*
• ***Kürbis:***	*Knoblauch, Ingwer*
• ***Fenchel:***	*Knoblauch, Basilikum, Oregano, Thymian*
• ***Porree:***	*Muskat, Curry, Knoblauch, Thymian, Dill, Koriander, Lorbeerblatt, Kurkuma, Piment*
Suppen allgemein	
• ***Suppen:***	*Beifuß, Bohnenkraut, Majoran, Thymian, Muskat, Lorbeerblätter, Brunnenkresse, Gewürzpaprika, Knoblauch, Dill, Kerbel, Liebstöckel, Melisse, Schnittlauch*
Suppen speziell	
• ***Kürbissuppe:***	*Brunnenkresse, Ingwer, Gartenkresse*

Suppen speziell	
• ***Kartoffelsuppe:***	*Dill, Majoran, Ysop, Kümmel, Muskat, Schnittlauch, Estragon*
• ***Tomatensuppe:***	*Majoran, Knoblauch, Thymian, Lorbeerblatt*
• ***Bohnensuppe:***	*Bohnenkraut, Ysop, Thymian, Liebstöckel, Knoblauch, Basilikum*
• ***Erbsensuppe:***	*Majoran, Thymian, Liebstöckel*
• ***Brokkolisuppe:***	*Knoblauch, Muskat, Ingwer*
• ***Wirsingsuppe:***	*Liebstöckel, Majoran, Muskat, Petersilie, Zitronenmelisse,*
• ***Linsensuppe:***	*Lorbeerblatt, Thymian, Majoran*
• ***Zucchinisuppe:***	*Oregano, Muskat, Knoblauch*
Getreide allgemein	
• ***Getreide:***	*Kümmel, Koriander, Fenchel, Anis, Bohnenkraut, Dill, Knoblauch, Majoran, Rosmarin, Ysop, Melisse, Piment, Oregano, Lorbeerblatt, Thymian, Petersilie, Basilikum, Kerbel, Pimpinelle*
Getreide speziell	
• ***Buchweizen:***	*Petersilie, Koriander, Lorbeerblatt, Thymian, Majoran,*
• ***Hirse:***	*Thymian, Melisse, Basilikum, Majoran, Lorbeerblatt, Petersilie, Koriander, Kümmel*
• ***Reis:***	*Basilikum, Petersilie, Thymian*
• ***Mais:***	*Kerbel, Majoran, Thymian, Piment, Koriander, Petersilie, Basilikum, Dill, Estragon, Borretsch, Rosmarin*
• ***Amaranth:***	*Kerbel, Dill, Boretsch, Petersilie, Estragon, Pimpinelle*
• ***Quinoa:***	*ähnlich wie bei Hirse.*

Hülsenfrüchte allgemein	
● ***Hülsenfrüchte:***	*Bohnenkraut, Dost, Kümmel, Kreuzkümmel (Kumin), Fenchel, Anis, Koriander, Knoblauch, Lorbeerblatt, Thymian, Rosmarin,*
Hülsenfrüchte speziell	
● ***Linsengemüse:***	*Lorbeerblatt, Thymian, Oregano, Petersilie, Ingwer*
● ***Bohnengemüse:***	*Dill, Bohnenkraut, Knoblauch, Lorbeerblatt, Rosmarin, Thymian, Kreuzkümmel, Koriander*
Fleischgerichte allgemein	
● ***Fleischgerichte:***	*Paprike, Pfefferminze, Rosmarin, Thymian, Salbei, Majoran, Bohnenkraut, Knoblauch*
Fleischgerichte speziell	
● ***Brathuhn:***	*Salbei, Bohnenkraut, Rosmarin*
● ***Geflügel allgemein:***	*Estragon, Gewürzpaprika, Salbei*
● ***Geflügelragout:***	*Rosmarin*
● ***Hackbraten:***	*Thymian, Majoran, Knoblauch*
● ***Pilzgerichte:***	*Bohnenkraut, Knoblauch, Zitronenmelisse, Rosmarin, Kresse*
● ***Pizza:***	*Dost, Thymian, Oregano, Basilikum, Knoblauch*
● ***Fischgerichte:***	*Zitronenmelisse, Pfefferminze, Thymian*
Soßen allgemein	
● ***Soßen:***	*Boretsch, Estragon, Kerbel, Liebstöckel, Gewürzpaprika, Pfefferminze, Portulak*

Soßen speziell	
• ***Rahmsoße:***	*Borretsch*
• ***Tomatensoße:***	*Rosmarin*
Brotaufstriche allgemein	
• ***Brotaufstriche:***	*Borretsch, Gartenkresse, Weinraute, Kerbel, Salbei, Schnittlauch, Basilikum*
Brotaufstriche speziell	
• ***Kräuterbutter:***	*Borretsch, Brunnenkresse, Gartenkresse, Kerbel, Salbei, Schnittlauch, Weinraute, Knoblauch*
Kartoffelgerichte allgemein	
• ***Kartoffelgerichte:***	*Liebstöckel, Petersilie, Rosmarin, Thymian, Borretsch, Estragon, Schnittlauch, Ysop, Kerbel, Basilikum, Bohnenkraut, Dill, Schnittlauch, Muskat, Lorbeerblatt, Kresse, Liebstöckel, Majoran, Kümmel*
Kartoffelgerichte speziell	
• ***Bratkartoffeln:***	*Bohnenkraut, Majoran*
• ***Kartoffelsalat:***	*Bohnenkraut, Schnittlauch, Petersilie, Ysop, Kerbel, Borretsch, Kresse, Thymian, Basilikum, Estragon*
• ***Kartoffelplätzchen:***	*Thymian, Muskat, Dill, Schnittlauch, Kümmel*
• ***Kartoffelsuppe:***	*siehe Suppen*

Trink Dich gesund!

Gemüsebrühe und Getränke

Es ist unbedingt zu empfehlen, mit selbst hergestellter Gemüsebrühe (siehe Rezeptteil) zu arbeiten. Sie können hierbei im Gegensatz zu Fertigprodukten die allergiearmen Gemüse bevorzugen.

Gemüsebrühe kann mit Miso gewürzt werden: Miso in warmem Wasser auflösen und zur Brühe geben.

Sie sollten Gemüsebrühe auf Vorrat herstellen und im Kühlschrank aufbewahren oder in einer Thermoskanne warmhalten.

Instand-Gemüsebrühen enthalten zuviel Kochsalz.

Darum, in den Rezeptteilen handelt es sich bei der Angabe "Gemüsebrühe" immer um selbst hergestellte.

Getränke

Es ist ganz wichtig ein bis zwei Liter Flüssigkeit pro Tag zu sich zu nehmen, und zwar als natürliches, kohlensäurefreies Mineralwasser (Quellwasser) - schlechte Trinkwasserqualität kann durch Dampfdestillation oder Osmosefilterung optimiert werden (siehe Wasserkapitel); ungesüßte Kräutertees, Gemüsebrühe (selbst hergestellt).

Bohnenkaffee, schwarzer Tee, Bier, Wein, Limonaden, Colagetränke usw. übersäuern den Körper.

Speziell Kaffee und Schwarztee reduzieren auch die Calcium- und Eisenaufnahme um bis zu 50 Prozent und senken die Bioverfügbarkeit von Eisen und anderen Mineralstoffen.

Getränke sollen den Wasserverlust über Urin, Stuhl, Haut (Schweiß), Lunge (Ausatmung) ausgleichen.

Wenn Vorzugsmilch getrunken wird, sollte sie nur als Lebensmittel und als Getränk verwendet werden.

Die unglaublichen Einflüsse der Nahrungsmittelallergien

Was heißt Allergie

Das Wort "Allergie" leitet sich aus dem griechischen "allos" (fremd, anders) und "ergon" (Werk) her, bedeutet also letztlich "Werk des Fremden". Fast in jeder Familie reagiert jemand auf Erdbeeren, Nüsse oder Krabben mit allergischen, unter Umständen sogar lebensbedrohenden Symptomen.

Nahrungsmittelallergien - ein Problemfalll der Allergologen

- *Nahrungsmittelallergien sind mit den herkömmlichen diagnostischen Verfahren des Allergologen nicht festzustellen.*
- *Die Diagnosemethoden der Alternativmediziner (Elektroakupunktur, VEGA- oder Bicomteste) führen andererseits oftmals zu Aufstellungen von allergieauslösenden Nahrungsmittel, die den Patienten dazu verdammen, buchstäblich von "Luft und Liebe" zu leben, wollten sie alle Allergene vermeiden.*

So entwickelt sich eine Nahrungsmittelallergie

Zumindest im Frühstadium einer Nahrungsmittelallergie ist das völlige Fehlen von Symptomen und Beschwerden typisch, was es dann auch so schwierig macht, diese Erkrankung zu diagnostizieren:

So kommt es bei dem ersten Kontakt mit dem allergieauslösenden Nahrungsmittel oder Allergen meist zu keinem deutlichen Zeichen einer Unverträglichkeit. Im Gegenteil: Oft führt die Reaktion des Körpers dazu, daß sich der Mensch eher besser, und leistungsfähiger nach dem Verzehr des Allergens.

Süchtig nach dem Schädlichen

Unbewußt registrieren wir diese scheinbare Verbesserung und werden nun versuchen, diesen Zustand der erhöhten geistigen Leistungsfähigkeit immer wieder zu erreichen: wir werden das allergieauslösende Nahrungsmittel immer öfter verzehren. Doch zum Erreichen dieses Zustandes erhöhten Wohlbefindens werden immer größere Mengen des Allergens nötig, aus der Nahrungsmittelallergie wird ein Zustand, der dem eines Rauschgift- oder Alkoholsüchtigen ähnelt.

Niemand ist gefeit

Der Amerikaner T. G. Randolph und der Brite Richard Mackarness haben festgestellt, daß die Sucht auf gewisse Nahrungsmittel weitaus häufiger vorkommt, als allgemein angenommen. Insbesondere Zucker, so schreibt Moss, ist ein Suchtmittel, dem 80 - 90 % der Bevölkerung verfallen sind.

Ist es Ihnen auch schon passiert, daß Sie einen Heißhunger auf Süßes hatten, daß Sie eine ganze Tafel Schokolade auf "einen Rutsch" verschlungen haben? Nun - da haben Sie selbst die Auswirkungen einer Zuckersucht am eigenen Leibe feststellen können!

Eine Vielzahl an Symptomen

In seinem Buch "Allergie gegen Nahrungsmittel und Chemikalien" beschreibt der englische Arzt Mackarness, welche unterschiedlichen Bereiche des Körpers durch eine Nahrungsmittelallergie betroffen sein können:

- *Atmungsorgane*
- *Haut*
- *Verdauungsorgane*
- *Herz und Kreislauf*
- *Bewegungsapparat*
- *Zentrales Nervensystem*
- *Harn- und Geschlechtsorgane*
- *Psyche*
- *Hormonhaushalt*

Der Vielzahl der Beschwerden und Symptomen liegt aber dennoch letztendlich nur eine einzige Ursache zu Grunde. In jedem Fall handelt es sich nämlich um die typischen Begleiterscheinungen einer Allergie mit:

- *Schwellungen*
- *Austritt von Gewebsflüssigkeit*
- *chemischer Reizung des Gewebes durch körpereigene Stoffe, den "Histaminen".*

Histamine: Auslöser von Allergien

Je nachdem, in welchem der drei Grundgewebe des Körpers, dem "Ektoderm" (bildet Haut und Nervensystem), dem Mesoderm (bildet Muskeln, Gelenke und Blutgefäße) oder dem Entoderm (verantwortlich für Lungen, Eingeweide und Schleimhäute) diese allergischen Erscheinungen auftreten, äußern sich die Begleiterscheinungen der Nahrungsmittelallergien.

Auch wenn diese Zusammenhänge nur sehr wenige Befürworter unter den schulmedizinisch arbeitenden Allergiespezialisten findet, kann der Umkehrschluß überzeugen: In ca. 50 % aller Patienten, die sich in unserer Praxis vorstellten und über die unterschiedlichsten Beschwerden klagten, konnte bereits durch eine "allergiearme Kost", durch den Verzicht auf allergieauslösende Nahrungsmittel eine deutliche Minderung aller Beschwerden erreicht werden.

Somit gelingt uns über eine Ernährung, die die häufigsten Allergene ausschließt, der Beweis einer krankheitsauslösenden Wirkung der Nahrungsmittelallergien. Wer heilt, hat recht!

Es ist also höchste Zeit, die Nahrungsmittelallergien mehr in den Mittelpunkt der Behandlung einer Krankheit zu rücken. 60 % aller Insassen von psychiatrischen Kliniken, so der Amerikaner Randolph, leiden unter den Folgen einer Nahrungsmittelallergie.

Allergien auf dem Vormarsch

- *Eine Untersuchung von allergischen Erkrankungen in der Schweiz ergab, daß allein die Häufigkeit von Heuschnupfeneerkrankungen von 1925 bis zum Jahre 1993 von 0,82 auf 11,10 % anstieg - eine Steigerung von über 1000 %!*
- *30-50% aller wehrpflichtigen Jugendlichen leiden bereits unter allergischen Erkrankungen wie Heuschnupfen, Asthma oder Neurodermitis .*
- *Im Jahre 1986 beantworteten 473 von 631 deutschen Kinderärzten die Frage nach der Zunahme von Allergien bei Kindern mit ja, nur 59 Ärzte (9,4%) verneinten!*

Wenn man davon ausgeht, daß auch diese Erkrankungen sich häufig im Rahmen einer allegiearmen Kost bessern, sieht man, wie wichtig es ist, sich mit den Grundlagen dieser Kost zu befassen.

Als Laie bringt man mit Nahrungsmittelallergien direkte Unverträglichkeiten wie Juckreiz, Hautausschläge oder Durchfall zusammen.

Die Unverträglichkeitsreaktionen auf Nahrungsmittel sind aber wesentlich ausgeprägter. Im Einzelnen können auftreten:

- *Müdigkeit, bei Fortsetzen der Zufuhr unverträglicher Nahrungsmittel sogar schwere Erschöpfungszustände*
- *Schleimhautschwellungen, verstopfte Nase*
- *Polypenbildung*
- *Verschleimung, vermehrte Sekretion in Nebenhöhlen, Bronchien, Darm und Scheide*
- *Verwaschene Sprache*
- *Schnarchen*
- *vermehrter Bewegungsdrang, z.B. Hyperaktivität bei Kindern oder Unruhegefühl in den Beinen*
- *Anstieg von Pulsfrequenz und Blutdruck, verstärktes Klopfen in den Ohren*
- *asthmatische Beschwerden*
- *Durchfall und chronische Darmentzündungen*
- *vermehrte Blähungen*
- *depressive Verstimmungen, Lethargie oder auch nur Antriebsschwäche und Lustlosigkeit*
- *Erregungszustände und Psychosen*
- *Muskel-, Nerven und Gelenkentzündungen*
- *Aggressivität (viele Lerngestörte und auch Kriminelle sind in den Bereich chronischer Hyperaktivität und Aggressivität einzuordnen, die häufig durch Nahrungsmittel ausgelöst werden.)*

Die Symptome der Nahrungsmittelunverträglichkeiten sind riesengroß. Fast kein Bereich der Medizin bleibt davon ausgenommen.

Wie weist man eine Unverträglichkeit nach?

Das ist im Einzelfall sehr schwierig. Der sicherste Nachweis ist die Testmahlzeit nach einem therapeutischen Fasten (Provokationstest). Die meisten Symptome reduzieren sich oder verschwinden, wenn keinerlei Nahrungsmittel mehr während einer Fastenkur zugeführt werden.

Durch Probemahlzeiten stellt man sehr leicht fest, ob unverträgliche Nahrungsmittel dann zum Wiederauftreten alter Beschwerden führen.

Diesem Vorgang liegt die Beurteilung unserer Nahrungsmittelallergie-Zusammenstellung zugrunde. Als erfahrener Fastenarzt habe ich viele Fastengruppen betreut und viele Patienten einem therapeutischen Fasten unterzogen. In dem Buch "Rheuma heilt man anders" habe ich bereits die praktische Durchführung des Fastens beschrieben, an die sich dann das Austesten der einzelnen Nahrungsmittel anschließen kann.

Nur bestimmte Nahrungsmittel weglassen, reicht nicht

Das einfache Eliminieren, das heißt der Verzicht auf bestimmte Nahrungsmittel, bringt selten überzeugende Resultate, da damit gleichzeitig bestehende Unverträglichkeiten und Allergien auf andere Nahrungsmittel ja nicht verschwinden.

Durch dieses Vorgehen können nur sehr starke Allergene nachgewiesen werden. Da wir es in der Regel mit komplexen Unverträglichkeiten oder Mischallergien zu tun haben (kaum ein Kranker ist nur auf ein Nahrungsmittel allergisch) ist die Diagnostik nur durch Testmahlzeiten ohne vorhergehendes Fasten sehr unzureichend (insuffizient).

Gibt es Nahrungsmitteltests, die weiterhelfen?

Solche Teste gibt es. Sie sind aber selten ausreichend verläßlich. Der Mediziner kann einen Antikörpernachweis gegen bestimmte Nahrungsmittel erbringen. Diesen Test nennt man RAST-Test.

Hiermit werden bestimmte Immunglobuline (spezifische Abwehrstoffe; IgE) des Körpers im Blut nachgewiesen, die dieser spezifisch gegen einzelne Nahrungsmittel bildet.

Desweiteren kann man das Verhalten von weißen Blutzellen auf bestimmte Nahrungsmittel testen. Diese Testverfahren halte ich nicht für ausreichend zuverlässig.

Testung durch Elektro-Akupunktur, Mora-Testung usw. geben Hinweise. Sie beinhalten nicht selten aber auch Fehlinformationen.

Klammert man sich zu sehr an einzelne Testbefunde, kommt es sogar zu schwerwiegenden Fehlinterpretationen. Der sicherste Test ist nach wie vor der Provokations-Test nach Einlegung einiger Fastentage.

Hervorzuheben ist auch noch der Pulstest nach Coca. Hierbei kommt es nach Zufuhr eines Nahrungsmittelallergens zu einem Pulsanstieg von zehn, zwanzig, dreißig und mehr Schlägen pro Minute.

Oft haben wir gefunden, daß zu sehr auf apparative oder laborchemische Allergietestung therapiert wurde.

Die durch Provokations-Mahlzeiten nach einer Fastentherapie gewonnenen Ergebnisse waren absolut am verläßlichsten.

Wie man Allergien erfolgreich behandelt

Sowohl in der Behandlung als auch in der Vorbeugung einer Nahrungsmittelallergie gibt es letztendlich nur ein Mittel, das zum Erfolg führen wird: der Verzicht auf die allergieauslösenden Nahrungsmittel!

So lapidar, so einfach diese Weisheit klingt, so problematisch ist sie anzuwenden. Denn jede Nahrungsmittelallergie ist ein individuelles Problem. Und so ist oftmals detektivisches Können gefragt, um festzustellen, welches Nahrungsmittel bei Ihnen zum Auslösen der Erkrankung oder Beschwerden führt.

Wir haben in diesem Buch versucht, die Nahrungsmittel, die nach unserer Erfahrung zu den häufigsten Allergieauslösern gehören, aufzulisten. Es sind:

- *Weizen: Ca. 85 - 90% aller unserer Patienten reagieren auf Weizen allergisch. Interessanterweise wirkt besonders das wenig ausgemahlene Getreide weitaus stärker allergieauslösend, als das voll ausgemahlene Weißmehl.*
- *Milch und Milchprodukte: Auch hier erleben wir oft eine geringere allergieauslösende Wirkung bei der ultrahocherhitzen H - Milch als bei Rohmilch und Käse. Butter und Sahne sind in der Regel unproblematisch da nahezu eiweißfrei!*
- *Hühnereiweiß: besitzt eine sehr hohe allergieauslösende Wirkung, das Eigelb ist weitgehend unproblematisch.*
- *Zucker: Spitzenreiter ist hier der vollraffinierte, weiße Zucker, wohl wegen seiner starken Denaturierung (industriellen Verarbeitung).*
- *Schweinefleisch und Wurstwaren aus Schweinefleisch: Vermutlich sind für die allergieauslösende Wirkung hauptsächlich die Chemikalien verantwortlich, die bei der Mast und vor dem Schlachten verwendet werden (s.: "Rette Dein Immunsystem", Teil 1).*
- *Karotten, Sellerie und grüne Paprikaschoten: gehören zu den wenigen allergieauslösenden Gemüsesorten. Oftmals sind Gemüse aus kbA (kontrolliert biologischem Anbau) weniger problematisch. Deswegen ist ein Zusammenhang zwischen Spritz- und Düngemitteln beim Anbau und der allergieauslösenden Wirkung anzunehmen.*

Das zuletzt gesagte gilt für die meisten Nahrungsmittel: Die geringere Belastung von Gemüse aus kontrolliert biologischem Anbau mit Pflanzenschutzmitteln, Düngemitteln oder Schwermetallen bewirkt offensichtlich eine geringere Allergenität.

Wie man Nahrungsmittelverträglichkeiten ohne Labor und apparativen Aufwand testen kann

Wir wenden in unserer Praxis gerne und mit guten Ergebnissen den aus der Kinesiologie bekannten "Muskeltest" an. Der Nachteil dieser Methode: Es können nur wenige Nahrungsmittel auf einmal ausgetestet werden.

Nähere Hinweise finden Sie in dem Buch von Diamond "Der Körper lügt nicht".

So führen Sie eine Suchdiät durch

- *Beginnen Sie Ihren "Selbstversuch" mit einer Fastenwoche, in der Sie nur für reichlich Flüssigkeitszufuhr sorgen müssen. Decken Sie Ihren Flüssigkeitsbedarf mit kohlensäurefreiem Mineralwasser (Volvic, Haderheck) und ggf. mit etwas Kräutertee. (Nähere Informationen dazu finden Sie in dem Fastenkapitel des Buches "Rheuma heilt man anders") Unter Umständen können Sie noch Gemüsebrühe aus einer oder zwei allergiearmen Gemüsesorte (Kartoffeln und Kohlrabi. ä.) verwenden. Schließen Sie sich ggf. für dieses Fasten einer örtlichen Fastengruppe an (Volkshochschule, Familienbildungsstätte o. ä.)*

Nach 5 - 7 Tagen sind die Allergene aus dem Körper ausgeleitet worden.

Beginnen Sie nun mit Testmahlzeiten (Suchdiät):

- *Fügen Sie Ihrer Nahrung pro Tag ein neues Nahrungsmittel hinzu. Beobachten Sie sich dabei genau: Treten bei Ihnen nun Beschwerden (z. B. schnellerer Puls, Blutdruckveränderungen, Gelenkreaktionen, Kopfschmerzen usw.) auf, ist das zuletzt zugeführte Nahrungsmittel für Sie ein Nahrungsmittelallergen. Sie sollten dieses Nahrungsmittel in der weiteren Zukunft meiden.*

Auf diese Art und Weise wird es Ihnen möglich sein, Ihr persönliches Allergieprofil zu erstellen und zukünftig durch Vermeidung des entsprechenden Nahrungsmittels Ihre Nahrungsmittelallergien und die dadurch ausgelösten Beschwerden zu bessern oder zu beheben.

Fassen wir zusammen:

- *Nahrungsmittelallergien müssen als Auslöser und Verursacher vieler Volks- oder Zivilisationserkrankungen gesehen werden. Ohne eine Behebung der Allergien ist eine wirkliche Heilung oder Besserung unwahrscheinlich, wenn nicht unmöglich.*
- *Vermeidung einer zu häufigen Zufuhr von Nahrungsmittelallergenen kann unter Umständen das Auftreten einer Nahrungsmittelallergie verhindern.*
- *Zur individuellen Diagnose einer Nahrungsmittelallergie führt man am besten eine Suchdiät nach der o. a. Methode durch*
- *Eine allegiearme Kost kann bewirken, daß man nicht zu den Menschen mit erhöhtem Blutdruck, zu schnellem Puls, Kopfschmerzen, psychischen Verstimmungen, Infektanfälligkeit, Hautjucken und Neurodermitis, Blähungen, Asthma, Arthritis usw. gehört.*
- *Im übrigen wirkt auch Vitamin C allergieschwächend und entzündungshemmend, so daß eine ausreichende Zufuhr dieses Vitamins notwendig ist.*

- *Schließlich und endlich: Die ständig zunehmende Zahl von Zivilisationserkrankungen wird uns alle - wenn wir dem nicht Einhalt gebieten - zu einem Volk von Kranken und Siechen machen. Nehmen wir unser Schicksal selbst in die Hand und lassen uns nicht von den scheinbar seriösen Empfehlungen der ewig Gestrigen verunsichern!*

Lesenswerte Literatur

1. *Dr. Richard Mackarness, "Allergie gegen Nahrungsmittel und Chemikalien", 1976, Paracelsusverlag, Stuttgart*
2. *Theron G. Randolph / Ralph W. Moss, "Allergien"*
3. *Andrea Ernst/Ingrid Füller, "Schlucken und Schweigen - Wie Arzneimittel Frauen zerstören können", 1988, Kiepenheuer & Witsch*
4. *"Allergie und Umwelt", Themenheft der Ärztezeitung Nr. 5, März 1994*
5. *"Umweltkrankheit Allergie", Wissenschaftsjournal der Ärztezeitung Nr. 139, April 1992*
6. *"Unverträglichkeit oder Selbsttäuschung", Die Neue Ärztliche, 1.Mai 1990*
7. *Heumann Pharma "Patientenillustrierte Thema Allergien", 3. erweitere Auflage, 1990*

Die Ernährungsumstellung: Ihr Wegbegleiter zur Gesundheit

Die Ernährung wirkt Tag für Tag auf den Menschen ein:

- *zerstörerisch (krankmachend) oder*
- *regenerierend*

Sie ist die Hüterin der Gesundheit.

Erfahrungen aus der eigenen Praxis

Wie wichtig eine korrekt durchgeführte Ernährungsumstellung zur Beherrschung Ihrer Leiden, soll heißen zur Wiedergewinnung ihrer Gesundheit, ist, können wir tagtäglich in der Praxis feststellen:

- *Teilweise führt eine grundlegende Umstellung der Ernährungsgewohnheiten allein schon zu einer maßgeblichen Verbesserung Ihrer Beschwerden, ohne daß zusätzliche therapeutische Maßnahmen notwendig sind.*
- *Andererseits erleben wir, daß auch hilfreiche Therapien nicht zu einem dauerhaften Erfolg führen, wenn nicht gleichzeitig eine Änderung der Ernährung durchgeführt wird.*

Um aber einen solchen Erfolg zu erreichen, ist es notwendig, seine Ernährungsumstellung umfassend und konsequent vorzunehmen. Wenn es im ersten Moment auch verführerisch erscheint, den Übergang zu einer optimierten Ernährung schrittweise und behutsam durchzuführen, so wird nur dem Konsequentesten der volle Erfolg zuteil werden.

Die vier Stufen zum Erfolg!

Zum Einstieg für den Ungeübten in die Ernährungsumstellung haben wir den sogenannten "Vier-Stufen-Plan" entwickelt, eine Zusammenstellung aller Nahrungsmittel. Sinn dieses Vier-Stufen-Planes ist es, Ihre Bemühungen zu unterstützen und Ihnen jederzeit eine Übersicht über die, ihrem Gesundheitszustand angepaßten Nahrungsmittel und Rezepte zu geben.

Zu diesem Zweck haben wir eine Tabelle aller Nahrungsmittel, die ihrem jeweiligen gesundheitlichen Zustand angepaßt sind angefertigt (s. Kapitel: Nahrungsmittelbewertungstabelle).

So fangen Sie an: Stufe 1

Die Stufe 1 ist in erster Linie zum Einstieg in die Ernährungsumstellung gedacht. Alle Nahrungsmittel dieser Stufe sind allergie- und säurearm und verursachen so in der Regel keine Probleme.

Besonders wenn Sie ein Neuling auf dem Gebiet der Ernährungsumstellung sind, sollten Sie sich strengstens an die Aufstellung der erlaubten Nahrungsmittel halten. Außerdem sollten Sie - zu Ihrer eigenen Sicherheit folgende Ratschläge beherzigen:

Messen Sie regelmäßig Ihren Urin-pH-Wert

Die pH-Messungen sollten zu Beginn der Ernährungsumstellung dreimal täglich erfolgen.

Bei chronischen Erkrankungen besteht fast immer eine Übersäuerung. Basische pH-Werte sind die Ausnahme, stellen aber eine wichtige Voraussetzung für die Besserung von Krankheiten dar.

Chronisch Kranke befinden sich zu Anfang oft in einem erschreckend sauren Zustand.

Die Entsäuerung beschleunigen

Wenn trotz optimaler Ernährung pH-Werte nicht in den basischen Bereich tendieren (bei schweren und anhaltenden Übersäuerungszuständen) kann man die Entsäuerung mit der morgendlichen Zufuhr von Gemüsebrühe oder frisch gepreßten Gemüsesäften (Rote Bete, Kohlrabi, Salat usw.) oder durch eine geeignete Basenmischung (Rebasit, Basenmischung Flügge, Kaisernatron) schneller stabilisieren.

In dieser Phase Ihres Gesundheitszustandes verwenden Sie nur Rezepte der Stufe 1.

Je einfacher desto besser

Die einfachste Kost ist immer die gesündeste. Die Kombination verschiedener Nahrungsmittel verstärkt die Unverträglichkeit der gesamten Mahlzeit. Nahrungsmittel, die einzeln für sich verwertet verträglich sind, können in Kombination zu Beschwerden führen, z. B. Blähungen.

Jede Kombination verschiedener Nahrungsmittel in einer Mahlzeit (auch die Zugabe von Gewürzmischungen) erhöht das Risiko einer Nahrungsmittelunverträglichkeit oder -allergie und erschwert außerdem die Suche nach dem Hauptallergen!

***Achtung:** Fast immer ist mit der Ernährungsumstellung anfänglich ein deutlicher Gewichtsverlust verbunden, der bei Untergewichten weniger stark ausfällt, als bei Übergewichtigen.*

Einen Wochenspeiseplan für die Ernährungsumstellung finden Sie am Ende des Rezeptteils.

Zu oft kann schädlich sein

Es gibt zwar durchaus eine Reihe von Nahrungsmitteln, die Menschen ihr ganzes Leben lang vertragen können.

Nahrungsmittelallergien entwickeln sich aber fast immer nur bei solchen Nahrungsmitteln, die wir gehäuft verzehren. Deswegen kommen sie besonders oft vor bei Weizen, Roggen, Eiern, Milchprodukten, Karotten usw.

Bei einem optimalen Gesundheitszustand dürfen die einzelnen Nahrungsmittel durchaus gehäuft gegessen werden. Bei

Allergikern sollte aber dasselbe Nahrungsmittel nur alle paar Tage neu verzehrt werden. So können Sie im Wechsel Hirse, Buchweizen, Soja, Naturreis, Kartoffeln usw. verzehren.

Wenn Sie gesünder sind:
Stufe 2

1. ***Möchten Sie Ihre Ernährung im Falle einer ausreichenden gesundheitlichen Stabilität erweitern, setzen Sie immer nur ein Lebensmittel neu auf Ihren Speiseplan.***
   So können Sie besser erkennen, ob ein neuerlich verwendetes Nahrungsmittel für Sie unverträglich ist.

Durch die Testmethoden der Kinesiologie sind wir in der Lage, innerhalb weniger Sekunden herauszufinden, ob ein eventuell verdächtiges Nahrungsmittel für Sie verträglich ist. Bitte machen Sie Gebrauch von dieser Möglichkeit

2. ***Verwenden Sie die in der Stufe 2 aufgelisteten Nahrungsmittel am besten nur nach einer Austestung auf Verträglichkeit!***

3. ***Vergessen Sie auch in Stufe 2 nicht die regelmäßige pH-Messung! Überprüfen Sie so die Auswirkungen dieser Nahrungsmittel auf Ihren Säure-Basen-Haushalt. (Messung der pH-Werte wenigstens dreimal täglich. Ph-Teststreifen kosten nicht viel!)***

Bei einer Verschlechterung gehen Sie in die Stufe 1 zurück.

Sie sind wieder gesund?
Ihre Beschwerden haben sich verflüchtigt?
Ihre Laborwerte sind wieder normal?

Das ist schön für Sie - und ein (weiterer) Erfolg Ihrer Maßnahmen und unserer Empfehlungen.

Nun könnten Sie in Stufe 3 aufsteigen.

Für Gesunde:
Stufe 3

Diese Stufe bietet Ihnen eine Reihe von Rezepten und Nahrungsmitteln, auf die Sie in den letzten Monaten verzichten mußten.

Dennoch müssen wir Ihren Optimismus dämpfen. Zur Zeit sind Sie "gesund" oder Sie fühlen sich zumindest so. Bleiben Sie es, indem Sie nicht häufiger als einmal pro Woche in der Stufe 3 "wildern gehen". Ernähren Sie sich weiterhin hauptsächlich von den Gerichten und Lebensmitteln der Stufe 1 und 2

Deswegen: Haben Sie einmal "gesündigt", was ja besonders an hohen Fest- und Feiertagen vorkommen soll - überprüfen Sie Ihre pH-Werte und gönnen Sie sich und Ihrem Körper eine reichliche Erholungspause mit einer Rückkehr auf Stufe 1 oder 2!

Höchste Gefahr: Stufe 4

Die Nahrungsmittel der Gruppe 4 sind hier eigentlich nur zur allgemeinen Information aufgeführt und sollen eher nur als abschreckendes Beispiel dienen.

Nicht jeder Mensch ist gleich

Da der Rheumatiker auf ein Nahrungsmittel anders reagieren kann als der Krebskranke, der Krebskranke anders als der Allergiker und der Allergiker anders als der Übersäuerte orientieren Sie sich immer in der jeweils für Sie zutreffenden Symbolleiste hinsichtlich der Wertigkeit der einzelnen Nahrungsmittel.

Bedenken Sie immer

Ihre alten Ernährungsgewohnheiten haben zu Ihrer Erkrankung geführt. Der Verzicht auf diese Gewohnheiten hat erheblich zu Ihrer Gesundung beigetragen. Ein Rückfall in diese alten Ernährungsweisen wird Sie mit an Sicherheit grenzender Wahrscheinlichkeit über kurz oder lang wieder zum Kranken machen. Ist die Freiheit, wieder alles zu essen, das wirklich wert?

So sehr wir uns mit Ihnen über Ihre Genesung freuen, so sehr wir Ihnen Zucker, den Schweinebraten, das Bier zum Essen oder saftige Weintrauben gönnen: Bei vielen führen solche Genüsse mit Sicherheit über kurz oder lang wieder zu einer Verschlechterung wenn nicht gar zu einer Katastrophe.

ABSCHNITT 4

REZEPTE ZUR SÄUREFREIEN UND ALLERGIEARMEN KOST UND IHRE BEWERTUNG

Unsere Bewertungssymbole

Da nicht jeder Mensch an denselben Krankheiten leidet, wird auch nicht für jeden Menschen dieselbe Kost die richtige sein können. So haben wir in diesem Buch die Bewertung der Rezepte für vier häufige Gesundheitsstörungen vorgenommen, wobei jede einzelne eine eigene Symbolleiste bekommt:

Symbolleiste eins: Säure-Basen-Haushalt

(Zitrone)

*Eine Bewertung aller Gerichte nach dem Säure-Basen-Haushalt. Dies ist **ein** entscheidender Faktor für alle Krankheiten, denn ohne Entsäuerung des Körpers gibt es stabile Gesundheit auf Dauer nicht.*

Über 90 % aller Menschen befinden sich in einem Zustand chronischer Übersäuerung. So stellt die Symbolleiste für den gestörten Säure-Basen-Haushalt mithin die wichtigste dar. Aber egal, an welcher Krankheit wir leiden: eine basische Ernährungsform ist die Grundvoraussetzung zur Gesundung.

So wird die Wertigkeit unserer Gerichte für den Säure-Basen-Haushalt ein entscheidender Punkt und gilt für alle Krankheiten. Hoher Blutdruck, Herz- und Gefäßkrankheiten allgemein, Diabetes, Gastritis, Gelenk- und Wirbelsäulenverschleiß erfordern zur Stabilisierung eine basische Kost. Bestimmten Krankheiten haben eigene Symbole von uns bekommen so: Rheuma/Arthritis, Allergien oder Krebs.

*Das Symbol des Säure-Basen-Haushaltes wird durch die **Zitrone** dargestellt.*

Symbolleiste zwei: Rheuma

(Ameise)

*Für Patienten mit rheumatischen Beschwerden im weitesten Sinne gilt folgendes: der Kranke mit sogenannten Verschleißerkrankungen wie Arthrosen (Gelenkverschleiß), Wirbelsäulenschäden wie Verschmälerung der Bandscheiben, Arthrosen der kleinen Wirbelgelenke, Verbiegung der Wirbelsäule (Skoliose), mag sich an dem Symbol des Säure-Basen-Haushaltes (**Zitrone**) orientieren; denn seine Erkrankung ist in erster Linie durch ein Übermaß an Säuren bedingt (siehe "Rheuma heilt man anders", Teil 1).*

Der Arthritis-Patient benötigt eine andere Kost als der Arthrose-Patient

Der Patient mit entzündlichen Krankheiten des Bewegungsapparates, z.B. Arthritis bzw. Polyarthritis, der Bechterewschen Krankheit, Weichteilrheumatismus usw.

*muß sich aber an unser zweites Symbol, die **Ameise**, halten. Die **Ameise** ist unser Sinnbild für Rheuma. Bei dieser Rheumaform spielt nicht nur Übersäuerung eine wichtige Rolle, sondern der Rheumatiker, der an entzündlichen Rheumaerkrankungen im weitesten Sinne leidet, ist gleichzeitig ein Allergiker, der empfindlich oder übersensibel mit seinem Immunsystem auf verschiedene Nahrungsmittel reagiert, die seine Krankheit anfachen können.*

Prüfung der Nahrungsmittelverträglichkeit

Die Auswahl der Nahrungsmittel, die bei den entzündlichen Rheumaerkrankungen günstig sind oder schaden, wurde so vorgenommen: Ich habe im Laufe von etwa 15 Jahren mehrere hundert Patienten mit entzündlichen Rheumaerkrankungen fasten lassen. Im Fasten klingen viele ernährungsbedingten Krankheiten ganz oder teilweise ab.

Es ließ sich dann fast immer nach dem Fasten eine Phase weitgehender Entgiftung und das Abklingen nahrungsmittelbezogener Entzündungsreaktionen beobachten. Nach entsprechender Besserung kann es aber sehr schnell zu einem neuen Aufflammen der Krankheit kommen, wenn unverträgliche Nahrungsmittel zugeführt werden.

Probemahlzeit nach Auswaschphase

Die Verträglichkeit von Nahrungsmitteln kann nach dem Fasten sehr schnell durch Probemahlzeiten festgestellt werden. Die vorher geringer gewordenen oder abgeklungenen Beschwerden werden nach dem Verzehr unverträglicher Nahrungsmittel sehr schnell wieder aktiviert.

Der Kranke mit entzündlichem Rheuma kann nicht unbedingt immer dieselben Nahrungsmittel vertragen wie der Arthrosekranke, selbst wenn sie basisch sind.

Sellerie: basisch aber arthritisfördernd

Folgendes möge als Beispiel dienen: Sellerie und Karotten sind grundlegend basische Nahrungsbestandteile. Gleichwohl können sie bei einem Rheumakranken Schübe oder Verschlechterungen auslösen.

*Da der Arthrosepatient **nicht** mit Entzündungsreaktionen auf diese Nahrungsmittel antwortet, darf er Karotten und Sellerie genießen, aber nicht unbedingt der Arthritispatient, der dies allenfalls sehr vorsichtig oder nach einer Testmahlzeit nach einem längeren Fasten, aber immer erst mit Absprache seines Arztes oder nach entsprechender Austestung tun sollte.*

Symbolleiste drei: Allergien

(Biene)

Das dritte Symbol gilt dem Allergiker. Wenn der Arthritiskranke im weitesten Sinne auch ein Allergiker ist, so reagiert er doch zum Teil auf andere Nahrungsmittel als der Allergiker, der unter Asthma, Darmentzündungen, Heuschnupfen, Depressionen usw. leidet. Muß der Arthritiker eher bestimmte Nahrungsmittel wie Zwiebeln, Porree, Lauch, Knoblauch usw. meiden, werden diese Nahrungsmittel

*vom "Normal-Allergiker" oft vertragen. So gibt es also Unterschiede zwischen den Symbolen für einen Arthritispatienten (**Ameise**) und dem Symbol des Allergikers: die **Biene**, unser Symbol für die Überempfindlichkeitsreaktion des Allergikers.*

Symbolleiste vier: Krebserkrankungen

(Krebs)

Das vierte Symbol ist das Symbol für den Krebskranken oder Krebsgefährdeten. Die Ernährungsweise des Krebskranken muß mehr an der Ernährung des Übersäuerten orientiert sein, denn schließlich ist die Krebskrankheit fast immer mit einer allgemeinen Übersäuerung des Stoffwechsels verbunden. Für die Erforschung dieser Zusammenhänge erhielt seinerzeit Prof. Otto Warburg den Nobelpreis der Medizin.

Gleichwohl gelten für den Krebskranken Besonderheiten: die Kost muß feiner sein, es müssen kleinere Mahlzeiten eingehalten werden, es sollte ein höherer Rohkostanteil in dieser Kost berücksichtigt werden, die Kost muß mehr Enzyme, Vitamine und Mineralien enthalten usw.

Denaturiertes Eiweiß fördert Tumorwachstum

Bestimmte Gerichte, die erhitztes tierisches Eiweiß enthalten, können für den übersäuerten Patienten problemloser sein als für den Krebspatienten, dessen Tumorwachstum durch denaturiertes (durch Erhitzen zerstörtes) Eiweiß angeheizt wird. So wird zum Beispiel, von einem Menschen, der übersäuert ist, ein Stück Geflügelfleisch wesentlich eher toleriert als vom Krebspatienten.

Auch für den Krebspatienten ist tierisches Eiweiß gestattet, aber nur in roher Form; denn rohes Eiweiß übersäuert den Körper nicht, da dieses Eiweiß vom Körper für sich selbst verwertet werden kann, während erhitztes (denaturiertes) Eiweiß weitgehend zu Harnsäure (belastet die Nieren) und über Ammoniak (belastet die Leber) zu Harnstoff abgebaut werden muß.

Unsere Wertigkeitsskala

Die Bedeutung der Stufen 1 bis 4

Unsere Symbolleiste und die Benotung der einzelnen Gerichte sollen jedem auf den ersten Blick folgenden Hinweis geben:

Ist dieses Gericht unter dem Aspekt des Säure-Basen-Haushaltes, einer Arthritiserkrankung, einer allergischen Erkrankung oder einer Krebsgefährdung oder Krebserkrankung günstig, das heißt, darf es uneingeschränkt verzehrt werden oder sollten diese entsprechend markierten Gerichte eher nicht verwendet werden:

Stufe 1

keine Einschränkung, kann häufiger gegessen werden

Die Zahl 1 bedeutet, daß dieses Gericht für die der Symbolleiste entsprechende gesundheitliche Störung sehr gut geeignet ist. Diese Stufe bedeutet allerdings wiederum nicht, daß es nicht, wenn auch selten, Ausnahmen davon geben kann.

Beispiel von Bewertungseinstufungen

*Allergien auf Kokosnüsse sind extrem selten. Deswegen werden Kokosnüsse der Stufe **1** (sehr gut, ohne Einschränkungen geeignet) zugeordnet.*

Die Haselnuß kann dagegen im Einzelfall sehr schwerwiegende Allergien hervorrufen. Allergien auf Haselnüsse sind aber gleichwohl im Vergleich zu Milcheiweiß, Weizen usw. nicht häufig. Der Betroffene wird sie auf jeden Fall selbst wahrnehmen.

Allergien auf Erdnüsse sind wesentlich häufiger, treten dafür aber nicht mit der Heftigkeit zutage wie Allergien auf Haselnüsse. Gleichwohl können allergische Reaktionen auf Erdnüsse, da diese Bestandteil in vielen verarbeiteten Produkten sind, das Leben eines Arthritispa-tienten oder eines Allergiepatienten erheblich erschweren.

Kokosnuß (Stufe 1)
Haselnuß (Stufe 2)
Erdnuß (Stufe 3)

Aus diesen Gründen heraus erfahren Rezepte, die Kokosnüsse enthalten, für die Symbolleiste Allergien die Zuordnung zur Stufe 1, solche die Haselnüsse enthalten ebenfalls die Einstufung 2, weil Allergien gegen Haselnüsse wohl vorkommen, aber gleichwohl selten sind.

Erdnüsse sind wesentlich häufiger allergienauslösend und bekommen, je nach im Rezept verwendeter Menge, die Einstufung 3 (Verwendung für den Allergiker leicht eingeschränkt, bzw. stark eingeschränkt).

Das Häufige ist häufig, das Seltene ist selten

Also: die Stufe 1 ist kein Freibrief, daß nun jeder in jeder Situation dieses Gericht absolut und immer vertragen wird. Es ist eine grobe Orientierung. Denn wollten wir alle Nahrungsmittel herausnehmen, auf die ein einzelner Mensch überempfindlich reagieren kann, bliebe lediglich eine Handvoll Rezepte übrig. Weisen einzelne Nahrungsmittel nicht eine höhere Allergiehäufigkeit als ca. 2 bis 5% bei empfindlichen Personen auf, haben wir diese Nahrungsmittel meist in der Stufe 1 belassen.

Stufe 2 — *leicht eingeschränkt, nicht zu häufig essen*

Die Zuordnung in die Stufe 2 erhalten jene Rezepte, die einzelne Nahrungsmittel enthalten, die für das gewählte Symbol (Zitrone, Ameise, Biene, Krebs) nicht wirklich optimal sind. Sie stören aber in der Regel auch nicht so nachhaltig, daß ihr gelegentlicher Genuß gravierende Störungen hinterläßt.

Beispiel Reis

Am besten in der Form von Naturreis verwendet, ist Reis in verschiedenen unserer Rezepte enthalten. Reis ist im Verhältnis zu Weizen und Roggen relativ säurearm, andererseits gleichwohl nicht basisch. Also wird in der Phase, wo ein Organismus einer stärkeren Entsäuerung bedarf, Reis für den übersäuerten Patienten kein ideales Nahrungsmittel sein.

Reis besser als Roggen

Da er aber auf der anderen Seite nicht so stark säuert, haben wir Reis für die Symbolleiste Säure-Basen-Haushalt in die Stufe 2 eingegliedert, die leichten, aber keinen starken Einschränkungen hinsichtlich des Säure-Basen-Haushaltes unterworfen ist. Denn sonst wäre, speziell wenn wir essen gehen, in manchen Restaurants die Auswahl der Nahrungsmittel zu stark eingeschränkt.

Reis ist zwar allergiearm im Vergleich zu Weizen und Roggen, aber allergiereicher als Buchweizen und Hirse, auf die ich Allergien bis heute sehr selten gesehen habe. So erhält Reis für den Allegiker ebenfalls die Einstufung zwei.

Beispiel Zwiebel:

Die Zwiebel ist aller-giereicher als manche anderen Gemüse, aber allergieärmer als zum Beispiel die Karotte. So wird die Zwiebel in viel mehr Rezepten vorhanden sein als die Karotte es sein darf. Stellt der Zwiebelanteil nur einen geringen Mengenanteil in einem Rezept dar, kann es sein, daß aufgrund der Wertigkeit aller anderen Rezeptbestandteile gleichwohl die Einstufung in die Stufe 1 vorgenommen wird, obwohl die Zwiebel für sich allein nicht der Stufe 1 angehören würde. Ist der Anteil der Zwiebeln in einem Rezept aber relativ groß, kann das ganze Rezept bestenfalls die Einstufung 2 bekommen.

Daß Vielseitigkeit gesund sei, ist eine Mär

Auch unter folgenden Aspekten erfolgt die Einstufung eines Rezeptes in die Gruppe 2:

Alle einzelnen Nahrungsmittelbestandteile gehören der Stufe 1 an. Wir haben aber eine höhere Anzahl an verschiedenen Nahrungsmitteln in einem Rezept. Da wir nicht vorhersehen können, ob verschiedene Nahrungsmittel in Kombination zu Unverträglichkeiten oder Allergien führen, haben wir, wenn der Anteil der Bestandteile in einem Rezept einen gewissen Umfang überschreitet (circa 4 bis 6 Bestandteile), dieses Rezept nahezu automatisch in die Wertungsstufe 2 übernommen.

Gemischte Kost schlechter verträglich als Monokost

Einzelne mögen diese Rezepte vielleicht sehr gut vertragen, bei anderen wird es aber nicht gewährleistet sein. Darin offenbart sich unter anderem eine große Schwachstelle in der heutigen Ernährungsforschung. Denn alle Allergietestungen umfassen fast immer nur die Austestung der Nahrungsmittel als Monokost, selten in ihrer Auswirkung in Kombination.

So mag zum Beispiel die Sahne einzeln für einen Menschen verträglich sein, in Kombination kann sie gleichwohl zu Unverträglichkeiten führen. Dies wiederum wird nur einzelne betreffen. Gleichwohl ist dies aber ein wichtiger Punkt, der zu beachten ist:

Je mehr Allergiesymptome vorhanden sind oder je schwerer eine Krankheit ist, desto monotoner (einfacher) muß die Kost sein.

Stufe 3 — ***starken Einschränkungen unterworfen, nur selten essen***

In die Stufe 3 haben wir die Rezepte eingestuft, die für die einzelnen Gruppen mehr schädlich als nützlich sind. Sie sollten nur bei stabiler Gesundheit hin und wieder verzehrt werden. Gehäufter Verzehr von Nahrungsmittelzubereitungen aus der Stufe 3 wird die Ausheilung von Krankheiten erschweren oder abgeklungene Krankheiten reaktivieren.

Stufe 4 — ***generell schädlich, nur im Notfall essen oder ungebetenen Gästen servieren***

In die Stufe 4 haben wir die Rezeptvorschläge aufgenommen, die im Normalfall gar nicht gegessen werden sollten. Wenn Sie aber unerwünschten Besuch haben, können Sie diesem Rezeptvorschläge der Stufe 4 vorsetzen. Da man selbst aber auch in verschiedene Zwänge kommt, haben wir uns bemüht, von den schädlichen Nahrungsmitteln der Stufe 4 noch die am wenigsten schädlichen in der Auswahl zu bevorzugen.

So sind Sie in der Lage, wenn Sie Kompromisse eingehen wollen oder scheinbar müssen, wie an bestimmten Feiertagen oder wenn Besuch kommt, der für Ihre Ernährungsweise kein Verständnis hat, sich eines der wenigen Rezepte aus dieser Gruppe zu bedienen.

Nahrungsmittelbewertungstabelle

Vorbemerkung zum besseren Verständnis

In den Tabellen stehen die Bewertungsziffern für die jeweiligen Nahrungsmittel unter den Symbolen: Zitrone (Säure-Basen-Haushalt), Ameise (Rheuma), Biene (Allergien), Krebs (Tumorerkrankungen, einschließlich Leukämie) (siehe auch Kapitel: "Unsere Wertigkeitskala, die Bedeutung der Stufen 1 bis 4", Seite 133).

Der Gesunde orientiert sich unter der Spalte Säuren-Basen-Haushalt (Zitrone).

1 ***Optimal***

Kann häufiger gegessen werden, Probleme nur in seltenen Einzelfällen zu erwarten; wenn dann meist nicht in gravierender Form.

So bewerten wir die einzelnen Nahrungsmittel:

2 ***Leicht eingeschränkt***

Kann bei Einzelnen zu Störungen oder Reaktionen führen. Darf aber verwendet werden. Bei akuten Krankheitsschüben vermeiden.

3 ***Stark eingeschränkt***

Sollte nur selten und auch nur bei stabilem Gesundheitszustand verwendet werden.

4 ***Absolut schädlich***

Vermeiden! Auch nicht ungeliebten Personen geben.

- ***Bewertungssymbole***

Siehe Kapitel: "Unsere Bewertungssymbole", Seite 128 ff.

Nahrungsmittel[1]				
Brote und Backwaren				
Bierhefe	*1*	*1*	*1*	*1*
Brot, glutenfrei (ohne Hühnereiweiß)	*2*	*2*	*2*	*2*
andere Brote	*s. Getreide*			
Cornflakes (ohne Zucker oder Honig)	*2*	*1*	*1*	*2*
Fladenbrot (je nach Zusammensetzung)	*2-3*	*2-3*	*2-3*	*2-3*

Nahrungsmittelbewertungstabelle

Nahrungsmittel				
Knäckebrot (je nach Zusammensetzung)	*2-3*	*2-3*	*2-3*	*2-3*
Reiswaffeln	*2*	*1*	*1*	*3*
Rührkuchen	*4*	*4*	*4*	*4*
Roggenbrot	*4*	*4*	*3*	*4*
Salzstangen	*2*	*1*	*1*	*3*
Vollkornnudeln	*3*	*3*	*3*	*3*
Vollkornnudeln, glutenfrei ohne Hühnereiweiß	*2*	*2*	*2*	*2*
Fette und Öle				
Butter, in normaler Menge	*1*	*1*	*2*	*1*
Leinöl	*1*	*1*	*1*	*1*
Margarine, nicht zu kategorisieren, sehr unterschiedliche Qualitäten!				
Olivenöl	*1*	*1*	*1*	*1*
Safloröl	*1*	*1*	*1*	*1*
Sojaöl	*1*	*1*	*1*	*1*
Sonnenblumenöl	*1*	*1*	*1*	*1*
Fisch				
Seefisch, erhitzt [2]	*2*	*4*	*4*	*4*
Seefisch, roh [3]	*1*	*4*	*4*	*1*
Süßwasserfisch, erhitzt [2]	*3*	*1*	*1*	*4*
Süßwasserfisch, roh [3]	*1*	*1*	*1*	*1*

Nahrungsmittelbewertungstabelle

Nahrungsmittel				
Fleisch und Geflügel				
Geflügel,				
erhitzt (2)	3	1	1	4
roh (4)	1	1	1	1
Hammel- oder Lammfleisch,				
erhitzt (2)	3	1	1	4
Kalbfleisch,				
erhitzt (2)	3	2	2	4
Rindfleisch,				
erhitzt (2)	3	2	2	4
roh (4)	1	2	2	1
Schweinefleisch,				
erhitzt (2)	4	3	4	4
roh (4)	2	3	4	3
Schinken	2	4	4	4
Gemüse und Gemüseprodukte				
Artischocke	1	1	1	1
Aubergine	2	2	1	2
Bambussprossen	1	1	1	1
Bleichsellerie	1	4	4	1
Blumenkohl	2	2	2	2
Bohnen, grün	1	1	1	1
Broccoli	1	1	1	1
Brunnenkresse	1	1	1	1
Chicoree	1	1	1	1
Chinakohl	1	1	1	1
Endivien	1	1	1	1
Erbsen	1	1	1	1

NAHRUNGSMITTELBEWERTUNGSTABELLE

Nahrungsmittel				
Feldsalat	*1*	*1*	*1*	*1*
Gartenkresse	*1*	*1*	*1*	*1*
Grünkohl	*1*	*1*	*1*	*1*
Gurken	*1*	*1*	*1*	*1*
Kartoffeln	*1*	*2*	*2*	*1*
Keimlinge	*1*	*1*	*1*	*1*
Knollensellerie	*1*	*2*	*2*	*1*
Kohlrabi	*1*	*1*	*1*	*1*
Kohlrüben	*1*	*1*	*1*	*1*
Kopfsalat	*1*	*1*	*1*	*1*
Kürbis	*1*	*1*	*1*	*1*
Löwenzahn	*1*	*1*	*1*	*1*
Mangold	*1*	*1*	*1*	*1*
Merrettich	*1*	*1*	*1*	*1*
Möhren	*1*	*4*	*4*	*1*
Paprika, grün	*2*	*4*	*4*	*3*
Paprika, rot, gelb	*1*	*2*	*2*	*1*
Petersilie	*1*	*1*	*1*	*1*
Rettich	*1*	*1*	*1*	*1*
Rharbarber	*4*	*1*	*1*	*3*
Rote Bete	*1*	*1*	*2*	*1*
Sauerkraut	*1-4*	*1*	*1*	*1*
nicht pasteurisiert, gewässert				
auf der Basis von rechtsdrehender Milchsäure	*1*	*2*	*2*	*1*
auf der Basis von linksdrehender Milchsäure	*4*	*4*	*4*	*4*
Schwarzwurzeln	*1*	*1*	*1*	*1*
Spargel	*2*	*3*	*1*	*2*
Spinat	*1*	*1*	*1*	*1*

Nahrungsmittelbewertungstabelle

Nahrungsmittel				
Tomaten Freilandware!!!	2	3	2	2
Weißkohl	1	2	2	2
Wirsing	1	2	2	1
Zucchini	1	1	1	1
Zuckermais	1	1	1	1
Zwiebel	1	1	1	1
Getreide und Getreideerzeugnisse				
Amaranth	1	1	1	1
Buchweizen	1	1	1	1
Dinkel	3	3	3	3
Gerste	3	3	3	4
Hafer	3	3	3	3
Hirse	1	1	1	1
Mais	2	1	1	2
Naturreis, vereinzelt Allergien!	2	1	1	3
Quinoa	1	1	1	1
Roggen	4	4	3	4
Weizen	4	4	4	4
Getränke				
Bier	3	4	3	4
Cola	4	4	4	4
Fruchtsaftgetränke (industriell hergestellt)	3	4	4	4
Getreidekaffee	3	3	3	3

Nahrungsmittelbewertungstabelle

Nahrungsmittel				
Kaffee	*4*	*4*	*4*	*4*
Kräutertees	*1*	*1*	*1*	*1*
Limonaden *alkoholfrei*	*3* *2*	*4* *4*	*4* *3*	*4* *4*
Sekt	*4*	*4*	*4*	*4*
Sojamilch	*1*	*1*	*1*	*1*
Wein *Weizenbier* *Whisky*	*4* *3* *4*	*4* *4* *4*	*4* *3* *4*	*4* *4* *4*
Gewürze, Würzmittel				
Essig	*4*	*3*	*3*	*4*
Knoblauch *Kräutersalz*	*1* *1*	*3* *4*	*2* *4*	*1* *2*
Paprikapulver *Pfeffer*	*1* *1*	*3* *3*	*2* *3*	*1* *2*
Salz, jodiert *in geringer Menge (bis 2,0 g)!* *Schnittlauch*	*2* *1*	*3* *2*	*3* *2*	*4* *1*
Würzkräuter, möglichst frisch	*1*	*1*	*1*	*1*
Hülsenfrüchte, Samen, Nüsse				
Bohnen, weiß	*1*	*1*	*1*	*1*
Erbsen	*1*	*1*	*1*	*1*
Linsen	*1*	*1*	*1*	*1*
Sojabohnen *Sojakeimlinge*	*1* *1*	*1* *1*	*1* *1*	*1* *1*

Nahrungsmittelbewertungstabelle

Nahrungsmittel				
Sojamilch, ohne Zusätze *Sojamehl*	1 1	1 1	1 1	1 2
Tofu	1	1	1	2
Cashewkerne	2	1	2	1
Erdnuß, frisch *geröstet*	3 3	3 3	3 3	3 4
Haselnuß **vereinzelt schwere Allergien!!!*	1	1	2*	3
Kokosnuß *Kokosmilch*	1 1	1 1	1 1	1 1
Leinsamen	1	1	1	1
Mandel *Mandelmus, ohne Honig* *Marone*	1 2 1	1 1 1	1 1 1	1 1 1
Nußmus, ohne Honig	2	1	1	1
Paranuß *Pinienkerne* *Pistazien*	3 1 1	3 1 1	3 1 1	4 1 1
Sesamsamen *Sonnenblumenkerne*	1 1	1 1	1 1	1 1
Walnuß	3	3	3	4
Milch, Milchprodukte, Eier				
Creme fraiche	1	1	1	3
Eier, ganz *Eigelb, roh* *Eigelb, gekocht*	4 1 1	4 1 1	4 1 1	4 1 3
Frischkäse	2	4	4	4

Nahrungsmittelbewertungstabelle

Nahrungsmittel				
Hartkäse	*4*	*4*	*4*	*4*
Jogurt	*4*	*4*	*4*	*4*
Kuhmilch	*1*	*4*	*4*	*4*
Molke, süß	*1*	*1*	*2*	*1*
Saure Sahne	*2*	*1*	*2*	*2*
Schafskäse	*2*	*1*	*1*	*4*
Schafsmilch	*1*	*1*	*2*	*1*
Schnittkäse	*3*	*4*	*4*	*4*
Ziegenkäse	*2*	*1*	*1*	*4*
Obst und Obstprodukte				
Ananas	*2*	*3*	*1*	*2*
Apfel, gut ausgereift	*3*	*2*	*2*	*3*
Apfelsine	*3*	*3*	*3*	*3*
Aprikose	*2*	*1*	*1*	*1*
Avocado	*1*	*1*	*1*	*1*
Banane	*1*	*1*	*2*	*1*
Birne, gut ausgereift	*1*	*3*	*2*	*1*
Brombeere	*3*	*1*	*1*	*1*
Dattel	*1*	*2*	*1*	*2*
Erdbeere	*3*	*4*	*4*	*3*
Feige	*1*	*2*	*1*	*2*
Grapefruit	*3*	*1*	*1*	*2*
Heidelbeere	*2*	*1*	*1*	*1*
Himbeere	*2*	*1*	*1*	*1*
Holunderbeere	*2*	*1*	*1*	*1*
Honigmelone	*1*	*1*	*1*	*1*

Nahrungsmittelbewertungstabelle

Nahrungsmittel				
Johannisbeere, rot	3	1	1	2
schwarz	2	1	1	1
Kaki	1	1	1	1
Kaktusfeige	1	1	1	1
Kirsche, süß	2	1	1	1
Mandarine	2	1	1	2
Mango	1	1	1	1
Mirabellen	2	1	1	1
Olive	1	1	1	2
Papaya	1	1	1	1
Pfirsich	2	4	4	2
Pflaume	3	1	1	2
Preiselbeere	2	1	1	1
Wassermelone	1	1	1	1
Weintraube	3	4	4	3
Zitrone	4	2	3	3
Pilze				
Champignons	2	2	2	2
Pfifferlinge	2	1	1	1
Steinpilze	2	1	1	1
Waldpilze	1	1	1	1
Süßwaren, Süßstoffe				
Ahornsirup	3	3	1	3
Dicksaft	2	3	3	2
Honig	3	4	4	4
Konfitüre	3	4	4	4
Nougat	3	4	4	4

Nahrungsmittelbewertungstabelle

Nahrungsmittel				
Schokolade	*2*	*4*	*4*	*4*
Ursüße	*2*	*2*	*1*	*2*
Zucker, weiß *Zuckerrübensirup*	*3* *1*	*4* *2*	*4* *1*	*4* *2*

Erklärung:

[1] Kr - Krebserkrankungen, S-B - Säure-Basen-Haushalt, RH - Rheuma, AL - Allergien

[2] gebraten, gekocht oder gegrillt

[3] Fisch z. B. als Matjes- oder Salzhering, kalt geräucherter Fisch, (z. B. Lachs, Markrele, Forelle, Aal etc. bzw. Fischtartar oder -sushi ((siehe Rezept Seite...). Weitere Informationen zum Thema "kalt räuchern s. Seite...)

[4] z. B. als Tartar oder Carpaccio.

Mut zur Phantasie

Der nun folgende Teil des Buches, die Rezeptseiten, wird für die meisten unserer Leser der wichtigste sein. Nur wegen der Rezepte, so nehmen wir an, wurde dieses Buch von Ihnen gekauft. Und im Grunde ist das ja auch ganz in Ordnung.

Was kann ich überhaupt noch essen?

Die Frage "Was kann ich überhaupt noch essen", die Bitte nach Rezepten, das sind die Ansinnen, die uns am häufigsten erreichen, wenn Patienten sich erstmals und neu mit der allergiearmen und säurefreien Kost beschäftigen. Wir hoffen denn auch, diesen Bitten und Fragen in diesem Buch weitestgehend entsprochen zu haben. Und so können Sie dieses Buch als Gebrauchsanleitung, als Wegweiser zu Ihrer neuen Ernährung betrachten.

●●●

Dennoch - die Rezepte dieses Buches werden irgendwann alle ausprobiert sein, Sie werden Gerichte gefunden haben, die Ihnen mehr oder weniger gefallen und auch der Wochenplan wird vermutlich irgendwann eintönig oder gar langweilig werden.

●●●

Jede Hausfrau weiß, daß man mit Rezepten, die für ein oder zwei Wochen reichen, nicht den Speiseplan für ein ganzes Jahr gestalten kann, zumal dann nicht, wenn wir ausdrücklich davor warnen, Lebens- und Nahrungsmittel öfter als zweimal wöchentlich zu verwenden.

Was kochen wir nun?

So stellt sich irgendwann wieder die Frage: "Was kochen wir nun?" Und auch wenn wir zukünftig weiter versuchen werden, Ihnen neue Rezepte zugänglich zu machen, wird sich Ihnen dieses Problem früher oder später stellen.

●●●

An diesem Punkt möchten die Autoren dieses Werkes an Ihre Phantasie, Ihre Kreativität appellieren. Viele der Rezepte, die wir gesichtet und verwendet haben, stammten von Patienten unserer Praxis oder Menschen, die sich nach unseren Empfehlungen ernähren und denen wir an dieser Stelle nochmals für Ihre Hilfe danken wollen

Ohne das notwendige Grundwissen zu besitzen, das wir hier erstmals in diesem Buch in dieser Form zusammenstellen, haben sie experimentiert.

Sie haben eigene, bewährte Rezepte umgestellt, verbotene Nahrungsmittel durch erlaubte ersetzt und uns ihre Rezepte dann zugänglich gemacht.

●●●

Und diese Einstellung würden wir uns von allen Lesern dieses Buches wünschen.

Nutzen Sie die Rezepte dieses Buches weniger als Gebrauchsanweisungen denn als Vorlagen für eigene Rezeptschöp-fungen.

Sie werden feststellen, daß sich dadurch auch Ihr Verhältnis zu dieser erst recht neuen und ungewohnten Ernährungsform ändert: erst als notwendiges Übel oder sogar als Zwang empfunden wird vielleicht einmal Freude und Genuß daraus.

●●●

Neue Rezepte erfinden

Und wenn Sie dann ein Rezept "erfunden" haben, das Ihnen und Ihrer Familie gut schmeckt, lassen Sie Ihre "Leidensgenossen" daran teilhaben: Senden Sie dieses Rezept an den Verlag oder die Autoren, damit wir es in einer neuen verbesserten Auflage verwenden können!

Alte Rezepte umstellen

Liebgewonnene Rezepte brauchen nicht in Vergessenheit geraten.

Sie können größtenteils umgestellt werden. Wichtig ist, daß immer auf vollwertiger Basis gearbeitet wird, d.h., daß ***Produkte aus anerkannt kontrolliert ökologischer Landwirtschaft*** *verwendet werden, möglichst aus der Region, um die hiesigen Bio-Bauern zu unterstützen. Die Auswahl sollte soweit wie möglich der Jahreszeit entsprechend sein.*

●●●

SO ERSETZEN SIE SCHÄDLICHE ODER UNGESUNDE NAHRUNGSMITTEL, BZW. ZUTATEN

Weißes Mehl	*glutenfreies Mehl, wie z.B. Reis-, Mais-, Hirse-, Soja-, Quinoa- und Amaranthmehl, Kastanien- oder Kartoffelmehl*
Übliche Öle und Fette	*Butter und kaltgepreßte Öle, z.B. Olivenöl, Sonnenblumenöl, Maiskeimöl usw.*
Milch	*Sojamilch, mit Wasser verdünnte Sahne, Fruchtsaft oder Gemüsebrühe*
Joghurt	*Sojamilch-Joghurt, Sahne, saure Sahne*
Ei	*1 Eßlöffel Sojamehl oder 2 Teelöffel Ei-Ersatz oder 1 Meßlöffel Biobin anstelle von je einem Ei*
Essig	*Brottrunk oder Acerolapulver*
Zucker	*Vollrohrzucker (s. Süßungsmittel), Dosierung: ca. ein Eßlöffel / 250 g Mehl*
Pfeffer	*Thymian, Schabzigerklee oder Gewürzpaprika*
Salz	*reichlich Kräuter*
Senf	*selbst herstellen (siehe Rezeptteil)*

Säurefreie Kost auf Reisen und im Urlaub

Ferienwohnung

Falls Sie mit dem Auto reisen:

Versorgen Sie sich gut mit Lebensmitteln aus anerkannt kontorlliert ökologischen Landbau, z. B. mit Getreide wie Hirse, Buchweizen, Reis usw., mit kaltgepreßtem Öl, Saaten zum Keimen und Hülsenfrüchten. Nehmen Sie für die erste Woche frisches Gemüse in der Kühltasche mit, das Sie vor Ort im Kühlschrank aufbewahren können. Denken Sie an die wichtigsten Gewürze, an die Getreidemühle, ein gläsernes Gefäß und ein Sieb für das Keimen von Saaten.

Falls Sie nicht mit dem Auto reisen:

Klären Sie bei der Urlaubsplanung schon, ob Sie in dem Urlaubsort einen Naturkostladen, Reformhaus oder Bio-Bauern vorfinden. Zweckmäßig wäre es auch in diesem Fall anstelle der Getreidemühle eine Flockenquetsche mitzunehmen, die vom Gewicht her leicht ist und für die notwendigsten Gerichte ausreicht.

Pension

Wählen Sie auf jeden Falle eine Pension, die auf Vollwertkost eingestellt ist. Klären Sie vorher, ob glutenfreie, tierisch- eiweißfreie, säurearme und salzarme Kost berücksichtigt.

Hotel

morgens:

In den meisten Hotels bedient man sich zum Frühstück am Büffet. Aus Lebensmitteln wie Obst, Sahne, Flocken usw. läßt sich leicht eine Frischkorn-Mahlzeit zusammenstellen.

Ist dieses nicht möglich, greifen Sie auf Knäckebrot, Butter und Bananen zurück. Anstelle des üblichen Bohnenkaffees erhalten Sie fast überall eien Kräutertee oder Sie lassen sich selbst mitgebrachten Getreidekaffee (auch in Pulverform erhältlich) aufbrühen.

mittags:

Wählen Sie zunächst einen Salatteller. Falls keine vegetarische Kost angeboten wird, bestellen Sie ein Gemüse- und ein Kartoffelgericht, jedoch ohne das Fleischgericht.

Ausflug

Es gibt heute Nachschlagewerke, die Auskunft geben, wo in welcher Stadt vollwertig oder vegetarisch gegessen werden kann, z.B. Dopp, T. und E.: Gesund speisen auf Reisen, Naturata: Vegetarischer Reiseführer

"SAGE MIR,
WO KOMMEN DIE GANZEN
KRANKHEITEN HER?"

"HERR, BETRACHTE DIE ZAHL
DEINER KÖCHE!"

JEDE
SAURE SPEISE
UNTERGRÄBT
DIE GESUNDHEIT.
SO TÖTEN UNS
DIE MEISTEN
KÖCHE
JEDEN TAG
EIN BISSCHEN MEHR.

Frischkornmüsli

in Variationen

Zubereitung für alle Müslisorten

1) Das Obst in Scheiben oder Würfel schneiden und in ein Glasschüsselchen füllen.

2) Sojamilch, Sojajoghurt, oder Sahne zugeben.

3) Mit Keimlingen, Flocken oder Chufas bestreuen.

Buchweizenkeimlinge mit Früchten

Zutaten

2-3 EL	Buchweizen, gekeimt
2 EL	Sahne, evtl. Sojamilch, Sojajoghurt
1	Banane
1	saftige Birne
5	Mandeln

Hirseflocken mit Sahne und Kürbiskernen

Zutaten

2-3 EL	Hirseflocken
2 EL	Sahne, evtl. Sojamilch, Sojajoghurt
1 Stück	Melone
1 kleiner	roter Apfel
1 EL	gekeimte Kürbiskerne

Amaranth-keimlinge mit Mango und Haselnüssen

Zutaten

2-3 EL	Amaranth - Keimlinge
2 El	Sahne, evtl. Sojamilch, Sojajoghurt
1/2	reife Mango
10	Haselnüsse

Hirsekeimlinge mit Melone und Sonnen-blumenkernen

Zutaten

2-3 EL	Hirsekeimlinge
2 EL	Sahne, evtl. Sojamilch, Sojajoghurt
1	Banane oder
1 Stück	Melone
1 EL	Sonnenblumen-kerne

Amaranth, gemahlen mit Sesam

Sesam enthält besonders viel Calcium.

Zubereitung

1) ***Amaranth*** *mahlen. Falls die Getreidemühle es nicht schafft, versuchen Sie es mit der Flokkenquetsche (s. Beschreibung) evtl. 3 x durchlaufen lassen.*

2) Geschroteten ***Amaranth*** *in* ***Sojajoghurt*** *einweichen. Da* ***Amaranth*** *Phytin enthält, einige Stunden einweichen lassen. Alternativ kann der geschrotete* ***Amaranth*** *auch in Wasser eingeweicht werden. Ihm wird dann etwas* ***Sahne*** *zugegeben.*

3) ***Banane****,* ***Apfel*** *oder* ***Melone*** *kleinschneiden und zugeben.* ***Sesam*** *im Moulinex zerkleinern siehe Beschreibung S. 74, und über das Müsli geben*

Weitere gesunde Köstlichkeiten

Chufas mit Vanille und Banane

Zutaten

2-3 EL	*Chufas*
2 El	*Soja- Joghurt*
1 Prise	*Vanille*
1	*Banane*

Kokosflocken mit Feige

Zutaten

2- 3 EL	*Kokosflocken*
1 Stück	*Melone*
2 EL	*Sahne*
1	*eingeweichte Feige*

Müsli pikant mit Nüssen und frischen Kräutern

Zutaten

2-3 EL	*gekeimte Mungobohnen oder Alfalfa*
1 EL	*saure Sahne*
10	*Nüsse, grob gehackt*
1 EL	*frische Kräuter, z.B. Dill, Schnittlauch, Kresse*

MEGA - Müsli

Zutaten

1	*eingeweichte Feige*
1	*eingeweichte Dattel*
50 g	*frische Avocado*
50 g	*frische Papaya*
2 - 3 EL	*Spirulinapulver (MEGA - Alg)*
1 - 2 TL	*Acerola premium*
1 TL	*Carobpulver*
	Wasser, Sahne oder Sojamilch
1 EL	*Chufas - Nüssli*
1 Msp	*Zimt*
1	*kleine Banane*

Zubereitung

1) Die eingeweichten Trockenfrüchte mit dem Einweichwasser, der Papaya, der Feige, dem Spirulinapulver, Zimt und Carobpulver pürieren. Ggf. durch Zugabe von Wasser, Sahne oder Sojamilch verdünnen.

2) In eine Schüssel 1 EL Chufasnüssli geben. Das Frucht - Spirulinapulver dazugeben und gut verrühren. Die Banane in Scheiben schneiden und zusammen mit dem Acerolapulver in das Müsli geben und nochmals gut vermischen - fertig!

Feldsalat einfach

Zutaten

100 g	*Feldsalat*
1	*kl. Zwiebel*
1 Msp.	*geriebener Meerrettich*
1 Msp	*Paprika*
50 ml	*Sahne*

Zubereitung

*1) Den **Feldsalat** waschen und auf dem Sieb abtropfen lassen.*

*2) Die **Zwiebel** fein hacken und zu dem **Salat** gegeben.*

*3) Mit geriebenem **Meerrettich** und **Paprika** würzen und die **Sahne** darunterziehen.*

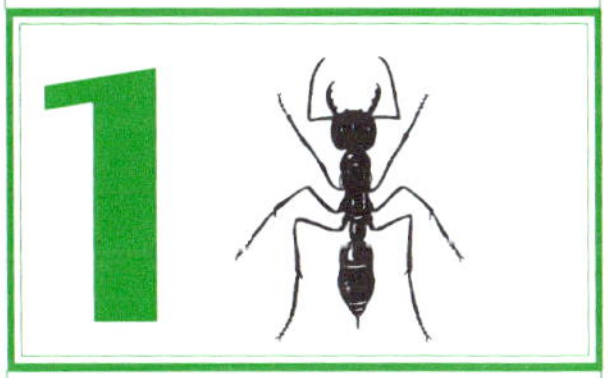

Unser Tip für alle!

Gewürzreicher

Gurkensalat

Zutaten

1	*grüne Gurke*

Salattunke:

2 EL	*Öl*
1 EL	*Brottrunk*
2-3 Spr.	*Sojasauce*
✳	*Schabzigerklee*
✳	*viele gehackte Kräuter, z.B. Dill, Borretsch, Schnittlauch, Petersilie, Bohnenkraut*

Zubereitung

1) Grüne ***Gurke*** *waschen, schälen und an beiden Enden prüfen, ob sie nicht bitter ist. Die* ***Gurke*** *fein hobeln.*

2)Aus ***Öl****,* ***Brotrunk****,* ***Schabzigerklee****,* ***Sojasauce*** *und den* ***Kräutern*** *eine Salattunke rühren und über die gehobelte* ***Gurke*** *geben.*

Die Gurke ist als Gemüsefrucht ein idealer Flüssigkeitspender. Wichtig für alle, die zuwenig trinken!

Kohlrabi-Radieschen-Tomatensalat

Zutaten

1	*Kohlrabiknolle*
1 Bund	*Radieschen*
2	*Tomaten*
1	*Gewürzgurke*
4 EL	*Olivenöl*
1 EL	*Brottrunk*
1	*Zwiebel*
4	*Oliven*
*	*frische Kräuter, z. B. Kresse, Melisse, Pimpinelle, Petersilie*

Wenn Sie kein Salz hinzugeben, können Sie hiermit gut entwässern!

Zubereitung

*1) **Radieschen** und **Kohl-rabi** säubern und grob raffeln.*

*2) **Tomaten** waschen, vom Stilansatz befreien, entkernen und klein schneiden.*

*3) Dazu die kleine fein gewürfelte **Gewürzgurke** geben.*

*4) Aus **Olivenöl**, **Brottrunk**, der fein geschabten **Zwiebel** und den gehackten **Oliven** eine Sauce herstellen und über das Gemüse geben.*

*5) Alles mit den frisch gehackten **Kräutern** bestreut servieren.*

Avocadosalat mexikanisch

kalorienreich

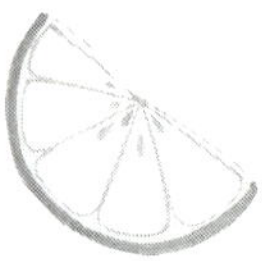

1

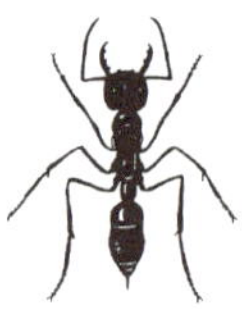

1

1

1

Zutaten

1	Avocado
1	Eigelb
1 Prise	Acerolapulver
1/2 TL	Sojasauce
1 EL	gehackte Kräuter, z. B. Kerbel Petersilie Schnittlauch

Avocado ist eine basische, kalorienreiche, allergiearme Gemüsefrucht.

Zubereitung

1) **Avocado** schälen, in 2 Längshälften teilen, Kern entfernen. Das Fruchtfleisch in Scheiben schneiden.

2) Mit einer Sauce aus **Eigelb**, **Acerolapulver**, **Sojasauce** und den gehackten **Kräutern** übergießen.

Mungobohnensprossensalat

Zutaten:

200 g	Mungobohnen-sprossen (oder auch Sojasprossen)
1	rote Paprika
1/2	Gurke
1 EL	Brottrunk
2 EL	Olivenöl
1 TL	Sojasauce
1/2 TL	Thymian
3 EL	frische Kräuter (z. B. Bohnenkraut, Schnittlauch, Petersilie, Oregano, Borretsch)

Hervorragend gesund und vitaminreich!

Zubereitung

1) **Mungobohnensprossen** blanchieren (s. Spros-sen und Keime), **Paprika-schote** waschen, Kerngehäuse entfernen und grob raffeln und die **Gurke** in schmale Streifen scheiden.

2) **Brottrunk** und **Olivenöl** gut verschlagen und mit **Sojasauce** und den **Kräutern** abschmecken.

3) Sauce über den Salat geben und unterheben.

ERBSENSPROSSENSALAT

Zutaten:

150 g	*Erbsensprossen*
2	*Tomaten oder 1 rote Paprikaschote*
1 EL	*Brottrunk*
1 EL	*Sonnenblumenöl oder saure Sahne*
1	*Knoblauchzehe fein gehackt*
3	*Zweige Basilikum Petersile*
1 TL	*Schabzigerklee*

Zubereitung

*1) **Sprossen** blanchieren, **Tomaten** waschen, den Stilansatz entfernen und würfeln.*

*2) **Öl** und **Brottrunk** (bzw. **Sahne** und **Brottrunk**) gut verschlagen, mit den **Kräutern** und **Gewürzen** abschmecken und über das Gemüse geben.*

Samen nur aus kontrolliert biologischem Anbau verwenden!

Anderer Samen ist oft gebeizt!

Alfalfasprossensalat

Zutaten

200 g	Alfalfasprossen
2	Tomaten
1	Avocado
1 EL	Brottrunk
2 EL	Sesamöl
3 EL	Brunnenkresse

Zubereitung

1) **Sprossen** gründlich waschen und abtropfen lassen, **Tomaten** waschen, Stilansätze entfernen und würfeln.

2) **Avocado** schälen, entkernen und in schmale Streifen schneiden.

3) **Brottrunk** und **Öl** gut vermischen und über das Gemüse gießen.

4) Mit der gehackten **Brunnenkresse** bestreut servieren.

Keimlinge sind eine Vitamin- und Enzymfabrik der Natur!

LINSENSPROSSENSALAT

1

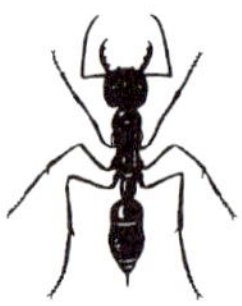

2

1

1

Zutaten:

100 g	*Linsen*
200 g	*Sauerkraut*
2	*Tomaten*

Für die Sauce:

2 EL	*Olivenöl*
2 EL	*Brottrunk*
1 Msp.	*Petersilie*
2 EL	*frisch gehackte Kräuter, z. B. Petersilie, Basilikum, Thymian*

Zubereitung:

1) ***Linsen*** *3 - 4 Tage keimen lassen, Keimlinge blanchieren (s. Kapitel "Keime und Sprossen").*

2) ***Sauerkraut*** *klein-schneiden, mit den blan-chierten Keimlingen vermi-schen.*

3) ***Tomaten*** *waschen, Stilansatz entfernen, würfeln und dazugeben.*

4) ***Öl*** *und* ***Brottrunk*** *miteinander verschlagen, gehackte* ***Kräuter*** *dazu-geben und über den Salat gießen.*

Gutes Sauerkraut kennzeichnet sich dadurch aus, daß die pH-Werte nach Genuß basisch reagieren. Anderes Sauerkraut verschlechtert die pH-Werte!

Auf den Gehalt an rechtsdrehender Milchsäure achten (z.B. Demeter-Sauerkraut).

BROKKOLI - TOMATEN - SALAT

Zutaten:

400 g	*Brokkoli*
1	*Zwiebel*
2	*Tomaten*

Für die Sauce:

3 EL	*Sahne*
1 EL	*Brottrunk*
1 TL	*Senf, selbst hergestellt (s. Rezept Seite 282)*
1	*Knoblauchzehe, fein gehackt*
1 TL	*Estragon, fein gehackt*

Zubereitung:

*1) **Brokkoli** waschen, fein schälen und raspeln. **Zwiebel** fein würfeln und zum **Brokkoli** geben.*

*2) **Tomaten** waschen, Stil-ansatz entfernen, würfeln und dazugeben.*

*3) **Sahne**, **Brottrunk** und **Senf** verrühren, **Knoblauchzehe** und **Estragon** dazugeben und die Sauce über das Gemüse gießen.*

Brokkoli ist eine gute Quelle von Vitamin A, Zwiebeln sind reich an Kieselsäure und Tomaten an Bioflavoniden (verstärken die Wirkung von Vitamin C).

Zucchini - Melonen - Frischkost mit Alfalfa

Zutaten:

3 EL	*Alfalfasprossen*
150 g	*Honigmelone*
120 g	*Zucchini*
1	*mittelgroße Banane*
1 EL	*Brottrunk*
2 EL	*Sesamöl*

Zubereitung:

*1) **Sprossen** gründlich abspülen.*

*2) **Honigmelone**, **Zucchini** und **Banane** putzen und in Streifen bzw. Scheiben schneiden.*

*3) Aus **Brottrunk** und **Sesamöl** eine Sauce schlagen und über das Gemüse geben. Gut durchmischen.*

Hinweis:
Versuchen Sie dieses Rezept auch einmal mit Buchweizen- statt Alfalfasprossen.

Chinakohlsalat

Zutaten:

400 g	*Chinakohl*
1	*reife Banane*
1 Bund	*Schnittlauch, fein gehackt*
1 EL	*Sesammus (Tahin)*
1 EL	*Brottrunk*
2 EL	*Wasser*
1 Msp.	*gemahlener Piment*
1/2	*TL Anis*
1 Pr.	*Schabzigerklee*

Als leichtes wertvolles Säuerungsmittel bei Suppen, Sossen und Salaten empfiehlt sich Acerolapulver.

Zubereitung:

*1) **Chinakohl** waschen, putzen und in feine Streifen schneiden.*

*2) **Banane** schälen und in Scheiben schneiden. Den fein gehackten **Schnittlauch** dazugeben.*

*3) Aus **Brottrunk**, **Sesammus** und **Wasser** eine **Sauce** rühren, mit **Piment**, **Anis** und **Schabzigerklee** abschmecken und über das Gemuse geben, gut vermischen.*

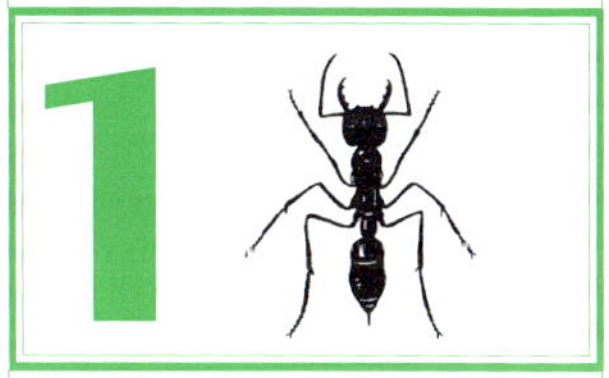

Linsen-Buchweizenkeimling-Salat

Zutaten:

1 EL	*Brottrunk*
1 TL	*Sojasosse*
1 TL	*Senf, ohne Zucker (s. Rezept S. 282)*
1 Msp.	*Merrettich*
1 Msp.	*gemahlener Koriander*
1 EL	*Sonnenblumenöl*
2 EL	*gehackte Kräuter, z.B. Petersilie, Majoran, Bohnenkraut*
100 g	*Lauch*
100 g	*rote Paprikaschote*
50 g	*Linsenkeimlinge*
50 g	*Buchweizenkeimlinge*

Keimlinge sind die Krönung jeder basischen Kost!

Zubereitung

*1) **Brottrunk** und **Sojasosse** verrühren, mit den **Gewürzen** und **Kräutern** abschmecken.*

*2) **Lauch** in feine Scheiben schneiden, **Paprikaschote** fein würfeln und beide Gemüse in die Marinade geben.*

*3) **Linsenkeimlinge** 2 min. blanchieren und mit **Buchweizenkeimlingen** zu den restlichen Zutaten geben.*

4) Salat vor dem Servieren noch ca. 30 min. durchziehen lassen.

Kürbissalat

Zutaten

250 g	Speisekürbis
100 g	Tobinambur
50 g	Mandeln

Für die Sosse

2 EL	Sonnenblumenöl
1	Banane
1	dicke Scheibe Honigmelone
2 cm	Ingwerwurzel

Kürbis ist eine wertvolle Gemüsefrucht

Zubereitung

1) **Kürbis** waschen, schälen, Kerne entfernen und grob raffeln. Alles in einer Schüssel mischen.

2) **Banane** und **Melone** schälen und pürieren.

3) **Öl** zum Obstmus geben und gut verrühren. Mit der fein geriebenen **Ingwerwurzel** würzen.

4) Obstsosse über den Salat geben, durchrühren und etwas durchziehen lassen.

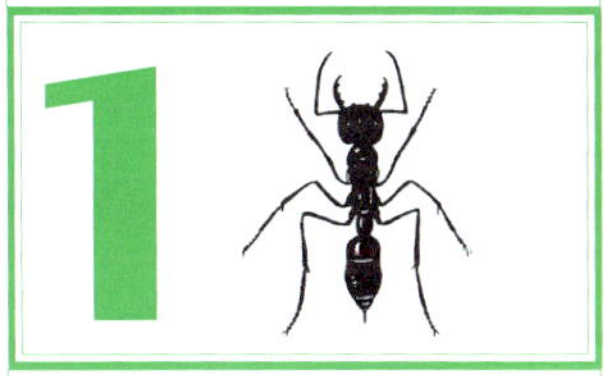

Fenchelsalat

1

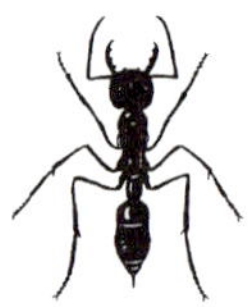

1

1

1

Zutaten

2-3	Fenchelknollen
2 EL	Sesamöl
3 EL	Brottrunk
1 Msp	Gomasio (Würze auf Sesambasis, im Reformhaus erhältlich)

Fenchel gehört zu den allergiearmen Gemüsen!

Zubereitung

1) **Fenchel** waschen, putzen, und in feine Streifen schneiden. Das **Fenchelgrün** zurückbehalten und fein hacken.

2) Aus dem **Öl**, **Brottrunk** und **Gomasio** eine Sosse rühren und über den Salat geben. Mit dem gehackten **Fenchelgrün** bestreuen.

Variante:

Statt des Gomasio können auch ohne Fett geröstete Mandeln oder Sesam verwendet werden.

UNSERE BUNTE SALATVARIANTE

Zutaten

250 g	*rote Paprikaschoten*
100 g	*Mungobohnen-sprossen*
2 EL	*Schnittlauch*

Für die Sosse:

1	*Avocado*
50 g	*Sahne*
1 EL	*Brottrunk*
1 Msp.	*Meerretich*
1 TL	*Sojasosse*

Viel gesünder und schmackhafter geht's nicht!

Zubereitung

1) ***Paprikaschoten*** *waschen und würfeln,* ***Mungosprossen*** *gut abspülen,* ***Schnittlauch*** *fein schneiden. Alle Zutaten miteinander vermengen.*

2) ***Avocado*** *schälen, Kern entfernen und das Fruchtfleisch zerdrücken.*

3) ***Sahne, Brottrunk, Sojasauce*** *und* ***Meerrettich*** *mit der zerdrückten* ***Avocado*** *vermischen.*

4) Sosse über den Salat geben und unterheben.

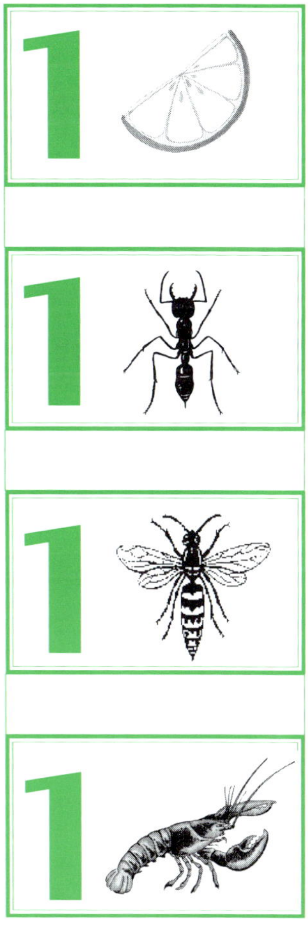

ROTE-BETE-SALAT

Zutaten

250 g	*Rote Bete*
1	*Apfel*
1 Msp.	*Acerola*
2 EL	*Sahne*
1 EL	*Öl*
1 Msp.	*Kümmel*
1 Msp.	*Meerrettich*
20	*gehackte Nüsse*

Wahlweise:

250 g	*Rote Bete*
1	*reife Banane*
1	*roter reifer Apfel*
3 EL	*Sojamilch*
1 Msp.	*frischer Ingwer*
1 EL	*Cashewkerne, bzw. Sonnenblumenkerne*

Man kann noch eine Handvoll Keimlinge über den Salat streuen.

Zubereitung

1) ***Rote Bete*** *und* ***Äpfel*** *waschen und grob raffeln.*

2) Aus ***Acerolapulver***, ***Sahne***, ***Öl*** *evtl. etwas* ***Kümmel***, ***Meerrettich*** *eine Sosse herstellen und über die Rohkost geben. Zum Schluß gemahlene* ***Nüsse*** *darüberstreuen oder daruntermengen.*

Kümmel ist ein besonders gutes Gewürz für alle, die unter Blähungen leiden!

SAUERKRAUTFRISCHKOST
MIT RETTICH

Zutaten

200 g	*Sauerkraut, nicht pasteurisiert*
1	*mittelgroßer Rettich oder*
1 Bund	*Radieschen*
40 ml	*süße Sahne oder*
2 EL	*Leinöl*
1 Msp.	*Schabzigerklee*
*	*gehackte Kräuter, z. B. Schnittlauch, Petersilie und Thymian*

Zubereitung

1) ***Sauerkraut*** *kleinschneiden und mit dem fein gestiftelten bzw. grob geraffelten* ***Rettich*** *oder* ***Radieschen*** *vermischen.*

2) Aus ***Sahne***, ***Schabzigerklee*** *und den fein gehacktten* ***Kräutern*** *eine Salatsosse rühren und über das Gemüse geben.*

Rettich ist scharf.

Scharf bedeutet basisch.

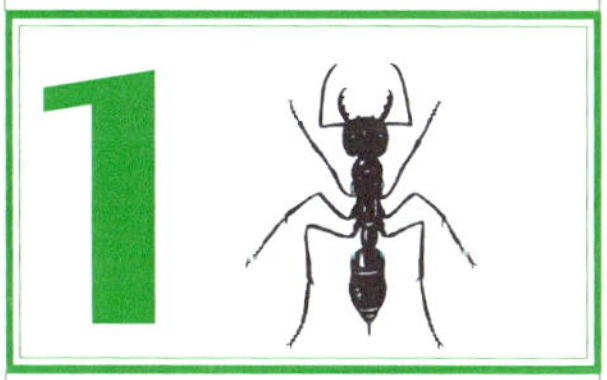

UNSER TIP

Besonders schnell kann man auf folgende Art den Salat zubereiten:

200 g	*Sauerkraut nicht pasteurisiert*
1 EL	*Olivenöl*
3-4	*Oliven*
	miteinander vermischen!

Gemüsebrühe

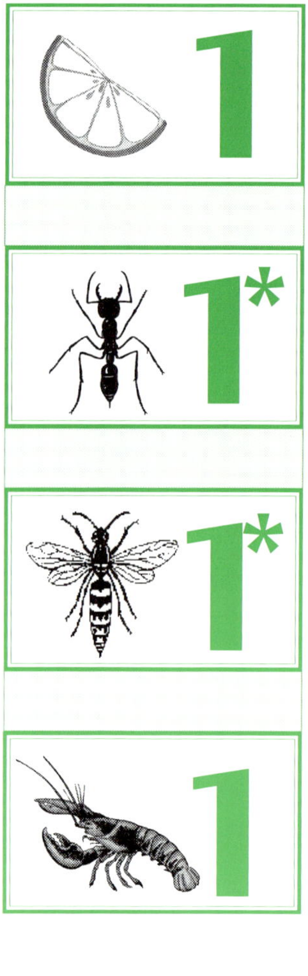

Zutaten

1 L	Wasser
1 kg	Gemüse, z.B. Möhren, Sellerie, Chinakohl, Fenchel, Knoblauch, Zwiebel, Kartoffeln, Kohlrabi
*	Lorbeerblatt
*	frische Käuter
*	Salatblätter auch dicke Rippen oder Stengel, die beim Gemüseputzen anfallen

Zubereitung

Gemüse waschen, grob zerkleinern mit dem Wasser aufkochen, 20-30 Minuten köcheln lassen, abgießen, erkalten lassen und auf Vorrat im Kühlschrank aufbewahren. (Das Gemüse wird nicht mitverwertet.)

***Die Gemüsebrühe ist nur für Allergiker und Rheumatiker geeignet, wenn auf Karotten, Sellerie und Zwiebeln verzichtet wird!**

Russische Zwiebelsuppe

Gorbatschow

Zutaten

6 - 8	*Zwiebeln*
6 EL	*Olivenöl*
1 Msp.	*Miso*
1 Msp.	*Peperonipulver*
1/8 L	*süße Sahne*
1 Prise	*Acerolapulver*
1 EL	*Petersilie*
1 EL	*Schnittlauch*
1 EL	*Dill*
✳	*evtl. geröstete Brotwürfel von glutenfreiem Brot*

Hinweis:
Durch die Verwendung von Gewürzen (Kümmel oder Majoran) ist eine geschmackliche Veränderung möglich.

Zubereitung

1) Kleingeschnittene ***Zwiebeln*** *im* ***Öl*** *goldgelb dünsten.* ***Gemüsebrühe*** *dazugeben und ca. 20 Minuten köcheln lassen.*

2) Mit ***Miso*** *und* ***Peperonipulver*** *abschmecken. Die* ***Sahne*** *schlagen.* ***Acerolapulver*** *und die feingehackten* ***Kräuter*** *unter die* ***Sahne*** *ziehen und die Suppe damit legieren. Nach Geschmack geröstete* ***Brotwürfel*** *darüberstreuen.*

1 

1 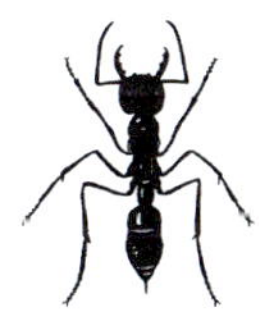

1 

1 

Brokkoli - Suppe

mit Tofu Einlage

Zutaten

100 g	*Brokkoli*
1 TL	*Olivenöl*
250 ml	*Wasser*
50 g	*Sojakäse (Tofu)*
1	*Knoblauchzehe*
1 Pr.	*Muskat, frisch gerieben*
	einige Petersilienblätter, fein geschnitten
1 Msp.	*Schabzigerklee*

Wer sich basisch ernährt, lindert allmählich Arthrose-, Migräne- und Herzbeschwerden, ist psychisch ausgeglichener und beugt Krebserkrankungen vor.

Zubereitung

1) ***Brokkoli*** *waschen und zerkleinern, mit der* ***Knob-lauchzehe*** *in dem erhitzten* ***Olivenöl*** *andünsten, das* ***Wasser*** *angießen und das* ***Gemüse*** *gardünsten.*

2) Während dieser Zeit den ***Sojakäse*** *mit einem Teil der heißen Flüssigkeit mixen, dann den gegarten* ***Blumenkohl*** *ebenfalls mixen, beides zusammengeben und aufkochen lassen.*

3) Mit den ***Gewürzen*** *abschmecken, die* ***Petersilie*** *dazugeben und servieren.*

Buchweizensuppe

Zutaten

100- 125 g	*Buchweizen*
1 L	*Wasser oder Gemüsebrühe*
2	*Lorbeerblätter*
1	*Stange Lauch*
1	*Zwiebel*
evtl. 1 TL	*Vitamin R*
1 Msp.	*Majoran*
1	*Knoblauchzehe*
1/2 TL	*Muskat*
1 EL	*Petersilie*
1 EL	*Butter*

Zubereitung

1) ***Buchweizen*** *waschen, abtropfen lassen und in 3/4 L* ***Gemüsebrühe*** *mit dem* ***Lorbeerblatt*** *10 Minuten kochen und 20 Minuten ausquellen lassen.*

2) ***Lauch*** *halbieren und in feine Streifen schneiden, die* ***Zwiebel*** *in Würfel schneiden. Das Fett erhitzen und die* ***Zwiebel*** *andünsten,* ***Lauch*** *dazugeben und ebenfalls kurz anschwitzen.*

3) Mit der restlichen ***Gemüsebrühe*** *auffüllen,* ***Lorbeerblätter*** *herausnehmen.* ***Lauch*** *mit dem* ***Buchweizen*** *vermischen und mit* ***Vitamin R, Majoran****, zerriebenem* ***Knoblauch****, frisch geriebenem* ***Muskat*** *würzen und evtl. etwas* ***Gemüsebrühe*** *nachgießen. Zum Schluß die feingehackte* ***Petersilie*** *darüberstreuen.*

Hinweis:

Rheumapatienten sollten Zwiebel und Lauch durch Schnittlauch ersetzen.

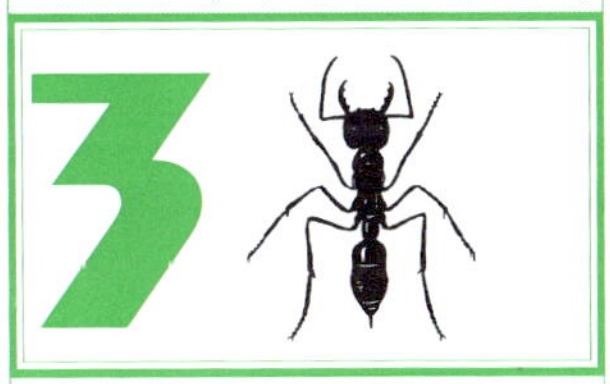

Kartoffel - Porree - Suppe

Zutaten

20 g	*Butter*
1	*Zwiebel*
350 g	*Kartoffeln*
1/2 - 1 L	*Gemüsebrühe*
150 g	*Porree*
3- 4	*Blättchen Basilikum*
1 Zweig	*Liebstöckel*
4 EL	*Sahne*

Dieses Gericht ist hochbasisch. Die Entsäuerung des Körpers mittels basischer Kost ist die beste Gewähr für eine stabile Gesundheit.

Zubereitung

*1) **Butter** schmelzen, die gehackte **Zwiebel** darin glasig dünsten. Geschälte und gewürfelte **Kartoffel** dazugeben und ca. 5 Minuten mitdünsten. Mit **Gemüsebrühe** ablöschen, aufkochen und ca. 10 Minuten kochen lassen.*

*2) In der Zwischenzeit **Porree** putzen, in Ringe schneiden und zur Suppe geben. Weiter 5-10 Minuten mitkochen lassen. Mit **Basilikum** und **Liebstöckel** würzen und zum Schluß die **Sahne** unterrühren und sofort servieren.*

Rote - Rüben - Suppe

Zutaten

4 große	*rote Rüben*
1 L	*Gemüsebrühe*
2	*Zwiebeln*
2 EL	*Öl*
	Muskatblüte
	gemahlener Koriander
	Saft einer roten Rübe
50 ml	*Sahne*
1 EL	*Brottrunk*

Rote Rüben gehören in Rußland zur Volks- und Frühstücks-nahrung. Sie sind reich an Kieselsäure und Bioflavoniden.

Zubereitung

*1) Rote **Rüben** putzen, waschen und bürsten, mit der Schale in **Gemüsebrühe** garen. **Zwiebel** im **Öl** goldgelb dünsten. **Rübenbrühe** dazugießen und mit **Gewürzen** abschmecken.*

*2) Saft einer roten **Rübe** und **Brottrunk** dazugeben, noch einmal heiß werden lassen.*

*Sie können die fertig gegarten **Rüben** würfeln und in die Suppe geben oder einen Salat daraus machen. **Schlagsahne** unter die Suppe heben.*

Zucchinisuppe

Zutaten

400 g	*Zucchini*
1 EL	*Butter*
1 L	*Gemüsebrühe*
1	*Knoblauchzehe, fein gehackt*
1 Msp.	*Muskatnuß*
1 Msp.	*Dost*
1 Msp.	*Thymian*
50 ml	*Sahne*

Zubereitung

*1) **Zucchini** waschen, fein raspeln und in der zerlassenen **Butter** glasig dün-sten.*

*2) Mit **Gemüsebrühe** ablöschen und bei schwacher Hitze 10 Minuten garen lassen. Mit **Gewürzen** abschmecken.*

*3) **Sahne** vor dem Servieren unterziehen.*

Eine basische Kost hilft alle Schmerzzustände zurückzudrängen.

STECKRÜBENSUPPE

EINFACH GESUND

Zutaten

500 g	*Steckrüben*
2 EL	*Sonnenblumen-öl*
1 L	*Gemüsebrühe*
1 TL	*Miso*
1 Msp.	*Schapzigerklee*
2 El	*Sahne*
1 EL	*Petersilie*
2 EL	*Portulak*

Zubereitung

*1) **Steckrüben** schälen, würfeln und im **Öl** anschwitzen. Mit **Gemüsebrühe** ablöschen und 15 Minuten leicht kochen lassen.*

*2) Suppe vom Feuer nehmen, pürieren und mit **Gewürzen** abschmecken. Vor dem Servieren die **Sahne** und die gehackten **Kräuter** unterheben.*

Hinweis:

Man kann diese Suppe auch mit Knoblauch und/ oder Bohnenkraut abschmecken. Will man die Suppe nicht pürieren, sollte man 2- 3 geschälte, gewürfelte Kartoffeln in der Suppe mitgaren.

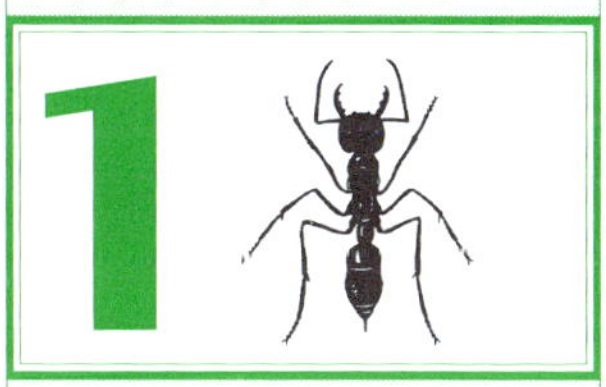

Glutenfreie Amaranthsuppe

Zutaten

100 g	*gemahlener, gepoppter Amaranth (Reformhaus)*
1 L	*Gemüsebrühe*
1 große	*Stange Lauch (oder ein anderes gemüse z.B. Brokkoli)*
20 g	*Butter*
100 ml	*Sahne*
1 Msp.	*Muskat*
3 EL	*Kerbel, fein gehackt*

Zubereitung

*1) **Amaranthmehl** in die kalte **Gemüsebrühe** einrühren und zum Kochen bringen. Rund 10 Minuten köcheln lassen.*

*2) Inzwischen den **Lauch** (oder ein anderes Gemüse) waschen, putzen, in kleine Stücke schneiden und in der **Butter** andünsten. Das **Gemüse** in die Suppe geben und nochmals 10 Minuten mitgaren.*

*3) **Sahne** unterheben, mit **Muskat** abschmecken und die Suppe mit **Kerbel** bestreut servieren.*

Kürbissuppe

gesund für alle

Zutaten

400 g	Kürbis
1	Zwiebel
2 EL	Butter
1 L	Gemüsebrühe
2 EL	Hirsemehl
2 cm	frisch geriebenen Ingwer
1/2 TL	Schabzigerklee
1 EL	Miso
4 EL	Sahne

Zubereitung

1) **Kürbis** schälen, entkernen und das Fruchtfleisch würfeln, die **Zwiebel** schälen und fein hacken.

2) **Butter** in einem Topf erhitzen und die **Zwiebel** darin andünsten. Dann die **Kürbiswürfel** dazugeben, ebenfalls andünsten und mit der **Gemüsebrühe** ablöschen.

3) **Hirsemehl** in die Suppe einrühren und alles etwa 2 Minuten aufkochen las-sen. Auf kleiner Flamme etwa 10 Minuten weiterkochen lassen, vom Feuer nehmen und alles pürie-ren.

4) Mit **Ingwer**, **Schabzigerklee** und **Miso** abschmecken und vor dem Servieren die **Sahne** unterziehen.

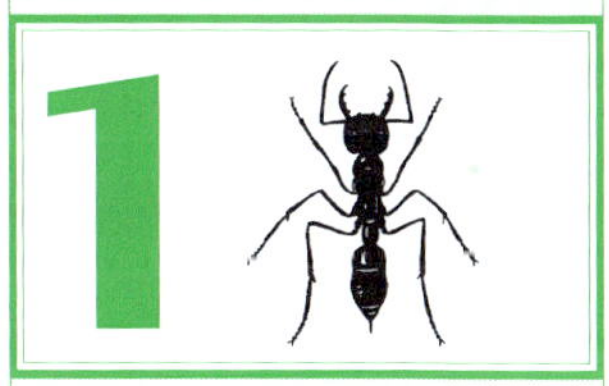

Spinat- oder Mangoldsuppe

Zutaten

1 kg	*frischer Spinat oder Mangold*
1	*Zwiebel*
1	*Knoblauchzehe*
4 EL	*Sonnenblumenöl*
1/4 L	*Gemüsebrühe*
1 TL	*Sojasoße*
1 Msp.	*geriebene Muskatnuß*
100 ml	*Sahne*

Zubereitung

1) ***Spinat*** *mehrmals gründlich waschen.* ***Zwiebel*** *und* ***Knoblauchzehe*** *fein schneiden und im* ***Öl*** *andünsten. Den* ***Spinat*** *und die* ***Brühe*** *dazugeben.* ***Spinat*** *zusammenfallen lassen.*

2) Im Mixer pürieren, mit ***Sojasoße*** *und* ***Muskatnuß*** *abschmecken. Abkühlen lassen. Die steifgeschla-gene* ***Sahne*** *darunterziehen. Kalt servieren.*

Sauerkrautsuppe

für die schnelle Küche

Zutaten

250 g	*weiße Bohnen*
250 g	*Kartoffeln*
500 g	*Sauerkraut, beste Qualität, (z.B. Demeter oder Bioland)*
6	*Pfefferkörner*
1 1/2 L	*Gemüsebrühe*
1	*Lorbeerblatt*
1	*Knoblauchzehe*
6 EL	*saure Sahne*
1 EL	*Butter oder Öl*

Ein Rezept für die schnelle Küche, trotzdem eine vollwertige Mahlzeit

Zubereitung

*1) **Bohnen** über Nacht in 1,5 L Flüssigkeit einweichen, **Kartoffeln** schälen, in Würfel schneiden.*

*2) Die **Bohnen** im Einweichwasser garen. In den letzten 10 Minuten der Garzeit **Kartoffeln**, **Sauer-kraut** und **Gewürze** hinzu-geben.*

*3) Durch die Presse gedrückten **Knoblauch** dazugeben und abschmecken. Vor dem Servieren die saure **Sahne** und einen Stich **Butter** oder 2 Teelöfffel **Öl** unterrühren.*

Bouillonkartoffeln
- doppelt basisch -

1

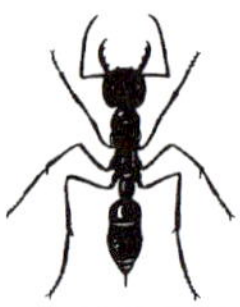
1

1

1

Zutaten

250g	Kartoffeln
100- 200 ml	Gemüsebrühe
1 Pr.	Thymian
1 Pr.	Lorbeer
1 Pr.	Liebstöckel
10g	Butter oder Nußmus

Kartoffeln aus biologischem Anbau haben einen intensiveren Geschmack

Zubereitung

*1) **Kartoffeln** waschen, schälen, halbieren oder in Stücke schneiden und in der **Gemüsebrühe** garen.*

*2) **Butter** oder **Nußmus** über die angerichteten **Kartoffeln** geben. Würzen mit **Liebstöckel**, **Zwiebelschale**, etwas **Thymian**, **Lorbeer**.*

PETERSILIENKARTOFFELN

dampfgegart

Zutaten

250g	*Kartoffeln, geschält*
	wenig Wasser
1 EL	*frische Butter oder Nußmus*
1 EL	*Petersilie, gehackt*

Zubereitung

1) ***Kartoffeln*** *auf dem Sieb im Dampf kochen, pellen und der Länge nach vierteln.*

2) ***Butter*** *oder* ***Nußmus*** *zergehen lassen,* ***Petersilie*** *und* ***Kartoffeln*** *damit vermischen und anrichten.*

Kartoffeln sind basisch durch ihren hohen Kaliumgehalt. Kalium wirkt ausschwemmend. Kochsalz macht diesen Effekt zunichte.

GRATINIERTE KARTOFFELN
MIT SAHNE UND SOJAMILCH

Zutaten

150 g	Kartoffeln
1 TL	Olivenöl
50 ml	Sojamilch
25 g	Sahne
	Petersilie (fein gehackt)

Kartoffeln enthalten wenig, aber hochwertiges Eiweiß

Zubereitung

1) **Kartoffeln** schälen, in Scheiben schneiden und in eine mit **Öl** ausgefettete, feuerfeste Form fächer-artig einschichten.

2) **Sojamilch** und **Sahne** darübergießen und bei 170 Grad im Backofen etwa 30 Minuten backen. Vor dem Anrichten mit **Petersilie** bestreuen.

Kartoffeln, die aus anerkannt kontrolliert ökologischem Anbau sind, können auch mit der Gemüsebürste gesäubert und mit der Schale in Scheiben geschnitten werden.

Herzoginkartoffeln

Essen wie eine Herzogin

Zutaten

250 g	*Kartoffeln*
10 g	*Eiersatz (=2 TL)*
20 ml	*Wasser*
etwas	*Basilikum (fein gehackt)*
✳	*Muskat gerieben*
1 TL	*Olivenöl*

Will ich dieses etwas aufwendige Kartoffelgericht für ein Fest vorbereiten, kann ich die Kartoffelmasse auf Pergamentpapier spritzen und einfrieren.

Zubereitung

1) ***Kartoffeln*** *mit der Schale in Wasser 20 bis 30 Minuten gar kochen, pellen und durch die Kartoffelpresse drücken.*

2) Während die ***Kartoffeln*** *garen,* ***Ei-Ersatz*** *mit dem* ***Wasser*** *anrühren und 10 Minuten quellen lassen. Nachdem die* ***Kartoffeln*** *etwas ausgekühlt sind, gehacktes* ***Basilikum*** *und* ***Muskat*** *zusammen mit dem gequollenen* ***Ei-Ersatz*** *unterrühren.*

3) Kartoffelmasse in einen Spritzbeutel füllen und mit einer Sterntülle in eine mit ***Öl*** *gefettete, feuerfeste Form kleine Häufchen spritzen. Diese mit etwas* ***Öl*** *bestreichen und bei 180 Grad etwa 15 Minuten backen.*

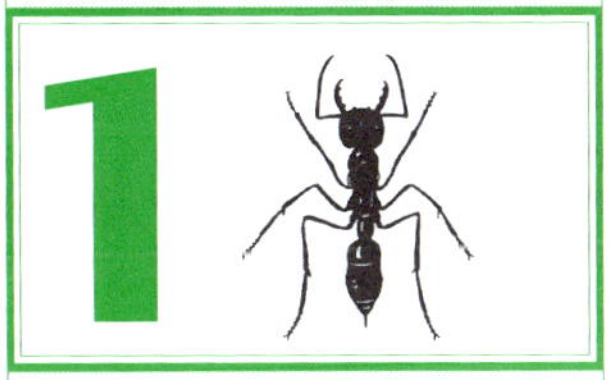

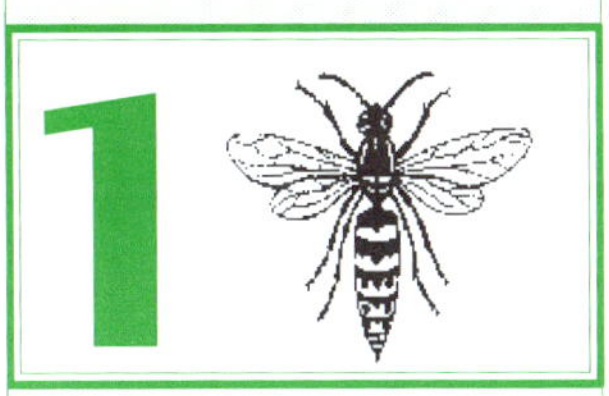

KARTOFFELKROKETTEN
MIT BUCHWEIZEN

Zutaten

1 kg	*Kartoffeln*
100 g	*frisch gemahlenen Buchweizen*
2 TL	*Kümmel*
2 EL	*saure Sahne*
6 EL	*Chufas oder Weizenkeime*
wenig	*Öl oder Butter zum Ausbacken*

Einzig für den Diabetiker sind die Kartoffeln wegen ihres hohen Kohlehydratanteils ungünstig.

Zubereitung:

1) ***Kartoffeln*** *mit wenig Wasser ca. 20 Min. kochen, pellen und durch die Kartoffelpresse drücken und auskühlen lassen.*

2) ***Buchweizenmehl, Kümmel, saure Sahne*** *zur Kartoffelmasse geben und den Kartoffelteig kneten.*

3) ***Kroketten formen:*** *Rollen im Durchmesser von ca. 2 cm formen und in ca. 6 cm lange Stücke schneiden.*

4) Kroketten in Chufasbrö-seln oder Weizenkeimen wälzen.

5) Bei mäßiger Hitze auf allen Seiten backen.

Ergibt je nach Größe 10 - 16 Stück

KARTOFFELN
AUF DEM BLECH BACKEN

Zutaten

500 g	*Kartoffeln*
1 TL	*Olivenöl*
1 TL	*Kümmel*

Zubereitung

1) ***Kartoffeln*** *gründlich waschen und der Länge nach halbieren.*

2) Backblech fetten und mit ***Kümmel*** *bestreuen.*

3) ***Kartoffeln*** *mit der Schnittfläche auf das Blech setzen.*

4) Die Schale mehrmals leicht mit dem Messer einritzen, mit ***Öl*** *bepinseln*

5) ca. 15 - 20 Min. bei 200° backen.

Durch das Kochen in Wasser verlieren geschälte Kartoffeln fast alle Mineralien. Deswegen sind Schalen- oder Pellkartoffeln den geschälten und in Wasser gekochten Kartoffeln vorzuziehen.

KARTOFFEL-CHIPS
ZUM VERWÖHNEN

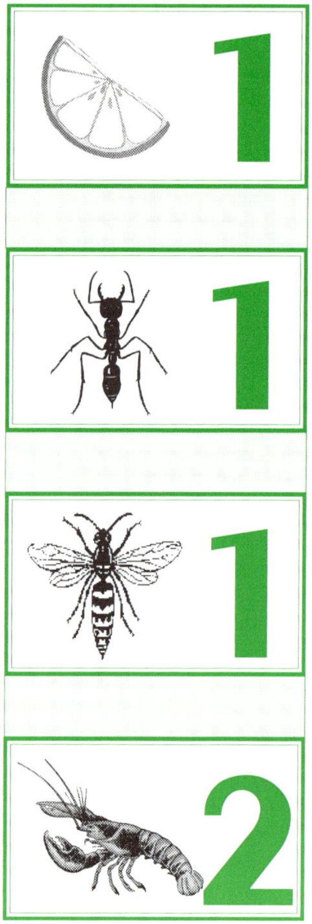

Zutaten

✳ *rohe Kartoffeln*
✳ *Olivenöl*

Zubereitung

Olivenöl eignet sich zum Erhitzen am besten.

***Kartoffeln** sauber waschen und bürsten, in dünne Scheibchen schneiden und in siedendem **Olivenöl** hellbraun garen.*

Diese Kartoffelchips halten sich tage- und wochenlang und sind eine angenehme Zugabe zu allen Getränken, Obstsorten und Kaltspeisen aller Art.

Kartoffelpuffer oder Reibekuchen

Zutaten

1 kg	Kartoffeln
2 TL	Eiersatz
1	Eigelb
1 EL	Sojamehl
✳	Muskat, Schabzigerklee
wenig	Olivenöl oder Kokosfett zum Braten

Wahlweise:
Dem Kartoffelteig kann auch noch grob geraspeltes Gemüse z. B. Möhren, Pastinaken, Sellerie oder fein geschnittener Porree zugegeben werden.

Zubereitung

1) **Kartoffeln** schälen und fein reiben.

2) **Eiersatz**, **Eigelb** und **Mehl** dazugeben. Würzen.

3) **Öl** erhitzen und je 1 Eßlöffel der Kartoffelmasse in die Pfanne mit dem heißen **Öl** geben, flachdrücken. Auf beiden Seiten goldbraun braten.

Für Krebserkrankte:

4 TL Eiersatz und kein Eigelb für das Rezept verwenden!!

Keimstellen in Kartoffeln enthalten Solanin. Sie müssen immer herausgeschnitten werden.

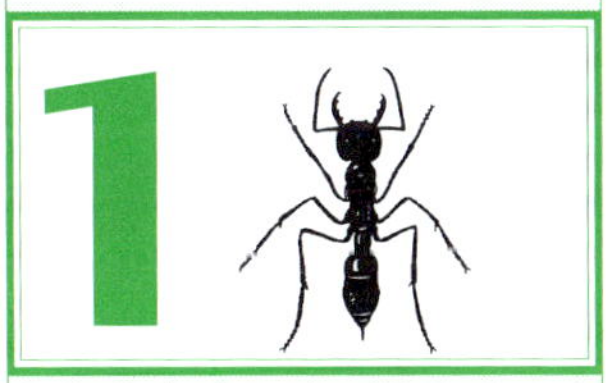

KARTOFFELPÜREE

FEIN GEWÜRZT

Zutaten

4	*Kartoffeln*
✳	*Wasser*
10 g	*Butter*
100 ml	*Sojamilch oder Sahne - Wasser - Gemisch*
1 Pr.	*Muskat*
1 Msp.	*Majoran*
1 Msp.	*Kümmel*
✳	*evtl. 1 EL Rahm*

Kartoffeln eignen sich auch zum Brotbacken

Zubereitung

*1) **Kartoffeln** im Dampf weichkochen und pellen. Durch die Kartoffelpresse drücken.*

*2) **Butter** und **Sojamilch** erwärmen, **Kartoffeln** dazugeben und mit dem Schneebesen schaumig rühren. Mit **Muskat** würzen, evtl. **Rahm** zufügen. Auf heißer Platte anrichten, ein Messer in heißes Wasser tauchen und das Püree hübsch garnieren.*

*3) Mit fein gehacktem **Majoran** und etwas gemahlenem **Kümmel,** bestreuen.*

Wahlweise:

4	*Kartoffeln*
10 g	*Butter oder*
1 EL	*Nußmus*
1	*Zwiebel*

Zubereitung

1) wie vor, jedoch die Kartoffeln direkt auf eine warme Platte spritzen.

2) Flüssige Butter oder Nußmus und goldgelb gedämpfte Zwiebelringe darübergeben.

POMMES FRITES
selber machen

Zutaten

1 kg rohe Kartoffeln

✳ Olivenöl
✳ Schabzigerklee

Pommes frites niemals salzen!

Zubereitung

*1) **Kartoffeln** sauber waschen und bürsten. Mit der Schale in feine Streifen schneiden und in der Friteuse oder dem Pommes frites-Kocher in siedendem **Olivenöl** garen, bis sie hellbraun sind.*

*2) Man nimmt das Sieb aus dem Fett und läßt das **Öl** gut abtropfen. Mit **Schabzigerklee** würzen, ehe man die Pommes frites serviert.*

Fettsparende Alternative: Pommes frites auf ein mit Olivenöl eingefettetes Backblech legen und bei 160 Grad 20 min. backen

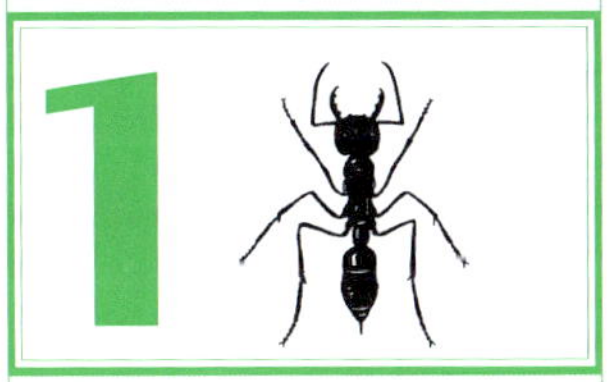

UNSERE BUNTE AUBERGINEN - PAPRIKA - GEMÜSEPFANNE

1

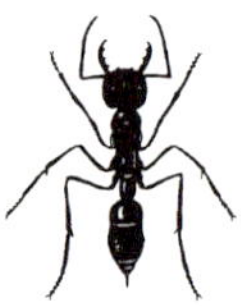
2

1

1

Zutaten

1	*Aubergine (geschält)*
1	*rote Paprika (geputzt)*
1 TL	*Peperoni*
1	*Zwiebel*

Zum Würzen:

1 TL	*Sojasosse*
1 TL	*Hefepulver*
1 TL	*Sauer-Rahm-Butter*

Rheumatikern wird empfohlen, die Zwiebel durch z.B. Petersilie zu ersetzen!

Zubereitung

1) Die gewiegte ***Zwiebel*** *und den in Streifen geschnittene* ***Paprika*** *in wenig Wasser andämpfen, die kleingewürfelte* ***Aubergine*** *und die hauchfein geschnittene* ***Peperoni*** *mit garschmoren.*

2) Herzhaft mit ***Sojasosse*** *und* ***Hefepulver*** *würzen. Vom Herd nehmen und Fett zusetzen.*

Dazu passen Reis oder Kartoffelgerichte

Blumenkohl Compositum

Zutaten

1 kl.	*Blumenkohl*
½ L	*Wasser*
20 g	*Butter*
2	*Zweige Estragon*
1 Msp.	*Acerolapulver oder*
2 EL	*Nußmus*
✳	*Petersilie*
✳	*Schnittlauch*

Sie können ein Gericht aufwerten, wenn Sie für die entsprechende Symbolleiste die Bestandteile nach unserer Wertungstabelle variieren, z.B. eine Zutat der Wertigkeitsstufe 2 durch eine solche der Stufe 1 ersetzen.

Zubereitung

1) Blätter und Strunk unter der Blume des ***Blumenkohls*** *abschneiden, in größere Stücke zerlegen, Strunkteile schälen und waschen.*

2) In ½ Liter ***Wasser*** *in ca. 10 Minuten weichgaren, auf heißer tiefer Platte anrichten. Würzen mit: Buttersoße mit* ***Estragon, Acerolapulver*** *oder flüssigem* ***Nußmus, Petersilie*** *und* ***Schnittlauch.***

3) Eventuell kann das Kochwasser mit 1 EL gemahlenem ***Reis*** *angedickt und als Soße zum Blumenkohl gereicht werden.*

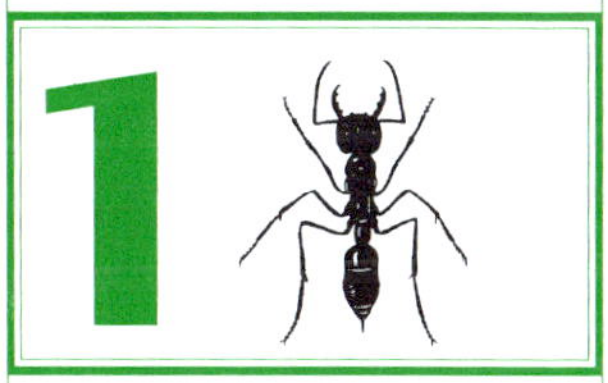

Blumenkohl

mit Butter und Mandeln

Zutaten

1	*Blumenkohl*
2 EL	*Mandeln*
4 EL	*Butter*
*	*Schabzigerklee*

Zum Dünsten und Zubereiten gart man am besten mit nicht zu hohen Temperaturen.

Zubereitung

1) Den ***Blumenkohl*** *vom Strunk befreien, dünsten und warmstellen.*

2) Die ***Mandeln*** *brühen, abziehen und in Splitter hacken. Die Mandelsplitter in der* ***Butter*** *rösten, den* ***Schabzigerklee*** *dazugeben. Zum* ***Blumenkohl*** *servieren.*

Tip:
Strunkteile können auch noch bei der Herstellung von Gemüsebrühe Verwendung finden!

Brokkoli gedünstet

Zutaten

500 g	*Brokkoli*
2-3 EL	*Öl*
1/8 L	*Gemüsebrühe*
3 EL	*Sahne*
2 EL	*frische Kräuter (Schnittlauch, Estragon oder Zitronenmelisse)*

Die Zubereitung kann gut im Niedrigtemperatur-Gartopf erfolgen.

Zubereitung

1) ***Brokkolistiele*** *putzen und in Scheiben schneiden, in dem* ***Öl*** *andünsten. Die* ***Brokkoliröschen*** *und die* ***Gemüsebrühe*** *dazugeben ,fertig garen (insgesamt 13 min.).*

2) Der ***Gemüsebrühe*** *3 EL* ***Sahne*** *zugeben sowie frische* ***Kräuter****, z.B.* ***Schnittlauch, Estragon*** *oder* ***Zitronenmelisse.***

Man kann das ***Brokkoligemüse*** *auch mit Sojasoße, etwas Muskat und 1 gehackten Knoblauchzehe abschmecken.*

Beachten Sie auch den Jodgehalt der Gemüse!

(Tabelle S. 103)

Sehr basisch

GRÜNE BOHNEN

ZUR ENTWÄSSERUNG UND ENTSÄUERUNG

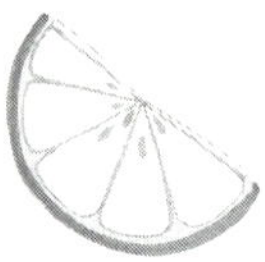

1

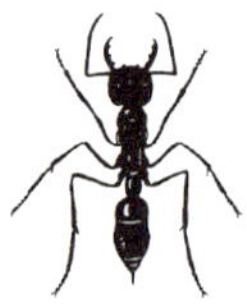

1

1

1

Zutaten

200 g	*zarte grüne Bohnen*
1	*Zweig Bohnenkraut*
1 TL	*Butter*
1 EL	*gewiegte Petersilie*
1 Msp	*Thymian*
1 Msp	*Majoran (gerebelt)*

Niedrigtemperatur-Garen heißt den Eigengeschmack der Lebensmittel intensiver wahrnehmen.

Zubereitung

*1) Die zarten **Bohnen** im Dämpfer kurz dämpfen oder in wenig Wasser mit **Bohnenkraut** in etwa 20 min. garen.*

*2) Vom Herd nehmen, würzen, Fett zusetzen und mit frischer **Petersilie** anrichten.*

Tip:

*Gegarte **Bohnen** lassen sich sehr gut als Salat zubereiten, und zwar in einer Öl-Senf-Sosse.*

Auch dieses Gericht eignet sich bestens - zur besseren Geschmackerhaltung und zum besseren Vitaminerhalt - für die Zubereitung im Niedrigtemperatur-Gartopf

CHICORÉE - GEMÜSE

Zutaten

500 g	*Chicorée*
20 g	*Olivenöl oder Butter*
1	*Zwiebel*
✳	*Schabzigerklee*
1 EL	*Acerola- Wasser - Gemisch*

Zubereitung

1) ***Chicorée*** *waschen, halbieren, den bitteren Strunk keilförmig herausschneiden und in Stücke teilen. Die in Würfel geschnittene* ***Zwiebel*** *in* ***Olivenöl*** *oder* ***Butter*** *andünsten.*

2) Den geschnittenen ***Chicorée*** *dazugeben und mit* ***Schabzigerklee*** *würzen und gardünsten. Zum Schluß etwas* ***Acero-la - Wasser - Gemisch*** *darüberträufeln.*

Für jeden uneingeschränkt gut

1 

1 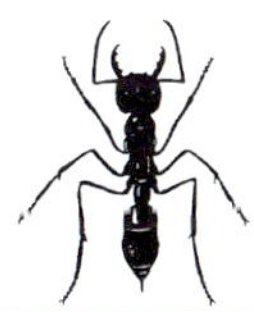

1 

1 

China-Kohl

delikat

Zutaten

200 g	*China-Kohl (geputzt)*
zur Soße:	
10 g	*Soja-Sosse "Shoyu"*
1 EL	*Brottrunk*
10 g	*Sonnenblumen-Kaltpreßöl*
1	*kleine Knoblauchzehe (kleingeschnitten)*
1	*Messerspitze Kümmelpulver*

Laut UGB-Forum 4/93:
Vorkommen möglicher krebshemmender Pflanzenstoffe in Kohlgewächsen

Zubereitung

1) Den vorbereiteten, in breite Streifen geschnittene ***Kohl*** *in wenig Wasser unter Wenden in drei Minuten dämpfen.*

2) Aus dem Gemüsewasser und aus den ange-gebenen Zutaten eine Sosse zubereiten, Gemüse vom Herd nehmen und damit vermischen. Etwas ziehen lassen.

Tip:
Man kann den China-Kohl auch kalt als Beilage essen, dazu passen Reis- oder Kartoffelgerichte.

FENCHEL-GEMÜSE

STATT FENCHELTEE

Zutaten

200 g	*Fenchel (geputzt)*
*	*Fenchelgrün zum Verzieren*
10 g	*zerlassene Sauer-Rahm-Butter*
1/2 TL	*Schabzigerklee*

Zubereitung

1) Vorbereitete ***Fenchelknolle*** *vierteln, in Dampf garen oder in wenig Wasser, abtropfen lassen, mit flüssiger* ***Butter*** *beträufeln und mit* ***Schabzigerklee*** *würzen.*

Dazu Kartoffelbrei reichen.

Gegarter Fenchel kann auch sehr gut auf einer Salatplatte mitverwendet werden.

Gemüse ist eine der basischsten Lebensmittel gruppen. Fenchel selbst wirkt verdauungsfördernd.

Gedämpfte Gurken

Zutaten

200 g	*Gemüsegurke (geschält und entkernt)*
1 TL	*Butter*
1 TL	*frischer Dill oder Dillspitzen (gerebelt)*
2	*Blättchen Basilikum (frisch oder gerebelt)*
1 Prise	*Peperonipulver oder 1 Msp. Thymian*

Gurken sind gute, kalorienarme Flüssigkeitspender und helfen die Nieren entlasten.

Gurken benötigen keine hohen Temperaturen. Deswegen schonend garen.

Zubereitung

*1) Die vorbereitete **Gurke** in kleine Würfel schneiden und kurz im Dämpfer oder in wenig Wasser dünsten.*

*2) Vom Feuer nehmen, würzen und **Fett** zusetzen.Mit Getreide- oder Kartoffelgerichten reichen.*

Wahlweise:

1) Würzen mit Estragon, Borretsch, Acerolapulver.

2) Würzen mit einer Msp. Miso, 1 Pr. Muskat und 2 EL Petersilie

In allen Fällen kann vor dem Servieren etwas saure Sahne eingerührt werden.

Gebackene Maiskolben

Kindheitserinnerungen

Zutaten

6-8 junge noch nicht ausgereifte Maiskolben

30 g Butter

So einfach, schmackhaft und gesund.

Die feinen, zarten Maiskolben schmecken heute genauso gut wie früher.

Zubereitung

***Maiskolben** der Länge nach aufschneiden, auf einen Rost legen und braten, während man sie wiederholt mit frischer **Butter** bestreicht.*

Oder auf der Biostufe im Dampftopf garen und mit frischer zerlassener Butter vor dem Servieren übergießen.

Mais ist ein glutenfreies = klebereiweißfreies Getreide.

Tip:
Maiskolben schmekken sehr gut, wenn sie mit Gomasio (geröstetem Sesam mit Meersalz) bestreut werden.

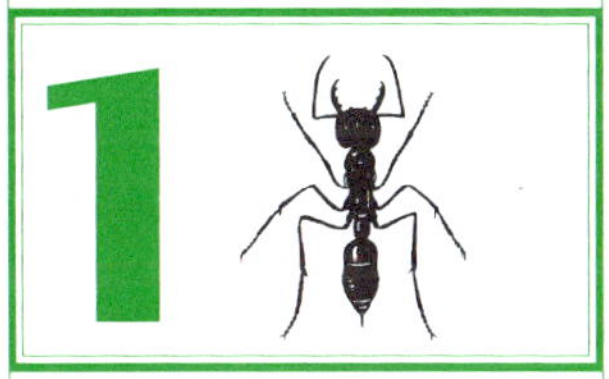

Schwarzwurzeln

- guter Spargelersatz -

1

1

1

1

Zutaten

1 kg	*Schwarzwurzeln*
	Wasser mit Brottrunk
30 g	*Butter*
1 Msp	*Muskatnuß*
1 EL	*gehackte Petersilie*

Schwarzwurzel als Gemüse ist wertvoller als Spargel - und vor allem auch für den Rheumatiker optimal geeignet.

Zubereitung

1) ***Schwarzwurzeln*** *schaben und sofort in* ***Brottrunk-Wasser-Gemisch*** *legen. Dann in wenig Wasser garen, herausnehmen und abtropfen lassen.*

2) Gemüse auf einer Platte anrichten und mit zerlassener ***Butter*** *übergießen.*

Tip:

Vergessen Sie nicht, das Gemüsewasser anderweitig zu verwenden, evtl. zu einer Sosse!

Man sagt, die Schwarzwurzel sei der Spargel des kleinen Mannes.

Gebackene Auberginen
(blaue Eierfrucht)

Zutaten

4-6	*Auberginen*
	wenig Sojasoße
	Olivenöl
1 EL	*gehackte Kräuter (z. B. Schnittlauch, Pimpinelle oder Thymian)*

Auberginen aus anerkannt kontrolliert ökologischem Anbau können mit der Schale verwendet werden, andernfalls muß die Frucht geschält werden.

Die Aubergine ist im strengen Sinne nicht basisch. Ihr Säureüberschuß ist aber gering

Zubereitung

1) Je nach Größe werden 4-6 ***Auberginen*** *geschält und in Scheiben geschnitten. Man würzt sie mit wenig* ***Sojasoße*** *und läßt sie einige Zeit durchziehen.*

2) Nachdem die Scheiben auf einem Sieb abgetropft sind, backt man sie in der Pfanne in ***Olivenöl*** *auf beiden Seiten und bestreut sie mit den gehackten* ***Kräutern****.*

Tip:

Um Fett einzusparen, gibt man etwas Wasser zu dem Gemüse, deckt den Deckel auf die Pfanne und läßt die Auberginen garen.

LAUCHSTANGEN

GEDÜNSTET

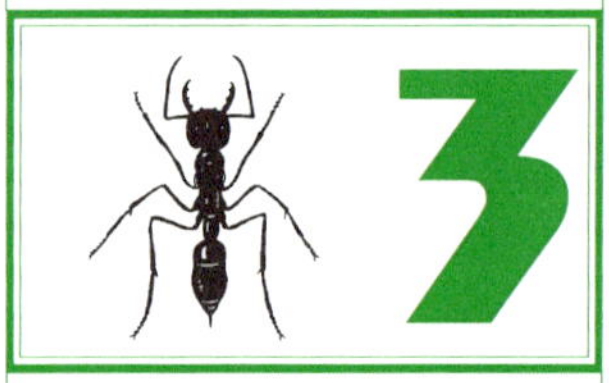

Zutaten

500 g	*Porree*
1/4 L	*Gemüsebrühe*
4 EL	*saure Sahne*
1 Msp.	*Muskatnuß*
1 Msp	*Piment*

Porree ist ein winterhartes Gemüse. Porreestangen mit Wurzeln gekauft und in Erde eingegraben halten sich über Wochen frisch!

Zubereitung

*1) **Lauchstangen** längs halbieren, putzen, in der **Gemüsebrühe** weichdünsten und mit **Muskat** und **Piment** würzen.*

*2) Vor dem Anrichten mit gequirlter **saurer Sahne** übergießen.*

Da manche Rheumatiker wie bei anderen Laucharten auch bei Porree verstärkte Beschwerden haben, verwenden Sie diesen nicht bei stärkeren Krankheitsbeschwerden!

Porree ist eines der basischsten Gemüse!

Porreegemüse mit Kapern

Zutaten

1 kg Porree
1/2 Tasse saure Sahne
1 Msp Paprika
1 EL Kapern
20 g Butter

Zubereitung

1) ***Porree*** *putzen, längs halbieren, gut waschen, in 3 - 4 cm große Stücke schneiden und auf ein Sieb zum Abtropfen legen.*

2) Im Dämpftopf kurz gardämpfen.

3) Die ***saure Sahne*** *verquirlen und mit etwas* ***Paprika*** *und 1 Eßlöffel* ***Kapern*** *verrühren*

4) Das Gemüse mit der Sosse übergießen und mit Butterflöckchen belegt servieren.

Porree ist relativ calciumreich (120 mg /100 g)

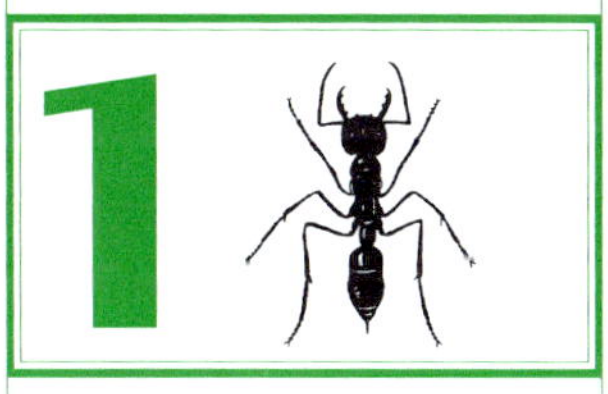

GEGARTER WEIßKOHL

Weißkohl ist ein guter Basen-Spender.

Zutaten

1 kg	*Weißkohl*
1 Tasse	*Wasser*
1 EL	*Olivenöl*
1	*Zwiebel*
1 TL	*Kümmel*
1/2 TL	*Paprika und Curry*

Dem Rheumatiker wird empfohlen, die Zwiebel wegzulassen und das Gericht mit z.B. Schnittlauch zu bestreuen.

Weißkohl, Wirsing und andere Kohlsorten können beim Rheumatiker zu Reaktionen führen. Aber nie so stark wie z.B. bei Karotten und Sellerie.

Zubereitung

1) ***Olivenöl*** *erhitzen und den in feine Streifen geschnittenen trockenen* ***Weißkohl****, sowie die* ***Zwiebel, fein gehackt,*** *und die* ***Gewürze*** *hinzugeben.*

2) Bei mäßiger Hitze im geschlossenen Topf rund 10 min garen, evtl. etwas Wasser zugeben, um ein Anbrennen zu verhindern.

Tip:

Wahlweise, eine in feine Streifen geschnittene rote Paprikaschote kurz mitdünsten.

Dazu schmecken sehr gut Nudeln, natürlich aus glutenfreiem Getreide (Rezept siehe S. 244)

GRÜNE BOHNEN MIT TOMATEN
UND GLASIERTEN KERNEN

Zutaten

2 EL	*Sonnenblumenkerne*
1 EL	*Kürbiskerne*
1 EL	*Sojasoße*
400 g	*vollreife Tomaten*
*	*Peperonipulver*
700 g	*Kenia-Bohnen (hauchdünne Brechbohnen)*
3-4	*Zweige frisches Bohnenkraut*
1/4 L	*Gemüsebrühe*
1 ML	*Biobin*

Durch ihren Gehalt an Oxalsäure gehören Tomaten nicht zu den basischen Gemüsefrüchten.

Rheumatikern und Allergikern wird empfohlen die Tomaten durch z.B. rote Paprika zu ersetzen.

Zubereitung

1) ***Sonnenblumenkerne*** *und* ***Kürbiskerne*** *ohne Fettzugabe in einer Pfanne rösten. Mit* ***Sojasoße*** *beträufeln und weiterrösten, bis die Flüssigkeit verdunstet ist. Auf Pergamentpapier trocknen.*

2) ***Tomaten*** *mit kochendem Wasser übergleßen, häuten, Stielansätze entfernen, in Würfel schneiden und mit* ***Peperonipulver*** *würzen.*

3) ***Bohnen*** *waschen, putzen und zusammen mit dem* ***Bohnenkraut*** *in* ***der Gemüsebrühe*** *garen. Abgießen, das Gemüsewasser auffangen und das* ***Bohnenkraut*** *entfernen.* ***Biobin*** *mit dem Gemüsefond anrühren.* ***Bohnen*** *in der Sauce schwenken, mit den* ***Tomatenwürfeln*** *und* ***Nüssen*** *bestreuen.*

HEIẞE MARONEN

(EẞKASTANIEN)

Zutaten:

Eßkastanien (ca. 8 - 10 Stück pro Person)

Maronen sind extrem basisch und allergiearm und deswegen besonders wertvoll. Sie können auch roh gegessen werden.

Zubereitung:

*1) **Maronen** waschen, kreuzförmig einritzen.*

2) Auf einem Backblech bei 170 Grad ca. 10 min im Backofen backen. Eine leckere Knabberei im Winter.

KASTANIENGEMÜSE

EINE PIKANTE KÖSTLICHKEIT

Zutaten

500 g	*ungeschälte oder*
250 g	*geschälte Kastanien*
100 ml	*Gemüsebrühe*
1 EL	*Rahm*
1 EL	*frische Butter oder Nußmus*

Hinweis:

Die geschälten Kastanien können auch mit einer Zwiebel angedünstet und in Gemüsebrühe gegart werden.

Zubereitung

1) Die ungeschälten ***Kastanien*** *an der spitzen Seite einritzen, ein Backblech mit Wasser benetzen, die Kastanien drauflegen und in den auf 200 Grad vorgeheizten Backofen schieben.*

2) Nach etwa 5 Minuten herausnehmen und noch heiß schälen.

3) Dann die ***Kastanien*** *mit dcm* ***Rahm*** *in die* ***Gemü-sebrühe*** *geben. Etwa 10 min. köcheln, bis die Flüssigkeit eingedämpft ist.*

4) ***Butter*** *oder* ***Nußmus*** *über die angerichteten* ***Kastanien*** *geben und servieren.*

Hinweis:

Frisch lassen sich Kastanien sehr gut schälen. Die geschälten Früchte können auch sehr gut eingefroren und somit auf Vorrat gelagert werden.

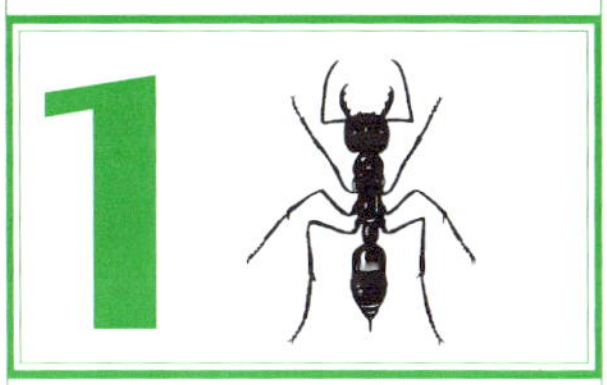

Maronenpüree

Die basische Paste

1

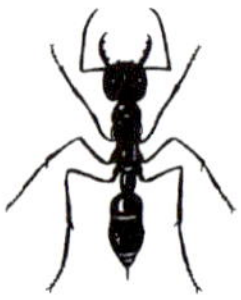

1

1

1

Zutaten

250 g	*Maronen, geschält (etwa 500 g ungeschält)*
Ca. 250 ml	*Mineralwasser*
20 g	*Butter*
20 g	*Sahne, 30% Fett i.Tr.*

Zubereitung

1) Die ungeschälten Maronen an der spitzen Seite einritzen, ein Backblech mit Wasser benetzen, die Maronen drauflegen und in den auf 200 Grad C vorgeheizten Backofen schieben.

2) Nach etwa 5 Minuten herausnehmen und noch heiß schälen.

3)In der Zwischenzeit Wasser zum Kochen bringen und die Maronen darin weichkochen.

4) Danach die Maronen pürieren, die Butter und die Sahne dazugeben.

Hinweis:

Sehr trockene Maronen über Nacht einweichen und am nächsten Tag ca. 5 Minuten im Einweichwasser bei mittlerer Hitze garkochen, dann schälen, pürieren usw. Das Schälen der Maronen ist zeitaufwendig.

Kohlrabi mit Kräutern

Zutaten

1	*Kohlrabi*
½ EL	*Butter*
1	*Zwiebel, gehackt*
100 ml	*Gemüsebrühe*
1 EL	*zarte Kohlrabiblätter, gehackt*
1 EL	*Rahm*
1 EL	*Petersilie, fein gehackt*
1 EL	*Estragon, fein gehackt*

wahlweise

1 TL	*Dill*
1 Msp	*Rosmarin*

Tip:
Ein Teil der Kohlrabi kann auch in roher Form dem Gemüse grob geraffelt untergemischt werden.

Zubereitung

*1) **Kohlrabi** zuerst in 4 Stücke, dann in feine Scheibchen schneiden.*

*2) Gehackte **Zwiebel** in **Butter** andünsten und das Gemüse beifügen.*

*3) **Gemüsebrühe** dazugeben und zugedeckt 10 min. garen. Zuletzt **Kohlrabiblätter** und **Rahm** beifügen.*

*4) Verschiedene gehackte **Kräuter**, z. B. **Petersilie, Estragon** usw. mit den fertiggekochten **Kohlrabi** vermischen.*

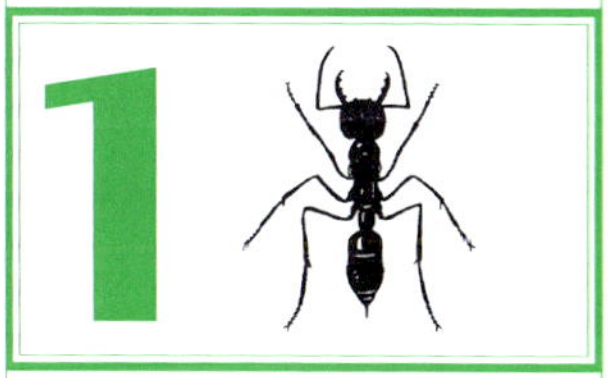

Kürbis in der Röhre

Kürbis ist eine sehr basische Gemüsefrucht.

1

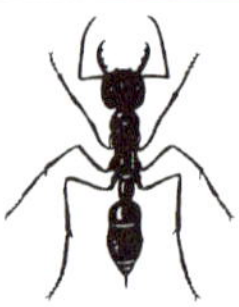
1

1

1

Zutaten

1	*Kürbis nach Belieben*
	Öl zum Einfetten des Backblechs
1 TL	*Schabzigerklee*
2 cm	*frische Ingwerwurzel*
1 EL	*Kresse*

wahlweise

*	*Sojasosse*
*	*Knoblauch*

Wer auf Knoblauch verzichten muß, kann zusätzlich mit Schabzigerklee würzen.

Dazu schmecken auch sehr gut "Mungobohnen-Sprossen"

Zubereitung

*1) **Kürbis** schälen, in dicke Scheiben schneiden und auf einem gefetteten Blech in der Bratröhre backen.*

*2) Vor dem Servieren mit gehacktem **Ingwer, Schabzigerklee** und gehackter **Kresse** bestreuen.*

3) Wahlweise mit Sojasosse und Knoblauch würzen

Der Kürbis kann auch im Ganzen gegart werden. Vorher aushöhlen, gut würzen und eventuell mit anderem Gemüse füllen, z. B. Rosenkohl.

Rosenkohl in Sahne

Zutaten

½ kg	*Rosenkohl*
30 g	*Butter*
1/8 l	*saure Sahne*
1 Pr.	*Muskatnuß gerieben*

Zubereitung

*1) Der **Rosenkohl** wird in wenig Wasser gedünstet.*

*2) Die Butter schmelzen, **saure Sahne** und etwas **Muskatnuß** dazugeben.*

*3) Alles gut durchrühren und zum Schluß den **Rosenkohl** hinzugeben. Mit **Muskatnuß** würzen. Gut erhitzen, wobei das Gemüse nicht mehr kochen darf.*

Alternative:

Sehr gut schmeckt eine Mischung aus Rosenkohl und Kürbis, zusätzlich mit Knoblauch abgeschmeckt.

Für alle Gruppen ein vollmundiges, kräftiges Wintergericht.

Wirsingroulade

mit Mais und Kräutern

Zutaten

200 g	*große Wirsingblätter*
200 ml	*Wasser*
100 g	*Maisgrieß, mittelgrob*
1	*Zwiebel*
1	*Zehe Knoblauch*
1 EL	*Sonnenblumen-öl*
	einige Petersilienblätter, fein gehackt
1 TL	*Kerbel, fein gehackt*
1	*Salbeiblatt, fein gehackt*
5 g	*Ei-Ersatz = 4 Teelöffel*
20 ml	*Wasser*
50 g	*Sahne*

Zubereitung

*1) **Maisgrieß** in **Wasser** einrühren, ½- 1 Std. quellen lassen, aufkochen und ca. 5 min. köcheln lassen. Weitere 30 min. bei ausgeschalteter Flamme und geschlossenem Topfdeckel ausquellen lassen.*

*2) **Wirsingblätter** ganz blanchieren, in Eiswasser abschrecken und gut abtropfen lassen.*

*3) **Zwiebel** und den **Knoblauch** schälen und im **Öl** andünsten. Nach und nach die **Kräuter** dazugeben, kurz mitdünsten.*

Fortsetzung auf der nächsten Seite...

Wirsingroulade

Fortsetzung:

Äußerlich wirken Kohlwickel bei Gelenkentzündungen wärmeentziehend.

Als Speise kann Kohl teilweise Gelenkentzündungen etwas verstärken.

Basisch ist Wirsing allemal.

4) **Ei-Ersatz** mit **Wasser** anrühren und 10 Minuten quellen lassen. Den **Mais** und die **Zwiebel-Knoblauch-Masse** mischen, abschmecken und den **Ei-Ersatz** unterrühren.

5) Damit die Wirsingblätter füllen. Die Blätter gut einrollen, so daß von der Masse nichts nach außen läuft.

6) Die **Rouladen** in eine feuerfeste Form setzen, mit Sahne übergießen und im vorgeheizten Backofen bei 175 Grad ca. 20 min. gratinieren.

Anstelle von 10 g Ei-Ersatz können Sie auch 5 g Ei-Ersatz + 1 Eigelb verwenden, außer bei Krebskranken.

Tip:

Wirsing und Füllung können auch in eine feuerfeste Form geschichtet und als Auflauf zubereitet werden.

Zucchini - Pfanne

Zutaten

1 EL	*Butter*
1	*Knoblauchzehe*
1	*mittelgroße Zucchini*
2 EL	*Gemüsebrühe*
1 TL	*Oregano*
1 TL	*Thymian*
1 Msp.	*Majoran*
1 TL	*Basilikum*

Dieses Gemüse schmeckt auch gut als Belag zu getoasteten Brotscheiben, natürlich glutenfrei!

Zubereitung

1) ***Butter*** *in einem Topf erhitzen und darin die* ***Knoblauchzehe*** *andünsten.*

2) ***Zucchini*** *bürsten, in Streifen schneiden und 5 - 10 min. mitdünsten. Mit etwas* ***Gemüsebrühe*** *ablöschen und mit den (möglichst frischen)* ***Kräutern*** *würzen.*

Eine besonders pikante Geschmacksnote kann man erreichen, wenn 1 TL Senf zugegeben wird.

Zwiebelgemüse

Zutaten

200 g	*Perlzwiebeln*
1/2 EL	*Butter*
100 ml	*Gemüsebrühe*
100 g	*gegarte, feine Erbsen*
1 EL	*Reismehl*
*	*Sojasosse*

Die Zwiebel hat von allen Pflanzen den höchsten Gehalt an Kieselsäure. Kieselsäure ist wichtig für die Stabilität des Bindegewebes, für Haut- und Nagelwachstum.

Zubereitung

1) ***Perlzwiebeln*** *im Fett langsam ungefähr 15 min. dämpfen.*

2) ***Gemüsebrühe*** *zufügen, kurz aufkochen lassen. Das Gemüse kann mit den gegarten* ***Erbsen*** *garniert werden.*

3) Evt. die ***Gemüsebrühe*** *mit 1 EL* ***Reismehl*** *andikken, mit etwas* ***Sojasosse*** *würzen und als Sosse über das Gemüse geben.*

SAUERKRAUT-SOJABOHNEN-EINTOPF

DEUTSCHES EINMAL ANDERS

Zutaten:

250 g	*Sauerkraut*
250 g	*Sojabohnen*
4	*mittelgroße, gekochte Kartoffeln*
2 EL	*Olivenöl*
1	*Lorbeerblatt*
100 ml	*Gemüsebrühe*
1	*Knoblauchzehe*
2 Msp.	*Paprikapulver, edelsüß*
1 EL	*Liebstöckel, fein gehackt*
1 EL	*gehackter Schnittlauch*

Achten Sie bei Sauerkraut mehr auf die Qualität (z.B. Demeter oder Bioland).

Zubereitung

*1) **Sojabohnen** über Nacht einweichen oder ankeimen lassen und garen (s.: Garen von Hülsenfrüchten). **Sauerkraut** kleinschneiden und die **Kartoffeln** würfeln.*

*2) **Öl** erhitzen und **Sauerkraut**, **Bohnen** und **Kartoffeln** darin dünsten. **Lorberblatt** hinzufügen und mit **Gemüsebrühe** auffüllen.*

*3) Mit **Paprikapulver** und geriebenem **Knoblauch** abschmecken, **Liebstökkel** dazugeben und kurz mitgaren. Mit gehacktem **Schnittlauch** bestreut servieren.*

Wirsing
mit Kastanien

Zutaten

200 g	Eßkastanien
600 g	Wirsing (vorbereitet)
100 g	Zwiebeln
50 g	Butter
5 El	gemüsebrühe
2 EL	Petersilie
1/2 EL	Majoran
	frisch geriebene Muskatnuß

Zubereitung

1) **Kastanien** waschen und von Wasser bedeckt 10 Minuten kochen. Danach die äußere Schale und die braune Innenhaut entfernen.

2)Den **Wirsing** waschen und putzen.Strunk herausschneiden. **Wirsing** in 1/2 cm breite Streifen schneiden.

3) **Zwiebel** schälen, würfeln und in 20 g **Butter** glasig dünsten.

4) **Wirsing** mit **Gemüsebrühe** zu den **Zwiebeln** geben. Das **Gemüse** in etwa 10 Minuten bißfest dünsten.

5) 20 g **Butter** und die **Kräuter** untermischen. Mit **Muskat** abschmekken.

6) Die **vorbereiteten Kastanien** in den restlichen 10 g **Butter** schwenken und auf den **Wirsing** geben.

Dazu schmecken:

Blechkartoffeln, Pellkartoffeln oder Kartoffeln aus der Pfanne (Rezept siehe Seite 189)

1 

2 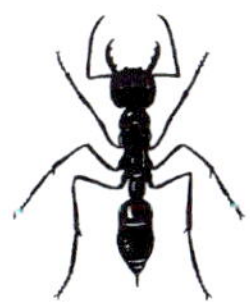

1 

1 

Dicke Bohnen

Sau- oder Puffbohnen

Zutaten

2 kg	*junge dicke Bohnen*
50 g	*Butter*
1	*Zwiebel*
1/4 L	*Gemüsebrühe*
evtl. 1/2 ML	*Biobin*
1 Zweig	*Bohnenkraut*
	fein gehackte Petersilie

Zubereitung

1) Die möglichst jungen dicken ***Bohnen*** *werden ausgeschotet.*

2) In ***Butter*** *wird die fein geschnittene* ***Zwiebel*** *hell geschwitzt und mit den* ***Bohnen****, der* ***Gemüsebrühe*** *und fein gehacktem* ***Bohnenkraut*** *gar gedünstet. Evtl. mit etrwas* ***Biobin*** *binden.*

3) Das fertige Gericht wird mit fein gehackter ***Petersilie*** *überstreut.*

Dazu eignet sich immer gut ein Kartoffelgericht.

Kartoffel-Giersch-Brennessel-Eintopf

Zutaten

2	mittelgroße Kartoffeln
20 g	Butter
1	Knoblauchzehe
1/8 L	Gemüsebrühe
2 Hände	voll junge Gierschblätter
2 Hände	voll junge Brennesselblätter
2 El	Sahne
*	Muskat

Dieses erste frische Gemüse finden Sie ab Anfang März unter Ihrer Gartenhecke.

Zubereitung

1) **Kartoffeln** schälen, in Würfel schneiden und in der erhitzten **Butter** leicht schmoren.

2) **Knoblauchzehe** schälen, pressen, zufügen. Mit der **Gemüsebrühe** aufgießen und fast gar werden lassen.

3) **Giersch-** und **Brennesselblätter** waschen, grob zerschneiden und mit den **Kartoffeln** weitergaren lassen.

4) **Sahne** zufügen. Mit **Muskat** abschmecken.

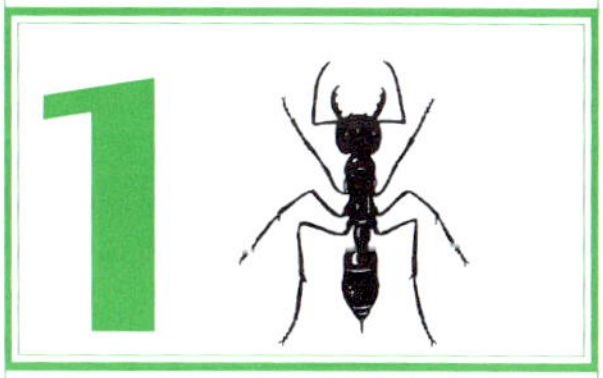

Stielmus

Zutaten

500 g	*Stielmus*
20 g	*Butter*
1/8 L	*Gemüsebrühe*
✳	*Thymian*
✳	*Oregano*
✳	*evtl. saure Sahne*

Zubereitung

1) ***Stielmus*** *putzen, waschen und klein schneiden.*

2) ***Butter*** *zerlassen,* ***Stielmus*** *darin dünsten, mit* ***Gemüsebrühe*** *ablöschen und ca. 5 Minuten garen.*
3) Mit ***Thymian*** *und* ***Oregano*** *abschmecken.*

Evtl. mit etwas ***saurer Sahne*** *verfeinern.*

Rotkohl

Zutaten

500 g	*Rotkohl*
2 EL	*Öl*
10 g	*Butter*
1	*Zwiebel*
1/4 L	*Gemüsebrühe*
1	*Lorbeerblatt*
2	*Nelken*
3	*große Äpfel (Boskop)*
1	*Kartoffel*
1 EL	*Brottrunk*

Sehr gut schmeckt es, wenn Kastanien unter den Rotkohl gemischt und kurz mitgegart werden.

Zubereitung

*1) **Rotkohl** putzen, waschen, fein schneiden.*

*2) **Öl** erhitzen, **Zwiebel** darin dünsten, den feingeschnittenen **Rotkohl** zugeben, kurz mitschmoren. Mit **Gemüsebrühe** auffüllen.*

*3) **Lorbeerblatt** und **Nelken** zufügen und ca. 15 Minuten garen.*

*4) In den letzten 5 Minuten die vorbereiteten **Äpfel** und die geriebene **Kartoffel** zugeben.*

*Mit **Brottrunk** abschmekken.*

GRÜN- ODER BRAUNKOHL

Zutaten

1 kg	*Grünkohl*
	Wasser
40 g	*Butter*
2	*Zwiebeln*
	Gemüsebrühe
2	*geschälte und fein geriebene Kartoffeln*
1 EL	*Senf*
1 Msp.	*Muskat*
1 Prise	*Pfeffer*

Zubereitung

*1) Der **Grünkohl** wird von den Stielen abgestreift, mehrmals sauber gewaschen und fein gehackt. **Zwiebeln** in der **Butter** andünsten.*

*2) Den **Grünkohl** dazugeben und mit soviel **Gemüsebrühe** auffüllen, daß alles knapp bedeckt ist und den **Kohl** ca. 20 Minuten garkochen lassen.*

*3) In den letzten 5 Minuten der Kochzeit die geriebenen **Kartoffeln** hinzu. Das Gemüse mit den **Gewürzen** abschmecken und auftragen. Dazu passen Pell- oder Bratkartoffeln.*

Türkischer Auberginen - Apetizer

Zutaten

4	*Auberginen*
4-6 EL	*Öl*
2	*Sojajoghurt*
2-3	*Knoblauchzehen*
1 TL	*Sojasoße*

Hinweis:
Zu diesem Gericht passen sehr gut Pellkartoffeln oder geröstetes, glutenfreies Brot.
Man kann die Auberginen auch fettfrei zubereiten, indem man statt des Olivenöls 2 - 3 EL Wasser verwendet und die Oliven darin dünstet

Zubereitung

1) Die ungeschälten ***Auberginen*** *längs in feine Scheiben schneiden, in dem* ***Öl*** *braten und mit einem TL* ***Sojasoße*** *beträufeln. Auf einem heißem Telller anrichten.*

2) ***Joghurt*** *mit durch die Presse gedrücktem* ***Knoblauch*** *mischen, über die Auberginenscheiben gießen.*

Unsere basischen Bratlinge aus Linsenkeimlingen

Zutaten

250 g	*Linsenkeime*
1	*Stange Lauch*
2 TL	*Eiersatz oder*
1 ML	*Biobin*
✳	*Gewürze (Cumin,Paprika, Sojasauce) oder frische Kräuter (Petersilie, Liebstöckel, Thymian) nach Geschmack.*
✳	*wenig Kokosfett oder Olivenöl zum Ausbacken*

Zubereitung

*1) **Keime** gründlich abspülen und im Mixer grob zerkleinern. **Lauch** ebenfalls putzen und fein schneiden.*

*2) **Keimlinge** und **Lauch** mit dem nach Vorschrift angerührten **Eiersatz**-vermischen, mit **Kräutern** und **Gewürzen** nach Geschmack abschmekken.*

3) Aus der Masse kleine Bratlinge formen und bei mäßiger Hitze auf beiden Seiten hellbraun ausbakken.

Zu den Bratlingen kann man Vollkornnudeln reichen.

Linsengemüse

gesund und basisch

Zutaten

250 g	*Linsen*
1 L	*Wasser*
1	*Lorbeerblatt*
1 EL	*Butter*
1	*Zwiebel*
1 EL	*Reismehl*
1 EL	*Miso*

Hinweis:
Dazu schmecken sehr gut Buchweizen- oder Hirsenudeln

Tip:
Das restliche Linsengemüse kann püriert und herzhaft abgeschmeckt (Thymian, Oregano) als Brotaufstrich verwendet werden.

Zubereitung

*1) Die am Abend vorher verlesenen, gewaschenen, eingeweichten oder ge-keimten **Linsen** mit dem Einweichwasser weichkochen*

*2) Die kleingeschnittene **Zwiebel** in der ausgelassenen **Butter** dünsten und zum Linsengemüse geben. **Mehl** mit etwas **Wasser** anrühren und unter das Linsengemüse rühren, garen und mit **Miso** abschmecken.*

Linsengenuß macht ihren pH-Streifen blau!

DER VITALISIERENDE MUNGOBOHNEN-SPROSSEN-PFANNKUCHEN

Zutaten

100 g	*Mungobohnen-sprossen*
einige	*Blättchen Basilikum bzw. Basilikumpulver*
1 EL	*Schnittlauch, feingehackt*
50 g	*Mais, gemahlen*
2 TL	*Eiersatz*
1 ML	*Biobin*
1 TL	*Sojasauce*
1 Msp.	*Peperonipulver*
*	*Kokosfett oder Olivenöl zum Ausbacken*

Zubereitung

*1) **Sprossen** waschen und kleinhacken, mit **Basilikum** und gehacktem **Schnittlauch** vermischen.*

*2) **Eiersatz** nach Vorschrift anrühren, mit **Maismehl** und **Biobin** vermengen, evtl. noch etwas **Wasser** hinzufügen.*

*3) Die **Sprossenmasse** unterheben, so daß ein glatter Teig entsteht. Mit **Sojasauce** und **Peperonipulver** würzen. Aus dem Teig kleine Pfannkuchen formen und in wenig **Fett** ausbacken.*

Dazu schmeckt ein Sauerkrautsalat

Tofu-Bratlinge

herzhaft gewürzt

Zutaten

250 g	Tofu
2 TL	Eiersatz
1	Stange Lauch
1	Knoblauchzehe
1 Stck.	Peperoni (Gemüsepaprika)
1 EL	Sojasosse
100 g	Sesamkörner
*	wenig Kokosfett oder Olivenöl zum Ausbacken

Dazu reicht man z. B. Mangold im Sommer bzw. Grünkohl im Winter

Zubereitung

1)Den Tofu mit dem Mixer pürieren. Den Eiersatz nach Vorschrift anrühren, das Gemüse waschen, putzen und fein hacken.

2) Alle vermischen und mit der Sojasosse, Peperoni und Knoblauch abschmecken. Den Teig 3 - 4 Stunden durchziehen lassen.

3) Aus der Teigmasse Frikadellen formen, in Sesam rollen und in wenig Fett ausbacken.

Soja ist ein excellenter Mineralstoffspender und enthält hochwertiges pflanzliches Eiweiß.
Besonders hervorzuheben sind sein Kaliumgehalt und die Anwesenheit von mehrfach ungesättigten Fettsäuren.

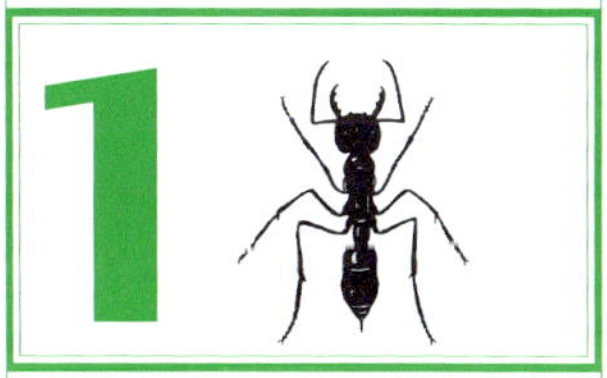

Okara-Bratlinge

Unser Tip

Zutaten

250 g	*Mangold oder Spinat*
250 g	*Okara*
1 EL	*Sojasauce*
2 Msp.	*geriebene Muskatnuß*
8	*entsteinte Oliven*
2 TL	*Eiersatz*
4 EL	*Wasser*
*	*wenig Kokosfett oder Olivenöl zum Ausbacken*

Alternative:

Statt Spinat bzw. Mangold kann man auch 1 Stange Lauch und eine Paprikaschote verwenden.

Zubereitung

1) Spinat bzw. ***Mangold*** *waschen und in feine Streifen schneiden,* ***Oliven*** *grob hacken. Mit* ***Okara****, dem vorbereiteten* ***Eiersatz****, der* ***Soja-sauce*** *und dem* ***Wasser*** *verrühren.*

2) Aus dem Teig mit nassen Händen Bratlinge formen und in wenig ***Fett*** *von beiden Seiten zugedeckt schonend braten.*

Hinweis:

Okara ist gewissermaßen ein Abfallprodukt, das bei der Herstellung von Sojamilch aus Sojabohnen entsteht. Okara enthält noch ca.5% pflanzliches Eiweiß und viele Ballaststoffe. Okara ist in Naturkostläden erhältlich

Selbstgemachter Sojajoghurt

Zutaten:

1 l	Sojamilch
3 El	Joghurt bzw. Joghurtkulturen (Joghurt - Starter)

Hinweis:
Für die Zubereitung von Sojajoghurt gibt es spezielle Joghurtkulturen, die im Reformhaus erhältlich sind.

Zubereitung:

1) Sojamilch auf 40 Grad erhitzen. Joghurt bzw. Joghurtkulturen n die Milch einrühren und in Gläser füllen.

2) 3 Std. im Joghurtzubereiter bei entsprechender Temperatur ziehen lassen. Den Sojajoghurt im Kühlschrank aufbewahren.

Es sollte nur Joghurt verwendet werden, der mit rechtsdrehender Milchsäure hergestellt wurde.
Er sollte möglichst nur von Höfen stammen (z. B. Bioland oder Demeter), die biologisch dynamisch wirtschaften.

Richards Joghurt-Käse

Zutaten

- *Sojajoghurt (Rezept siehe Seite 233)*

Zubereitung

1) Den Joghurt in ein Nylon- oder ein Baumwolltuch füllen. Das Tuch zu einem Ball drehen und mit einer dünnen Schnur zusammenbinden

2)Für ein paar Stunden über ein Spülbecken oder einen Topf hängen und abtropfen lassen.

Dadurch erhält man einen guten, feuchten Käse. Will man einen festeren Käse erhalten, dann läßt man ihn länger hängen oder preßt ihn eine Zeitlang.

Hinweis:

Dieser Käse kann als Grundlage für Hüttenkäse, Sahnekäse, Tunken, Salatsoßen und Käsekuchen verwendet werden.

Wenn der Joghurt nicht schön und dickt ist und leicht klumpt, kann man versuchen, ihn ein wenig zu erwärmen. Die Hitze wird dazu beitragen, daß er intensiver klumpt und die Klumpen fester zusammenhalten und leichter auszudrücken sind. Der Nachteil dabei ist die Zerstörung der Joghurtkulturen durch die Hitze und ein trocknerer Käse.

Joghurt "Hüttenkäse"

Zutaten

✳ Joghurtkäseklumpen (Rezept s. Seite 234)

Zubereitung

1) Etwas Miso auf eine Schüssel mit feuchtem Joghurtkäseklumpen streun und schon erhält man "Hüttenkäse".

2) Auf einem Salalatblatt servieren und mit Paprika und einem Zweig Petersilie verzieren.

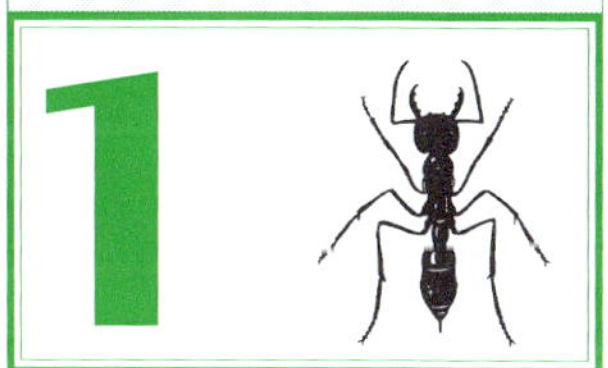

Hefeschmelz - "Käse"

Zutaten

1	Tasse Speisehefe-flocken
1/3	Tasse glutenfreies Mehl (z.B. Reis- oder Sojamehl
2	Tassen Wasser
3 El	Butter
1	Knoblauchzehe, fein gehackt
2 Teel.	Senf (Rezept s. Seite 282)

Zubereitung

1) Die trockenen Zutaten in einer Pfanne mischen. Dann nach und nach Wasser hinzugeben und mit einem Schneebesen gut verrühren, damit eine weiche Creme entsteht, die man dann mit dem restlichen Wasser verdünnt.

2) Die Pfanne wird auf den Herd gestellt und ständig umgerührt, bis die Soße eindickt und Blasen wirft. 30 Sekunden lang kochen und dann vom Herd nehmen.

3) Butter und Senf unterquirlen. Die Soße kann eindicken, wenn sie eine Weile steht. Danach wird sie nochmal erhitzt und noch etwas Wasser untergerührt.

VARIATION ZUM HEFESCHMELZ - "KÄSE"

Zubereitung

Um eine üppige, ergiebigere Soße, die gut zu Pizza paßt, zu erhalten, kann man die angegebene Menge Mehl durch

1) 3 Eßlöffel Maisstärke und 1 Eßlöffel Mehl ersetzen.

2) Statt der Butter 1 Tasse Öl darunterschlagen und zum Schluß bis zu 1 Tasse mehr Wasser zugeben.

3) Diese Soße wird während der letzten Minuten über die Pizza gegossen und mit überbacken.

Sie schmeckt aber auch sehr gut zu Gemüsen oder als Nudelsauce.

BUCHWEIZEN-GRÜTZE

1

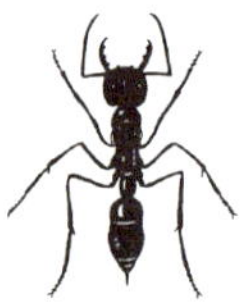
2

1

1

Zutaten

30 g	*Buchweizen-Grütze*
8-10 EL	*Gemüsebrühe oder Wasser*
100 g	*zarter Lauch*
5 g	*Sonnenblumen-öl*
1 Msp	*Miso*
1 Prise	*Hefepulver*
	Schnittlauch

Zubereitung

1) ***Buchweizengrütze*** *unter Rühren in kochendes* ***Wasser*** *geben, bei kleiner Hitze ausquellen lassen.*

2) Den sehr fein geschnittenen ***Lauch*** *in wenig Wasser dämpfen und unter den Brei mischen. Vom Feuer nehmen,* ***Öl Hefepulver*** *und 1 Prise* ***Miso*** *zusetzen und mit* ***Schnittlauch*** *bestreuen.*

Basisch kochen heißt gesünder werden!

Buchweizengrütze schmeckt auch sehr gut zu Grünkohl

Buchweizenfrikadellen

Vegetarisch geht es auch

Zutaten

250g	*Buchweizen-keimlinge*
400 g	*Sauerkraut*
1 ML	*Biobin*
15	*Haselnüsse, grob gehackt*
1 EL	*Schnittlauch, fein gehackt*
½ Bund	*Petersilie*
1 TL	*Basilikum, Thymian und Oregano*
	wenig Kokosfett oder Olivenol zum Ausbacken

Buchweizen läßt sich gut keimen und ist so von hervorragender gesundheitlicher Bedeutung.

Zubereitung

*1) Die zwei bis drei Tage gekeimten **Buchweizenkörner** gut abspülen und im Mixer grob zerhacken. **Sauerkraut** kleinschneiden.*

*2) **Buchweizenkeimlinge**, **Sauerkraut** und die gehackten **Nüsse** vermischen, **Biobin** und **Gewürze** dazugeben und alles gut vermengen.*

3) Aus der Masse Frikadellen formen und bei mäßiger Hitze auf beiden Seiten hellbraun backen.

Sprossenbratlinge

vitaminreich und basisch

Zutaten

75 g	*gekeimter Buchweizen*
50 g	*Mandeln*
½ Bund	*Schnittlauch*
1 EL	*frisch gehackte Kräuter (z. B. Liebstöckel, Petersilie)*
2 TL	*Eiersatz bzw. 1 ML Biobin*
½ TL	*Schabzigerklee*
1 Msp.	*Miso*
*	*wenig Kokosfett oder Olivenöl zum Ausbacken*

Zubereitung

*1) Den zwei bis drei Tage gekeimten **Buchweizen** abspülen und grob zerhacken. **Mandeln** ebenfalls grob hacken und unter die **Keimlinge** mischen.*

*2) **Eiersatz** nach Vorschrift zubereiten, mit den **Kräutern** unter die Masse geben und mit **Schabzigerklee** und **Miso** abschmecken.*

3) Kleine Bratlinge formen und bei schwacher Hitze von beiden Seiten backen.

Tip: Bratlinge in allen Varianten können auf Vorrat zubereitet und auch kalt gegessen werden.

BUCHWEIZENOMELETTE
MIT GEMÜSEFÜLLUNG

Zutaten

250 g	*Buchweizenmehl*
1/4 L	*Sojamilch*
1/4 L	*Wasser*
3 EL	*Sonnenblumenöl*
wenig	*Kokosfett oder Butterschmalz zum Backen*

Gemüsefüllung:

150 g	*Sojasprossen*
1	*rote Paprikaschote*
1	*gelbe Paprikaschote*
3	*Zucchini*
30 g	*Butter*
3 EL	*Sojasosse*
1 EL	*Brottrunk*
1 Msp.	*Thymian*
2 EL	*feingehackte Kräuter (z.B. Schnittlauch, Petersilie, Ysop, oder Basilikum)*

Zubereitung

1) Buchweizenmehl, Sojamilch, Wasser und Sonnenblumenöl zu einem glatten Teig rühren und 45 min. quellen lassen.

2) In der Zwischenzeit das Gemüse waschen, putzen und kleinschneiden. In der Butter andünsten, Sahne, Sojasosse und Brottrunk untermischen und mit Thymian würzen.

3) Eine Pfanne mit zerlassenem Kokosfett oder Butterschmalz auspinseln und aus dem gequollenen Teig Pfannkuchen ausbacken.

4) Die Pfannkuchen mit der Gemüsefüllung belegen, zuklappen und mit den Kräutern bestreut servieren.

Buchweizenkuchen aus der „guten alten Zeit“

Zutaten

1	Würfel frische Hefe oder
1 EL	Trockenhefe
1/2	Tasse lauwarmes Wasser
2	Tassen kaltes Wasser
1	Tasse Dinkelvollkornmehl
2	Tassen Buchweizenmehl
1 EL	Rübenkraut
1 TL	Weinsteinbackpulver
1/2	Tasse heißes Wasser
4 EL	Butter oder Öl

Zubereitung

1) **Hefe** im lauwarmen **Wasser** auflösen. Das kalte **Wasser** hinzugeben.

2) Das **Mehl** vor dem Abmessen einmal durchsieben, dann **Dinkelmehl** und **Buchweizenmehl** vermischen. Den **Hefeansatz** unter die Mehlmischung rühren und den Teig kräftig schlagen, bis er glatt ist. Über Nacht bedeckt stehen lassen.

2) Am nächsten Morgen **Rübenkraut**, das in 1/2 Tasse **Wasser** aufgelöste **Backpulver** und 4 Eßlöffel zerlassene **Butter** oder **Öl** in den Teig rühren. Alles 30 Minuten

Fortsetzung siehe: folgende Seite

BUCHWEIZENKUCHEN AUS DER „GUTEN ALTEN ZEIT“

FORTSETZUNG:

bei Raumtem-peratur stehen lassen.

3) Die Mischung von einer Löffelspitze in eine leicht geölte Pfanne tropfen lassen und auf einer Seite goldbraun backen. Wenn er voller Blasen und am Rand gar ist, wird er gewendet und auf der anderen Seite gebacken. Er darf nicht zusammengedrückt werden.

Hinweis:

Will man den Teig als Starter für einen weiteren Gang Buchweizenkuchen verwenden, nimmt man 1 Tasse von dem Teig beiseite (bevor das Rübenkraut und das Backpulver dazugemischt wird), gießt eine Tasse kaltes Wasser darauf, bedeckt den Teig und stellt ihn bis zum Vorabend des Tages, an dem der Teig verwendet werden soll, in den Kühlschrank. Das Wasser, das sich an der Oberfläche des Teiges abgesetzt hat, wird abgegossen. Die gleiche Menge Dinkel- und Buchweizenmehl wie im Originalrezept wird unter den Teig gemischt.Dann gibt man 2 1/2 Tassen kaltes Wasser dazu, bedeckt den Teig und läßt ihn über Nacht stehen. Am nächsten Morgen wird den Anweisungen im Originalrezept für das Zugeben von Backpulver und Rübenkraut gefolgt.

WARUM NICHT BUCHWEIZENNUDELN ?

1

1

1

1

Zutaten

225 g	*Buchweizen-mehl*
25 g	*Butter*
ca. 100 ml	*Wasser*

In strengem Sinne ist Buchweizen kein Getreide sondern ein Knöterichgewächs.

Zubereitung

1) ***Mehl*** *in eine Schüssel sieben, mit der weichen* ***Butter*** *und soviel* ***Wasser*** *vermischen, daß ein dicker Teig entsteht. Gut durchkneten.*

2) Wenn der Teig klebt, etwas ***Mehl*** *dazugeben, auf einem bemehlten Brett ausrollen (ganz dünn) und in schmale Streifen schneiden.*

3) Die ***Nudeln*** *in einem großen Topf mit genügend* ***Mineralwasser****, dem ein Schuß* ***Öl*** *zugefügt ist, bißfest kochen.*

4) In ein Sieb gießen und sofort servieren. Etwas ***Butter*** *darübergeben.*

Das Nudelwasser weiterverwenden, z. B. als Flüssigkeit zur Suppe.

Buchweizenpfannkuchen
mit Preisselbeeren

Zutaten

60 g Buchweizenmehl
60 g Reismehl
1 EL Butter zerlassen oder 1 EL Öl
300 ml Sahne-Wasser-Gemisch oder Sojamilch

Zubereitung

1) Alle Zutaten vermischen. 1/2 Stunde ruhen lassen. Wie gewohnt Pfannkuchen backen.

Dazu paßt Apfelkompott aus süßen Früchten - ohne Zuckerzugabe !

Variante

250 g Buchweizen
500 ml Wasser
3 EL Öl

Füllung

- *gemahlene Mandeln*
- *Preiselbeeren*
- *Sahne*

Zubereitung

1)Aus allen Zutaten einen Omlettenteig herstellen und 1/2 Stunde quellen lassen. Dünn ausbacken (Siehe Pfannkuchen)

*2)gemahlene **Mandeln** mit **Preiselbeeren** und **Sahne** zu einer streichfähigen Creme verrühren und auf die Pfannkuchen streichen.*

Hirse - Gemüse -Gericht

köstlich !

Zutaten

200 g	*Hirse*
500 ml	*kalte Gemüsebrühe*
2	*Knoblauchzehe, fein gehackt*
2 EL	*Olivenöl*
1 - 2 EL	*Tomatenmark*
250 g	*Weißkohl*
100 g	*Zucchini*
20 g	*getrocknete Steinpilze*
½ TL	*Rosmarin*
1 TL	*Miso*
2 EL	*frische, gehackte Kräuter (z.B. Basilikum, Schnittlauch oder Petersilie).*

Zubereitung

1) ***Steinpilze*** *in etwas* ***Wasser*** *quellen lassen.* ***Hirse*** *heiß waschen, in 450 ml* ***Gemüsebrühe*** *geben und ½ - 2 Std. quellen lassen. Aufkochen, 5 min. köcheln lassen und weitere 20 min. ausquellen lassen.*

2) Gehackte ***Knoblauchzehen*** *im* ***Olivenöl*** *andünsten,* ***Tomatenmark*** *zugeben und kurz mitdünsten und mit der restlichen* ***Gemüsebrühe*** *ablöschen.*

3) ***Weißkohl*** *und* ***Zucchini*** *waschen, putzen und in feine Streifen schneiden, zu dem* ***Tomatenmarkgemisch*** *geben und mitdünsten. Die eingeweichten* ***Steinpilze*** *ebenfalls dazugeben und mit* ***Rosmarin*** *und* ***Miso*** *würzen.*

4) ***Gemüse*** *und* ***Hirse*** *mischen, ggf. nochmals abschmecken und mit gehackten* ***Kräutern*** *bestreut servieren.*

Hirsebrei einfach und lecker

Die süße Variante

Zutaten

40 g	gemahlene Hirse
100 g	Soja-Milch
10 g	geriebene Haselnüsse
10 g	ungeschwefelte Aprikosen
*	etwas geschlagene Sahne bei Bedarf

Die Aprikosen können auch durch Feigen ausgetauscht werden.

Zubereitung

1) **Hirseschrot** und die eingeweichten **Aprikosen** in die Flüssigkeit geben, 5 Minuten aufkochen lassen und auf abgestellter Platte ausquellen lassen.

2) Die **Nüsse** unterrühren und servieren.

Es ist sinnvoll, alle Getreidesorten vor dem Garen einzuweichen. (s. Getreide garen)

Hirse ist basicher als Reis.

Reis ist basischer als Weizen.

1 

2 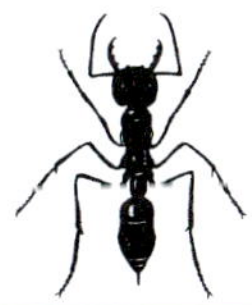

2 

1 

DER VIELSEITIGE HIRSEBREI

DIE PIKANTE VARIANTE

Zutaten

300 g	*Hirse*
1 L	*Wasser*
2	*Zwiebeln*
2 EL	*Öl*
1 TL	*gehackte Kräuter (z.B. Majoran, oder Thymian)*
evtl.	
1	*Knoblauchzehe*
1 Msp.	*Muskat*
1 Msp.	*Miso*
✳	*gehackte Petersilie*

Zubereitung

1) Die Hirse 5 Min. garen (s. Getreidezubereitung). Auf kleiner Flamme ausquellen lassen (20 bis 30 Minuten). Die gehackten Zwiebeln in Öl goldgelb dünsten und zugeben.

2) Hirsebrei mit den Gewürzen und Kräutern abschmecken und mit der gehackten Petersilie bestreuen.

Sie können auch Paprikaschoten, Tomaten, sogar Kohlrouladen mit diesem Hirsebrei füllen.

O D E R

Sie formen aus der fertigen, herzhaft abgeschmeckten Hirsemasse kleine Puffer, panieren sie mit Sesam o. ä. und backen Sie in der Pfanne goldgelb!

KÖSTLICH!!!!

Hirse mit Gemüse-Allerlei

Zutaten

- *fertiger Hirsebrei*
- *gedünstetes Gemüse der Saison*

Zubereitung

*1) Fertigen **Hirsebrei** mit fertig gedünstetem **Gemüse** mischen, z.B. einem Quer-durch-den-Garten-Gemüse: **Lauch, Blumen-, Rosenkohl, Kohlrabi**.*

*2) Zum Schluß mit einem Stück **Butter** und 2 Eßlöffeln süßer **Sahne** verfeinern und eventuell durch die Presse gedrücktem **Knoblauch** und gehackter **Petersilie** darüberstreuen.*

Hirse gekeimt ist stark vitalisierend. Die normale Hirse ist allerdings dazu nicht geeignet, da teilentspelzt.

1 

2 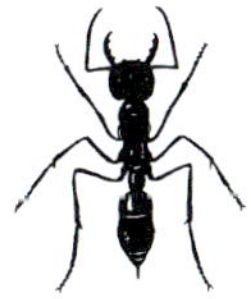

2 

1 

UNSER BASISCHES
HIRSEKÜCHLEIN

Zutaten

150 g	*Hirse*
500 ml	*Wasser*
1 kl.	*Zwiebel*
	Petersilie
1 EL	*Öl*
2 EL	*glutenfreies Vollkornmehl*
*	*Öl zum Backen*

Zubereitung

*1) Aus **Hirse** und **Wasser** einen festen Brei kochen. Feingeschnittene **Zwiebel** und **Petersilie** in **Öl** dämpfen und samt **Vollkornmehl** dem Brei zufügen.*

2)Die Masse 1/2 cm dick auf ein nasses Brett streichen und dem Erkalten gleichmäßige Rechtecke ausschneiden, die man in heißem Fett hellgelb backt.

Petersilie als Gewürz ist u. a. günstig wegen seines Vitamin B_{12}- Gehaltes.

Hirsepudding

Pudding einmal anders

Zutaten

100 g	Hirsemehl
300 ml	Wasser
2 EL	pürierte Trockenfrüchte
3 EL	Mandeln, gehackt
100 ml	Sahne, geschlagen

Zubereitung

1) **Hirsemehl** mit kaltem **Wasser** vermischen und unter ständigem Rühren zum Kochen bringen. Ca 5 Minuten kochen, ausquellen lassen.

2) Pürierte **Trockenfrüchte** und **Mandeln** untermischen und die geschlagene **Sahne** unterheben. In Schälchen anrichten.

Wildaprikosen (Naturkostladen) sind besonders schmackhaft zu Hirse.

Wahlweise kann die Hirse auch mit Vanille und/oder Zimt abgeschmeckt werden.

Säurefrei essen heißt nicht verzichten - sondern mehr vom Gutem essen.

1

1
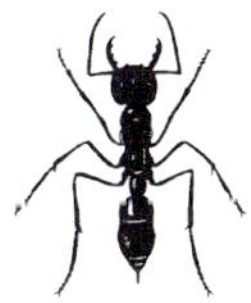

1

1

MACH' DIR EINE
HIRSE - PASTINAKEN - PFANNE

Zutaten

160 g	Hirse
400 ml	Gemüsebrühe
½ Bund	gehackter Schnittlauch
1 EL	Olivenöl
400 g	Pastinaken
1 TL	Schabzigerklee
1 TL	Hefeflocken
3 EL	frisch gehackte Kräuter (z. B. Dill, Portulak, Borretsch
	wenig Kokosfett oder Olivenöl zum Ausbacken

Zubereitung

1) **Hirse** heiß abwaschen. **Gemüsebrühe** zugeben und ½ - 2 Std. quellen lassen. Erhitzen, 5 min. weiter kochen und bei ausgeschalteter Platte ausquellen lassen.

2) **Öl** erhitzen. **Schnittlauch** und grob die geraspelten **Pastinaken** im **Öl** andünsten, mit **Schab-zigerklee** und **Hefeflocken** abschmekken.

3) **Pastinaken** unter die **Hirse** ziehen und mit den frischen **Kräutern** bestreut servieren.

Alternative:
Hirse - Pastinakenmasse auf ein kalt abgespültes Backblech streichen, in portionsgerechte Stücke zerteilen und diese in wenig Fett von beiden Seiten in einer Pfanne braten.

MAISBREI MIT GEMÜSE

SCHMECKT GUT

Zutaten

500 g	*Gemüse nach Vorrat (Lauch, grüne Bohnen, Kohlrabi, Petersilienwurzel etc.)*
1-2	*Zwiebeln*
1	*Knoblauchzehe*
je 1 Msp.	*- Thymian,*
	- Majoran,
	- Rosmarin,
	- Muskat
	Spur Salbei
2 EL	*Öl*
*	*fertiger Maisbrei von 250 g Mais, mit Gemüsebrühe gekocht*
20 g	*Butter*
1 EL	*Sahne*
*	*Petersilie*

Zubereitung

*1) Das in kleine Stücke geschnittene **Gemüse**, die gehackten **Zwiebeln** sowie die **Gewürze** und **Kräuter** im **Öl** und wenig **Wasser** garen (20 Minuten).*

*2) Mit dem fertigen, nicht zu dicken **Maisbrei** mischen, **Butter** und **Sahne** darunter rühren und gehackte **Petersilie** darüber streuen.*

MAISSCHNITTEN

köstlich als Beilage

Zutaten

250 g	*Maismehl*
1 L	*Wasser oder Gemüsebrühe*
1 Msp.	*Majoran*
1 Msp.	*Muskat*
1/2 TL	*Koriander (gem.)*
1	*Knoblauchzehe*
*	*Olivenöl oder Kokosfett zum Backen*

Maisschnitten eignen sich als Beilage zu Ragouts

Zubereitung

1) Maismehl in die Flüssigkeit einrühren 1/2 bis 1 1/2 Stunde quellen lassen.
2) Danach 5 Minuten aufkochen und auf ausgeschalteter Platte nachquellen lassen.
3) Den Maisbrei zentimeterdick auf ein mit kaltem Wasser abgespültes Brett oder Blech streichen und abkühlen lassen.
4) Danach rautenförmige Stücke schneiden und in heißem Olivenöl goldgelb backen.

Petersilienreis
mit Safran

Zutaten

75 g	*Natur- oder Wildreis*
1 TL	*Sonnenblumenöl*
1/2 Msp	*Safran*
150 ml	*Wasser oder Gemüsebrühe*
1 Msp.	*Miso*
	Petersilie

Zubereitung

1) ***Reis*** *garen (s. Getreidezubereitung). Dann* ***Safran*** *dazugeben und ca. 5 Minuten mitkochen lassen.*

2) ***Reis*** *bei geringer Hitze etwa 20 Minuten ausquellen lasen. Danach die gewaschene und gehackte* ***Petersilie*** *untermengen.*

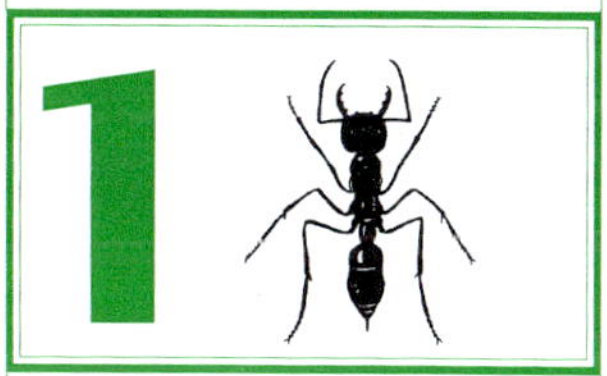

Reis in Weiß

Reis in Kokosmilch

2

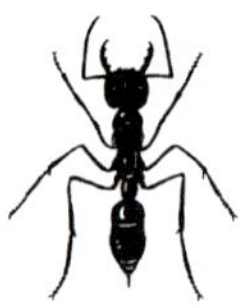

1

1

1

Zutaten

300 g	Kokosflocken
1 L	Wasser
400 g	Vollwertreis oder Wildreis
1 Msp.	Miso
2	Lorbeerblätter
1 Prise	Acerolapulver

Zubereitung

1) **Kokosflocken** mit dem kochenden **Wasser** überbrühen und 30 Minuten ziehen lassen. Dann die Masse mit den Händen durchkneten und abseien.

2) In der so entstandenen Kokosmilch den gewaschenen **Reis** mit den Lorbeerblättern garen.

3) Zum Schluß mit den restlichen Zutaten abschmecken.

Acerolapulver ist als mildes Säuerungsmittel wegen seines hohen Vitamin C-Gehaltes Essig und Zitrone (sehr schneller Vitamin C-Abbau) vorzuziehen.

CARPACCIO À LA DOTTORE H.

Zutaten pro Person

200 g	*Rinderfilet*
✳	*Gewürzkräuter nach Geschmack*
✳	*Saucen oder Dips nach Geschmack*

Zubereitung

*1) Das **Rinderfilet** im Tiefkühlfach oder der Tiefkühltruhe anfrieren lassen, bis es sich gut schneiden läßt.*

*2) Das **Rinderfilet** dann mit einem scharfen Messer oder einem Allesschneider in hauchdünne Scheiben schneiden.*

3) Die Filetscheiben auf einen Teller legen, mit Frischhaltefolie luftdicht abdecken und einige Stunden im Kühlschrank auftauen lassen.

*4) Das aufgetaute Fleisch mit **Kräutern** nach Geschmack würzen und mit einem Frischkostsalat und verschiedenen Dips bzw. **Saucen** servieren und sofort verzehren!*

Variationen siehe folgende Seite...

Variationen à la Dottore

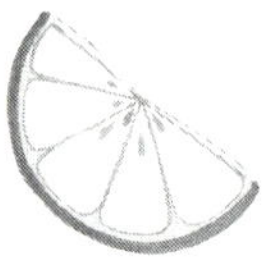

1

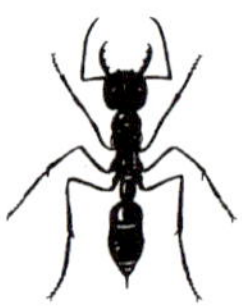

1/3*

1/4**

1

Statt Rinderfilet kann man auch ***fangfrischen, festfleischigen Fisch (Lachs, Forelle oder Makrele)*** *verwenden. Hierzu passen geschmacklich besonders gut* ***Merrettich, Ingwer, Sojasauce , Senf*** *usw.*

Wenn Sie Liebhaber von Gerichten mit rohem Fleisch oder Fisch sind - oder es werden sollten: Versuchen Sie auch mal andere Rezepte!

Hinweis:
Bei der Herstellung von Gerichten mit rohem tierischen Eiweiß sollten strengste Ansprüche an die Sauberkeit beim Kauf und der Verarbeitung der Gerichte gestellt werden.

Ihre eigenen Erfahrungen und Rezepte würden uns interessieren.

***Forelle**
****Makrele**

TANTE STINE'S GRAVAD LAKS

Dazu reicht man Merrettich oder Preiselbeer - Sahne Gemisch und glutenfreien Toast mit Butter.

Zutaten für 6 Personen:

1 1/2 kg frischer Lachs
2 Bund Dill
1 1/2 EL grobes Salz (ausnahmsweise)
1 EL Peperonipulver
1/2 EL Rapadura (Ursüße)

Zubereitung

*1) Den **Lachs** entschuppen und längs halbieren, die Mittelgräte entfernen. Die Gräten aus den Lachsfilets ziehen. (Diese Arbeiten kann auch Ihr Fischhändler für Sie durchführen).*

*2) Die **Lachshälften** kalt waschen und abtrocknen.*

*3) Die eine **Lachshälfte** mit der Hautseite nach unten in eine große Glasschüssel legen.*

*4) **Dill** waschen, abtropfen lassen und damit das **Lachsfilet** bestreuen.*

*5) **Salz, Rapadura** und **Peperonipulver** ebenfalls auf das Filet streuen und alles mit der zweiten Fischhälfte abdecken.*

6) Den Fisch mit einem Stück Frischhaltefolie abdecken, mit einem Küchenbrett beschweren.

7) Im Kühlschrank 3 Tage marinieren lassen, dabei den Fisch alle 12 Stunden wenden und mit dem austretenden Saft bestreichen.

8) Zum Servieren beide Lachsfilets auf die Hautseiten legen, Gewürze und Dill abschaben und mit einem Lachsmesser die Haut dünn ablösen und den Lachs schräg in sehr dünne Scheiben schneiden.

Fleischpastete

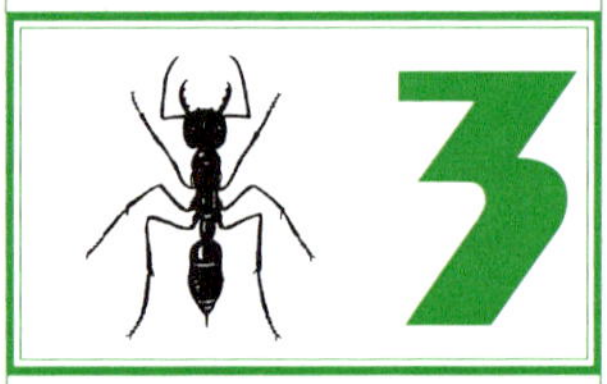

Zutaten

100g	*Maismehl*
100g	*Buchweizenmehl*
50 g	*Sojamehl*
1 Msp.	*jod. Meersalz*
100 g	*Butter*
100 ml	*Mineralwasser*
1 EL	*Brottrunk*
1 TL	*Palmkernfett*
1 kl.	*Zwiebel*
1 TL	*Petersilie*
250 g	*Hackfleisch*
2 EL	*Reismehl*
*	*wenig Wein oder Wasser*
1 Msp.	*jod. Meersalz*
1 Msp.	*Thymian*
1 Pr.	*Peperonipulver*

Backzeit: 10 Min. 200°
40 Min. 170°

Zubereitung

*1) **Mehl** und **Salz** werden gemischt und die **Butter** in Stückchen darauf verteilt.*

2) Die Mischung zwischen den Händen reiben, bis sie krümmelig ist.

*3) In diese Masse eine Vertiefung drücken, **Wasser** und **Brottrunk** hineingeben und von der Mitte aus alles zu einem Teig verarbeiten. Dieser muß kaltgestellt werden.*

*4) Inzwischen **Palmkernfett** erhitzen, die **Zwiebel** darin dünsten und das **Hackfleisch** in der Pfanne anbraten. Danach mit **Petersilie** bestreuen.*

Fortsetzung: nächste Seite...

Fleischpastete

Fortsetzung

5) Danach das Bratgut mit ***Reismehl*** *bestäuben und mit* ***Wasser*** *oder* ***Wein*** *ablöschen. Mit* ***Meersalz****,* ***Thymian*** *und* ***Peperonipulver*** *würzen und abkühlen lassen.*

6) Aus dem Knetteig 2 Teigplatten ausrollen, die Fleischmasse dazwischen geben und die Teigplatten am Rand andrücken.

7) Mit einer Gabel Luftlöcher in die Teigdecke stechen, die man als Verzierung anordnen kann.

Backzeit: *10 Min. 200° C*
40 Min. 170° C

Dazu kann Vollkornreis gegessen oder ein großer Salatteller gereicht werden.

Verwenden Sie bitte nur Fleisch aus artgerechter Haltung von Bio-Höfen!

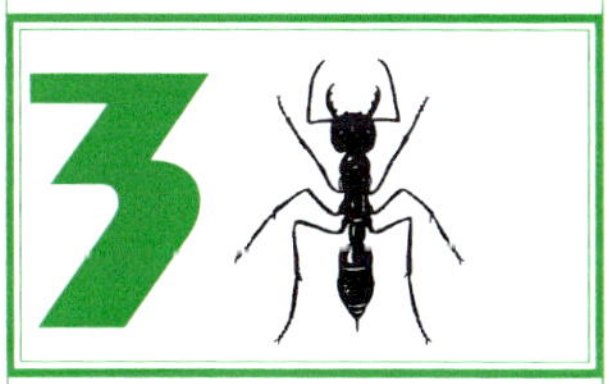

Fleisch-Gemüsepfanne

Zutaten

500 g	*abgehangenes Rindfleisch*
10 g	*Palmkernfett*
2	*Zwiebeln*
1/2	*Weißkohl*
3	*rote Paprikaschoten*
10 g	*Butter*
1 EL	*Sojasosse*
*	*frische Kräuter, z.B. Thymian, Oregano, Pimpinelle usw.*

Dazu schmecken sehr gut Vollkornnudeln, z. B. aus Buchweizenmehl (glutenfrei)!

Zubereitung

*1) **Palmkernfett** in der Pfanne erhitzen, das dünne in Streifen geschnittene **Rindfleisch** kurz anbraten und anschließend garen.*

*2) **Zwiebeln, Weißkohl** und **Paprika** in dünne Streifen schneiden, in etwas Wasser dünsten, so daß es noch Biß hat.*

*3) **Butter** zugeben, mit **Sojasosse** und frischen **Kräutern** würzen.*

4) Zum Schluß das Gemüse mit dem Fleisch vermischen.

Geschnetzeltes Putenfleisch

Zutaten

200 g	*Putenfleisch*
1	*Zwiebel*
5 g	*Palmkernfett*
2	*Äpfel*
1 TL	*Sojasosse*
1 Pr.	*Peperonipulver*
1 Msp.	*Rosmarin*
evtl.	
1 Pr.	*Salz*
2 EL	*Weißwein*
2 EL	*Sahne*

Dazu schmeckt sehr gut Kartoffelpüree mit Rotkohl oder auch eine Frischkost-Platte aus verschiedenen Gemüsen wie Bohnen, Mais, Gurken und Tomaten!

Zubereitung

1) ***Zwiebel*** *in Ringe schneiden und im Öl glasig dünsten.*

2) Das ***Putenfleisch*** *waschen, trockentupfen, in Streifen schneiden und unter Rühren von allen Seiten anbraten.*

3) Die ***Äpfel*** *waschen, achteln und am Pfannenrand mitgaren.*

4) Mit ***Sojasosse****,* ***Peperonipulver****,* ***Rosmarin*** *und evtl. 1 Pr. Salz würzen und warmstellen.*

5) Den Bratensaft mit ***Weißwein*** *kurz aufkochen,* ***Sahne*** *hinzugeben, verrühren und über das* ***Putenfleisch*** *gießen.*

Knoblauchbrot

Zutaten

8	*dünne Brotscheiben von glutenfreiem Brot*
20 g	*Butter*
8	*Knoblauchzehen*
1 TL	*Thymian*

Zubereitung

Brotscheiben *mit* ***Butter*** *bestreichen, den gehackten* ***Knoblauch*** *dicht daraufstreuen, mit* ***Thymian*** *würzen, in den Ofen legen, knusprig backen.*

Knoblauch ist berühmt wegen seiner antibiotischen Wirkung. Bei Rheuma kann es jedoch die Beschwerden verschlimmern.

MELONENVORSPEISE

Zutaten

1	*Honigmelone*
1/2	*Salatgurke*
2	*Paprikaschoten, rot oder gelb*
2	*Tomaten*
1 Pr.	*Acerolapulver*
2 EL	*Sonnenblumenöl*
6-10	*schwarze Oliven*

Besonders gut zur Entwässerung bei Oedeme in folge von Herz- und Nierenerkrankungen.

Zubereitung

*1) **Melone** halbieren, entkernen, Fruchtfleisch mit einem Löffel herausnehmen und in Stücke schneiden.*

*2) **Gurke**, **Paprikaschoten** und **Tomaten** in Würfel oder Streifen schneiden.*

*3) Mit den **Melonenstücken** mischen. Mit **Acerolapulver**, den **Gewürzen** und dem **Öl** abschmecken.*

*4) In die Melonenhälften füllen und mit schwarzen entsteinten und gehackten **Oliven** garnieren.*

1

1

1

1

MAYONNAISEN - SOSSE

Zutaten für die Mayonnaise

1	*Eigelb, gequirlt*
2 1/2 dl	*Öl*
	einige Tropfen Acerola - Wasser - Gemisch
	1 Eigelb

Zubereitung

***Öl** tropfenweise, unter gleichmäßigem Rühren mit dem Schwingbesen dem verquirlten **Eigelb** beifügen.*

Diese Menge reicht für 6-8 Portionen Mayonnaisensauce)

Zutaten für eine Portion Sosse:

1 EL	*Mayonnaise*
1 TL	*Acerola - Wasser - Gemisch*
	etwas Zwiebeln, evtl. Knoblauch
1 TL	*frische oder*
1 Msp	*getrocknete Kräuter, z.B. Schnittlauch, kerbel, Dill usw.*

Zubereitung

Die fertige Mayonnaise mit den restlichen Zutaten gut vermischen.

Hinweis:
Frische Eier sollten nur vom Biohof (artgerechte Haltung der Hühner) stammen, Mayonnaise muß stets frisch verzehrt werden.

SESAM-TOFU-SOSSE

Zutaten

120 g	*Tofu*
3 EL	*Sesammus (Tahin)*
1 EL	*Sonnenblumenöl*
1 Prise	*Acerolapulver*
1	*Knoblauchzehe*
1 Msp.	*Peperonipulver*
1 TL	*Sojasosse*
	evtl. Mineralwasser ohne Kohlensäure

Zubereitung

1) ***Tofu****,* ***Sesammus*** *und* ***Öl*** *im Mixer pürieren.*

2) ***Knoblauch*** *und* ***Gewürze*** *hinzugeben und mit* ***Tofu*** *und* ***Sesammus*** *gut verrühren.*

3) Danach ***Acerolapulver*** *hinzugeben.*

Sollte die Tunke zu steif sein, gibt man nach Bedarf etwas ***Mineral-wasser*** *hinzu, das man gut durchmixt.*

Rheumatiker sollten auf Zwiebelgewächse verzichten!

ESTRAGON-TOFU-SOSSE

Zutaten

120 g	*Tofu*
3-4 EL	*Sonnenblumenöl*
1 gestr.	*TL Senf ohne Zucker*
1/2 TL	*Estragon*
1 Pr.	*Pepperonipulver*
1 Msp.	*Miso*
2 EL	*Joghurt (aus Sojamilch)*
	evtl. etwas Mineralwasser

Zubereitung

***Tofu**, **Sonnenblumenöl** und **Senf** im Mixer pürieren, **Gewürze** hinzugeben und mit **Tofu** gut verrühren.*

*Sollte die Tunke zu steif sein, gibt man nach Belieben etwas **Mineralwasser** hinzu, das man gut durchmixt.*

Es wäre doch unsinnig, einen guten Salat durch eine schlechte Sosse zu entwerten!

GRÜNE REMOULADENSOSSE

OHNE EI

Zutaten

	Kerbel, Schnittlauch, Pimpinelle, Estragon zusammen zwei Hände voll
2 EL	*Senf ohne Zucker*
2 EL	*Olivenöl*
1 EL	*Brottrunk*
1 TL	*Kapern,*
1 Msp	*Paprika*

Zubereitung

1) ***Kerbel****,* ***Schnittlauch****,* ***Pimpinelle*** *und* ***Estragon****, zusammen etwa zwei Hände voll, ganz fein wiegen und eine Minute in wenig kochendem Wasser abwellen.*

2) Dann den ***Senf****, das* ***Olivenöl****, den* ***Brottrunk*** *und einige gehackte* ***Kapern*** *dazugeben und mit* ***Paprika*** *würzen.*

Das schlimme ist, daß in fast allen Restaurants ein Frischsalat durch ein saures, konserviertes Salatdressing entwertet wird! Jeder Küchenchef müßte einen Kursus für säurefreie Kost und Frischkostzubereitung besuchen!

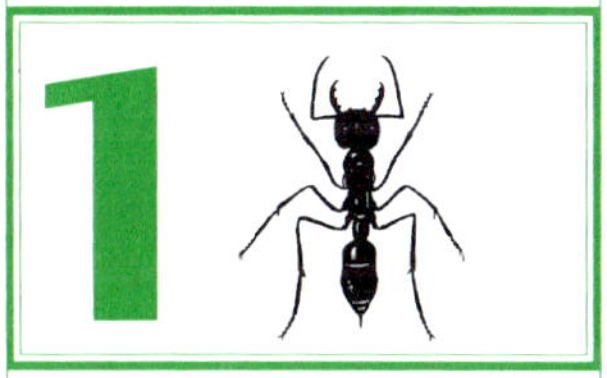

Aprikosensosse

warme Obstsosse

1

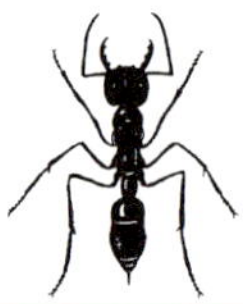

1

1

1

Zutaten

250 g	*Aprikosen*
250 ml	*Wasser*
1 TL	*Reismehl*

Zubereitung

1) ***Aprikosen*** *waschen, entsteinen und zerkleinern. Früchte im* ***Wasser*** *dünsten und durch ein Sieb passieren.*

2) ***Reismehl*** *mit etwas* ***Wasser*** *anrühren, in die Aprikosenmasse geben und nochmals kurz aufkochen.*

Warme Gemüsesosse
mit Dill

Zutaten

20 g	*Butter*
1/4 L	*Gemüsebrühe*
1 TL	*Kartoffelmehl*
1 TL	*Acerola - Wasser - Gemisch*
1 Tasse	*saure Sahne*
2 EL.	*feingehackter Dill*

Jede Sosse muß frisch zubereitet werden!

Zubereitung

*1) Die **Butter** zerlassen. In kalter **Gemüsebrühe** das **Kartoffelmehl** anrühren und in die zerlassene **Butter** gegeben.*

*2) Mit **Acerola - Wasser - Gemisch** und der sauren **Sahne** verrühren.*

*3) Dic Sosse vom Feuer nehmen, den fein gehackten **Dill** dazugeben und alles noch einige Zeit ziehen lassen.*

KAPERNSOSSE - WARME

GEMÜSESOSSE MIT KAPERN

Zutaten

1 Tasse	*Gemüsebrühe*
1 TL	*Kartoffelmehl*
2 EL	*Kapern mit Saft*
1 EL	*Brottrunk*
1 Prise	*Paprika*

Zubereitung

*1) In der **Gemüsebrühe** das **Kartoffelmehl** anrühren und zum Kochen bringen. Nach Bedarf mit kochendem Wasser auffüllen.*

*2) Die **Kapern** mit ihrem **Saft**, den **Brottrunk** und **Paprika** dazugeben, kurz ziehen lassen und servieren.*

Wandeln Sie unsere Rezepte nach Belieben ab!

MANDELMUS- ODER SESAMPÜREE-SOSSE

Zutaten

1 EL	*Mandelmus oder Sesammus (Tahin)*
3 EL	*Wasser*
1 Prise	*Acerolapulver*
1	*kleine Zwiebel*
evtl. 1	*Knoblauchzehe*
1 TL	*frische oder1 Msp. getrocknete Kräuter, z.B. Kerbel, Kresse, Schnittlauch*

Zubereitung

***Mandel**- oder **Sesammus** langsam mit **Wasser** verrühren, dann die restlichen Zutaten dazugeben und unterrühren.*

Unsere Rezepte sind Vorschläge. Ihrer eigenen Kreativität sind keine Grenzen gesetzt!

1 

2 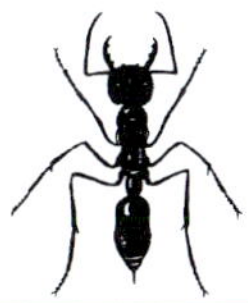

1 

1 

Sauerampfersosse

Zutaten

10 g	*Butter*
1	*Handvoll Sauerampferblätter*
50 ml	*Gemüsebrühe*
1 TL	*Kartoffelmehl*
1 Msp.	*Paprika*
1 Msp.	*Muskat*
1 Tasse	*saure Sahne*

Sauerampfer, Löwenzahnblätter und frische Brennnesseltriebe sind auch hervorragnde Salatzutaten.

Zubereitung

*1) Die jungen, kleingeschnittenen **Sauerampferblätter** im **Fett** anschwitzen.*

*2) Mit kalter **Gemüsebrühe**, in der man **Kartoffelmehl** verrührt hat, auffüllen und aufkochen lassen*

*3) Mit etwas **Paprika** und **Muskat** würzen, die saure **Sahne** zugeben und gut verrühren.*

Schnittlauchsosse

Zutaten

30 g	*Butter*
1 Bund	*Schnittlauch*
50 ml	*Gemüsebrühe*
1 TL	*Reismehl*
1 Msp.	*Paprika*
1 Msp.	*Muskat*
½ Tasse	*saure Sahne*

Zubereitung

1) Den kleingeschnittenen ***Schnittlauch*** *in der* ***Butter*** *anschwitzen.*

2) Mit kalter ***Gemüsebrühe****, in der man* ***Reismehl*** *verrührt hat, auffüllen und kurz aufkochen lassen.*

3) Mit ***Paprika*** *und* ***Muskat*** *würzen und dann 1 Tasse saure* ***Sahne*** *zugeben und gut verrühren.*

Kochen ist Kunst. Lassen Sie der eigenen Kreativität Raum!

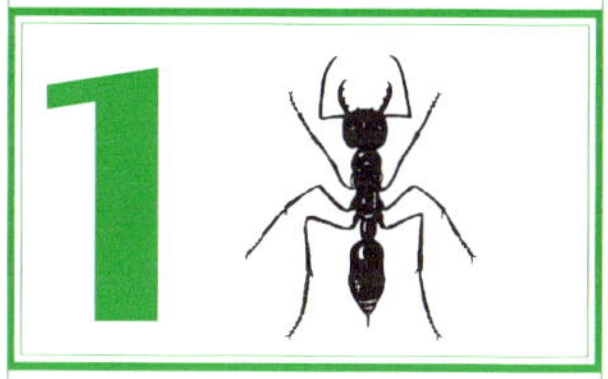

UNGARISCHE SOSSE
Á LA PIROSCHKA

Zutaten

10 g	*Butter oder*
1 EL	*Olivenöl*
1	*Zwiebel*
2-3	*Tomaten*
1	*rote Paprikaschote*
1 Msp.	*Miso*
½ TL	*Paprika*

Zubereitung

*1) Feingehackte **Zwiebel** im **Fett** andünsten.*

*2) **Tomaten** waschen, vom Stilansatz befreien, grob würfeln und mit der fein geschnittenen **Paprikaschote** zur gedünsteten Zwiebel geben.*

*3) Mit **Miso** und **Paprika** würzen und die Sauce eindicken lassen.*

Zutaten aus der Gruppe zwei können durch solche der Gruppe eins ersetzt werden!

Tofu-Mayonnaise

Zutaten

250 g	*Tofu*
	Mineralwasser
1 EL	*Brottrunk*
1 EL	*Sojasosse*
1 TL	*Senf, selbst hergestellt (s. Rezept Seite 282)*
1 TL	*Meerrettich, fein gerieben*
	frische Kräuter nach Geschmack

Zubereitung

1) ***Tofu*** *im Mixer mit so viel* ***Mineralwasser*** *verrühren, daß eine cremige Masse entsteht.*

2) Mit ***Brottrunk****,* ***Senf****,* ***Sojasosse****,* ***Meerrettich*** *und frischen* ***Kräutern*** *kräftig würzen*

1 

1 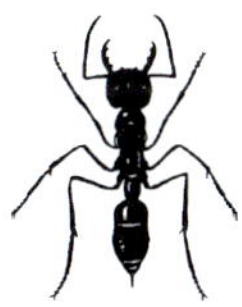

1 

1 

MAYONNAISE OHNE EI

Zutaten

1 EL	*Reismehl*
1 TL	*Pfeilwurz*
4 EL	*Distelöl*
1 EL	*Brottrunk*
200 g	*Sojamilch*
1 Prise	*Peperonipulver*

Eigelb (nicht Eiklar) ist ein Lebensmittel von hervorragender Qualität. Es enthält viele Vitamine und Lecithin. Eigelb erhöht nicht die Cholesterinwerte.

Zubereitung

1) ***Mehl*** *und* ***Pfeilwurz*** *in einer Schüssel verrühren, das* ***Öl*** *zugeben und langsam den* ***Brottrunk*** *zugießen.*

2) Die ***Sojamilch*** *zum Schluß unterrühren und erst jetzt alles langsam unter ständigem Rühren zum Kochen bringen und so lange kochen, bis die Sosse eingedickt ist.*

3) Nach dem Abkühlen abschmecken und evtl. nachwürzen.

TOMATEN-KETCHUP

Zutaten

250 ml	passierte Tomaten
125 ml	Mineralwasser
1 EL	Brottrunk
1 EL	Birnendicksaft
1 EL	Sojasosse
1 EL	frische Kräuter (z. B. Liebstöckel, Oregano oder Basilikum)

Zubereitung

1) Passierte **Tomaten** *mit* **Mineralwasser** *aufkochen.*

2) Nach Geschmack mit **Brottrunk**, **Sojasosse**, **Birnendicksaft** *und den* **Kräutern** *abschmecken.*

Auch ohne die gewohnten Salz- und Zucker Zutaten kann man Ketchup herstellen. Gesünder lohnt sich!

Weiße Grundsosse

Zutaten

15 g	*Sojamehl (oder anderes glutenfreies Mehl)*
80 ml	*Milchersatz oder Sahne-Wasser-Gemisch*
15 g	*Butter*
1/2 TL	*Schabzigerklee oder 1 Msp. Miso*

Zubereitung

*1) Das **Mehl** in den **Milchersatz** einrühren, unter Rühren zum Kochen bringen, 2 Minuten kö-cheln lassen.*

*2) Anschließend **Butter** und **Schabzigerklee** oder **Miso** dazugeben.*

SALATMAYONNAISE OHNE EI

Zutaten

Nußmus
Olivenöl
Brottrunk

Zubereitung

Nußmus *und* ***Olivenöl*** *im Verhältnis 1:1 mischen, gut durchquirlen und mit* ***Brottrunk*** *abschmecken.*

Es ist eine Schande, wenn heute in den meisten Restaurants frische Salate mit, konservierter, oft viel zu saurer Fertigsosse versehen.

Dieser Salat hat seinen gesundheitlichen Wert verloren.

1 

1 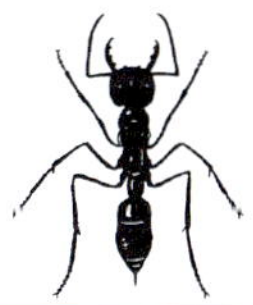

1 

1 

SENF

Zutaten:

100g	*Senfkörner*
6 EL	*Brottrunk*
	etwas Mineralwasser
	frische Kräuter, fein gehackt (z. B. Estragon, Majoran usw.)

Dieser selbst hergestellte Senf ist doch zigfach gesünder als ein mit Essig, Zucker und Salz zubereiteter.

Zubereitung:

*1)**Senfkörner** fein mahlen (Kaffeemühle oder Moulinette) und mit **Brottrunk** und **Mineralwasser** zu einer geschmeidigen Masse verrühren.*

*2) Die gehackten **Kräuter** unterrühren, die Masse auf dem Herd erhitzen und gut durchkochen lassen.*

*3) Den **Senf** in gut ausgekochte Schraubgläser füllen und im Kühlschrank aufbewahren.*

SALAT - GRUNDSOSSE

Zutaten:

1 EL Mandelmus
3 EL Sahne
2 EL Brottrunk

Zubereitung:

Alle Zutaten gut miteinander vermischen.

Diese Salatsauce kann je nach Verwendungszweck und Geschmack mit Kräutern oder Gewürzen erweitert werden

Zu einem guten Salat gehört eine gute Sosse. Die meisten heute angebotenen Salatsossen sind eine Zumutung.

1 

1 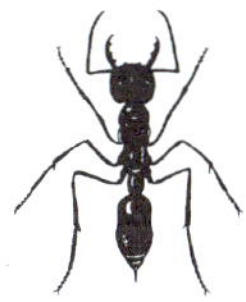

1 

1 

Heidelbeerkaltschale

2

1

1

1

Zutaten

500 g	*Heidelbeeren*
1 EL	*Ursüße*
1	*Prise Acerolapulver*
1/8 L	*Sahne*

Zubereitung

500 g ***Heidelbeeren*** *mit 1 EL* ***Ursüße*** *und 1 Prise* ***Acerolapulver*** *mischen.*

1/8 L geschlagene ***Sahne*** *unterheben.*

Heidelbeeren haben ähnlich wie das Pulver der Acerolakirsche einen hohen Anteil an Bioflavoniden. Diese unterstützen maßgeblich die Wirkung von Vitamin C im Körper.

Rote Grütze

Zutaten

500 g	*Schattenmorel-len*
250 g	*Johannisbeeren (am besten schwarze) und Himbeeren*
2 EL	*Ursüße*
	Agar-Agar je nach Flüssig-keits-menge
150 g	*saure Sahne*

Zubereitung

1) Die gewaschenen und entkernten ***Schattenmorellen*** *mit den* ***Johannisbeeren*** *und* ***Himbeeren*** *vermischen.*

2) Mit ***Ursüße*** *süßen.*

3) ***Agar-Agar*** *entsprechend der Saftmenge in* ***Wasser*** *auflösen (20 g in 1 kg verzehrsfähigem Erzeugnis).*

4) In eine Glasschüssel füllen und für einige Stunden kaltstellen. Dazu reicht man als Sauce gequirlte ***saure Sahne****.*

Holunderbeerkaltschale

Zutaten

250 g	*Äpfel*
500 g	*reife Holunderbeeren*
2 EL	*Ursüße*
1/8 L	*Wasser*
3 EL	*Kartoffelmehl*
	Wasser

Zubereitung

1) ***Äpfel*** *fein schneiden, die* ***Holunderbeeren*** *von den Stielen befreien.*

2) ***Äpfel*** *und* ***Holunderbeeren*** *in Wasser dünsten .*

3) Mit ***Ursüße*** *süßen.*

4) Mit drei gestrichenen Eßlöffel ***Kartoffelmehl*** *anrühren, aufkochen und dann abkühlen lassen.*

Mus aus Ebereschen (Vogelbeeren) und Kokosflocken

Zutaten

100 ml	*zerriebene Vogelbeeren*
100 g	*Cashewnüsse*
100 g	*Kokosflocken*
150 ml	*heißes Wasser*
1-2 EL	*Ursüße*

Zubereitung

Alle Zutaten gut vermischen.

Alternativ kann man die ***Vogelbeeren*** *einweichen und dann unter die anderen Zutaten mixen.*

Wildfrüchte haben einen höheren Vitamin C- Gehalt als Kulturfrüchte!

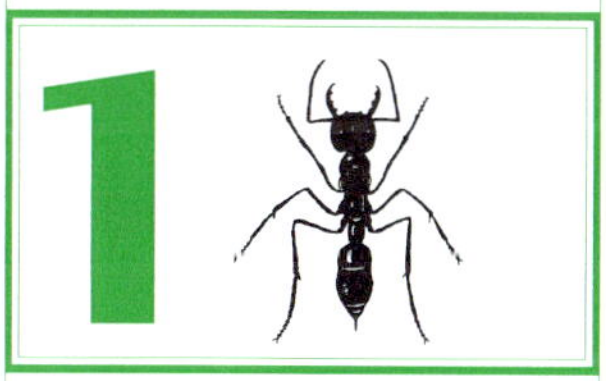

Amaranthdessert mit Obst

Zutaten:

150 g	*Amaranth*
300 ml	*Wasser*
100 ml	*Sahne*
4	*eingeweichte Feigen*
1 Msp.	*Vanille*
	Obst der Saison (z. B. Himbeeren, Erdbeeren, Aprikosen)
100 g	*Schlagsahne*
50 g	*gehackte Nüsse, Mandeln oder Chufas*

Amaranth ist ein basisches allergiearmes Urkorn

Zubereitung:

*1) **Amaranth** in das **Sahne - Wasser - Gemisch** einrühren und 30 bis 120 min. quellen lassen.*

2) Unter Rühren zum Kochen bringen, 20 min. leicht köcheln und dann nachquellen und abkühlen lassen.

*3) **Feigen** pürieren und unter die Amaranthmasse rühren. Das restliche, **Obst** waschen, zerkleinern und unterrühren.*

*4) Abschließend die **Schlagsahne** unterheben und mit den gehackten **Nüssen** bestreuen.*

Kokoskugeln

Ein unschädliches Dessert

Zutaten:

150 g	*Kokosflocken*
50 g	*Mandelmus*
2 EL	*Sahne*
50 g	*eingeweichte und pürierte Trockenfrüchte (Feigen, Datteln, Aprikosen)*

Zubereitung:

1) ***Kokosflocken*** *nochmals im Mixer sehr fein zerkleinern und mit dem* ***Mandelmus****, den pürierten* ***Trockenfrüchten*** *und der* ***Sahne*** *vermischen, gut durchkneten.*

2) Aus der Masse kleinere Kugeln formen.

Butter und Sahne als natürliche Fette sind gute Vitamin A-Spender. Deswegen sind sie Margarine vorzuziehen, wo allenfalls Vitamin A zugesetzt wird.

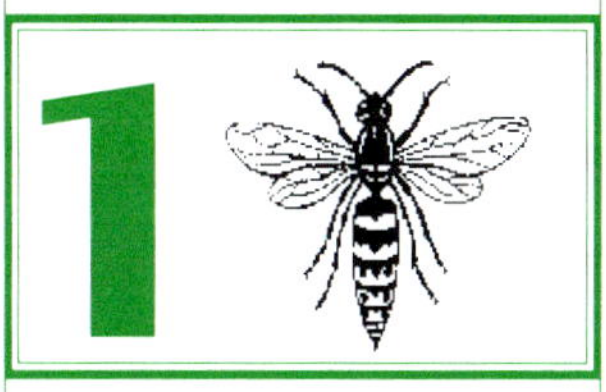

APRIKOSEN - CASHEW - CREME

MIT MELONENSPALTEN

1

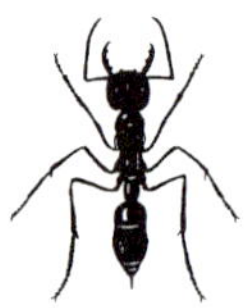

2

1

1

Zutaten:

1/4 - 1/2	*Melone*
65 g	*getrocknete, ungeschwefelte Aprikosen*
50 g	*Cashewkerne*
150 m	*Aprikosensaft*
150 ml	*Wasser*
1 Msp.	*Bourbon- Vanille*

Sowohl Melonen wie Aprikosen sind sowohl gute Vitamin- Lieferanten als auch allergiearme Lebensmittel.

Zubereitung:

1) ***Aprikosen*** *kleinschneiden,* ***Cashewkerne*** *grob hacken und beides über Nacht in dem Aprikosensaft - Wasser - Gemisch einweichen*

2) ***Melone*** *in schmale Spalten zerteilen, Kerne und Schale entfernen. Die Spalten auf einem Teller anrichten.*

3) Die über Nacht eingeweichten ***Aprikosen*** *und* ***Nüsse*** *pürieren und über die* ***Melonenspalten*** *geben.*

TRAUMCREME

Zutaten

500 g	*Brombeeren*
1 reife	*Banane*
60 ml	*Tofu, glattgerührt*

Hinweis:

Wegen des hohen Gehalts an Magnesium, das als natürliches Schlaf- und Beruhigungsmittel gilt, kann man diese Creme gut als letzte Mahlzeit des Tages - ca. 1 Std. vor dem Schlafengehen einnehmen.

Zubereitung

1) ***Brombeeren*** *entsaften.*

2) Den ***Brombeersaft*** *mit den restlichen Zutaten in einen Mixer geben und rühren, bis eine cremige Masse ensteht. Mit ein paar* ***Brombeeren*** *garniert servieren.*

CAROB-BANANEN-EIS

Zutaten

ca. 400 g	*reife Bananen*
250 g	*Schlagsahne*
40 g	*Flügge- Carob-Raspel*

Zubereitung

*1) **Bananen** pürieren. **Sahne** steif schlagen, mit den **Carob- Raspeln** mischen und die Masse vorsichtig unter das **Bananenpüree** heben.*

2) Das Ganze in eine Schale geben und zugedeckt 3-4 Stunden im Gefrierfach fest werden lassen.

*3) Überraschen Sie Ihre Familie oder Gäste mit einem "**Gesundheitseis**".*

Reispudding

Zutaten:

1/4 L	*Sojamilch*
40 g	*Vollkornreis, gemahlen*
1 Msp.	*Vanille*
1	*reife Banane*
100 g	*Sahne*

Zubereitung:

*1)**Sojamilch**, **Reismehl** und **Vanille** verrühren und unter ständigem Rühren 2 min. aufkochen lassen.*

*2) Die **Banane** pürieren und unter die Puddingmasse ziehen.*

3) In eine kalt ausgespülte Glasschüssel füllen und mindestens 1 Stunde abkühlen lassen.

*4) Dann die **Sahne** schlagen und unter den Pudding ziehen oder ihn damit verzieren.*

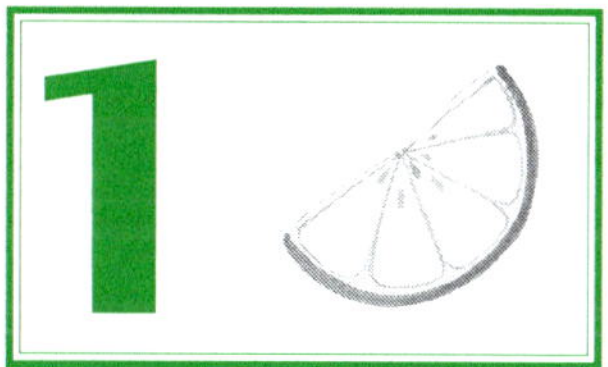

Hirsepudding mit Trockenfrüchten

Zutaten:

1	*Tasse Hirse*
2	*Tassen Wasser*
4	*getrocknete Datteln, Feigen oder Aprikosen*
100 ml	*Sahne*

Zubereitung:

1)Die ***Trockenfrüchte*** *über Nacht in etwas Wasser quellen lassen.*

2) Die ***Hirse*** *heiß abwaschen, 1/2 - 1 Std. in* ***Wasser*** *einweichen.*

3) Die gequollene ***Hirse*** *aufkochen, 5 min. köcheln lassen und ohne Hitze ausquellen lassen.*

4) Die ***Trockenfrüchte*** *kleinschneiden und unter die Hirsemasse geben.*

5) ***Sahne*** *schlagen und unter den erkalteten Hirsepudding ziehen.*

Tofu - Bananencreme

Zutaten:

250 g	*Tofu*
2 EL	*Haselnuß- oder Mandelmus*
2	*Bananen*
50 ml	*Sahne*

Zubereitung:

*1) Den **Tofu** zerpflücken, Das **Nußmus** und die **Banane** zugeben und alles pürrieren.*

*2) Mit der **Sahne** garniert servieren.*

Hausgemachtes, weizenfreies
Backpulver

1

1

1

2

Zutaten

60 g	*Reismehl*
60 g	*Natron*
130 g	*Weinstein*

Zubereitung

Alle Zutaten vermischen, mindestens dreimal durchsieben. In einem dunklen Behälter luftdicht verschlossen an einem trocknen Ort aufbewahren.

Hinweis: Von diesem Backpulver benötigen Sie etwas mehr als von gekauften Backpulver. Sie müssen z.B. statt 2 Teel. 3 Teel. voll rechnen.

Anmerkung: Weinstein - Backpulver enthält Reinweinstein, Natron, Maisstärke (also weizenfrei). Es ist als Fertigprodukt auch im Reformhaus erhältlich.

Backteig

Zutaten

120 g	*Reismehl (auch anderes glutenfreies Mehl)*
1 EL	*Butter zerlassen*
1 EL	*Sonnenblumenöl*
150 ml	*Milchersatz (z. B. Sojamilch, Sahne-Wasser-Gemisch)*
1 TL	*Weinsteinbackpulver*

Zubereitung

*Aus **Mehl**, **Butter** oder **Öl**, und **Milchersatz** einen breiigen Teig herstellen, 30 Minuten ruhen lassen. Kurz vor Gebrauch das **Backpulver** untermischen.*

Dieser Teig eignet sich zum Ausbacken von Gemüse, Obst oder Fisch.

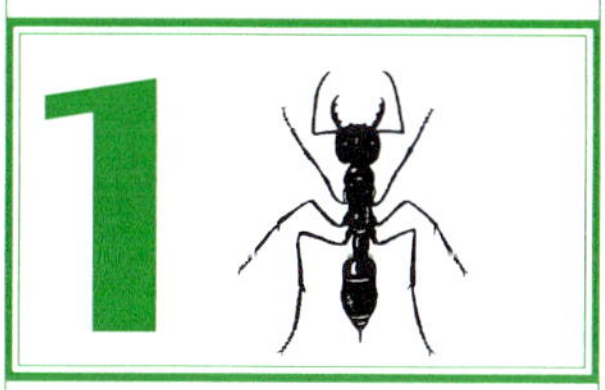

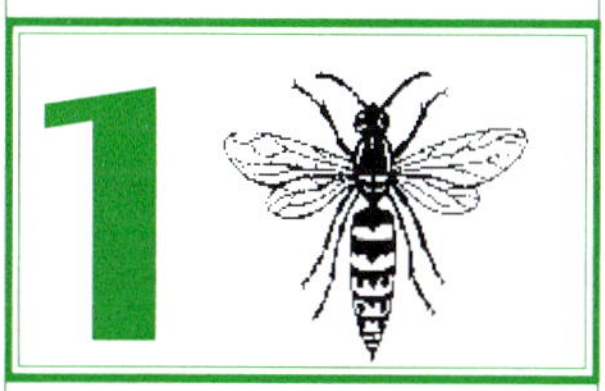

KASTANIEN - MÜRBEKUCHEN
MIT BELAG

Zutaten

100g	*Kastanienmehl*
100 g	*Mandeln, fein gemahlen*
100 g	*Öl*
1 ½ EL	*Vollrohrzucker (Ursüße, Rapadura)*
1 TL	*Weinsteinback-pulver*
1 Msp.	*Vanille*

Für den Belag:

10	*Feigen*
2	*mittelgroße Äpfel*
1	*Becher Sahne*
1 Msp.	*Vanille*

Zubereitung

1) Alle Zutaten zu einem Teig verarbeiten.

2) Mit dem Teig eine gefettete Springform auslegen, die Oberfläche mehrmals mit einer Gabel einstechen und bei 180 Grad 20 min. backen.

*3) **Feigen** einweichen und kleinschneiden, **Äpfel** schälen und grob raffeln. **Sahne** schlagen und die **Vanille** unterziehen.*

*4) **Obst** und die **Sahne** vermischen und auf den ausgekühlten Boden streichen.*

Bananenbelag

Zutaten

1	*vorgebackener Tortenboden*
500 g	*reife Bananen (oder mehr)*
1 Msp.	*Acerolapulver*
100 g	*Sahne, geschlagen*

Jedenfalls besser als ein Belag mit sauren Früchten wie Weintrauben, Pfirsichen, Stachelbeeren, Erdbeeren usw., die das Leben des Rheumatikers und Allergikers erschweren.

Zubereitung

1) ***Bananen*** *schälen, zerdrücken und mit* ***Acerolapulver*** *und geschlagener* ***Sahne*** *vermischen.*

2) Auf einen vorgebakkenen ***Tortenboden*** *verteilen.*

Bananen sollten immer besonders ausgereift verwendet werden!

Warum sollte man häufiger etwas natürliches Vitamin C (z.B. Acerolapulver) gebrauchen?

Typisches Zeichen eines chronischen Vitamin C-Mangels war früher der Skorbut der Seefahrer. Erste Zeichen dafür waren Zahnfleischbluten und Zahnfleischschwund. 20% der Erwachsenen in jüngerem Alter, 80% der Erwachsenen im höheren Alter und 100% der Greise haben eine Parodontose (Fachjargaon für Zahnfleischschwund).

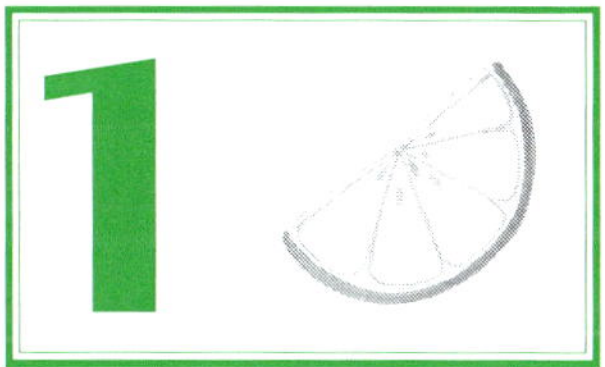

Kokos-Konfekt

Zutaten

50 g	*Sesamsamen*
100 g	*Kokosflocken*
1-2 EL	*Rübenkraut*
50 g	*Butter*
3 EL	*Carob*

Zubereitung

1) ***Kokosflocken*** *im elektrischen Zerkleinerer zerkleinern, mit* ***Rübenkraut****,* ***Butter*** *und* ***Sesam*** *verkneten. Kühl stellen.*

2) ***Carobpulver*** *auf einen flachen Teller sieben. Aus dem Teig kleine Kugeln formen und in dem* ***Carob*** *wälzen. Kühl aufbewahren.*

Auch naschen muß nicht so schädlich sein!

Süße Schnitten

Zutaten

100 g	*gepoppter Amaranth (Reformhaus)*
50 g	*gemahlene Mandeln und/ oder Haselnüsse*
1 EL	*Kanne - Rübenkraut*

Zubereitung

1) Alle Zutaten gut miteinander verrühren bis ein fester Teig entsteht. Eventuell etwas Wasser zugeben.

2) Die Masse auf eine Platte oder ein Brett streichen, in kleine Rechtecke teilen und ca 1 Tag trocknen lassen.

Ein süßes Rezept für alle, die meinen, sie dürften "garnichts mehr" essen.

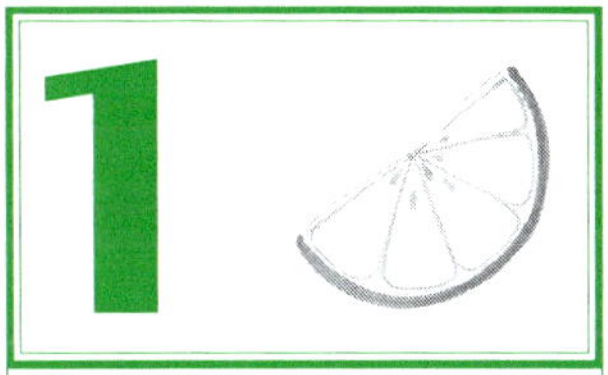

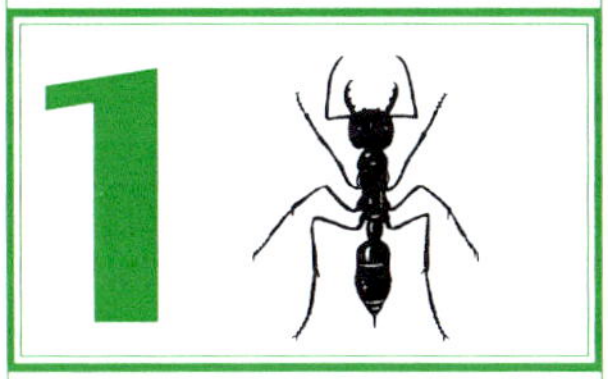

KLEINE NASCHEREI ZUM TEE

Zutaten:

6	*getrocknete Feigen*
8	*getrocknete Aprikosen*
30 g	*Chufas - Nüßli*
50 g	*ganze Mandeln*
✳	*Zimt*

Zubereitung

*1) **Feigen** und **Aprikosen** waschen und fein zerkleinern (in einer Moulinette o. ä.).*

*2) Die **Chufas - Nüßli** und die heiß abgewaschenen **Mandeln** zu der Masse geben.*

3) Alles gut durchkneten und zu einem etwa 1 - 2 cm dicken Teig ausrollen.

*4) Den Teig von beiden Seiten mit **Zimt** panieren, 2 Tage trocknen lassen und in kleine Stückchen schneiden.*

Sesamkugeln

Zutaten

60 g	*Chufas (Fa. Kanne)*
30 g	*Mandelmus*
30 g	*Mandeln, fein gemahlen*
2	*Datteln, püriert*
etwas	*Wasser gemahlenen Sesam*

Zubereitung

1) ***Mandelmus**, **Fermentgetreide**, **Mandeln** und **Datteln** mit Wasser verkneten und aus den Zutaten kleine Kugeln formen.*

*2) In etwas **Sesam** wälzen und auftragen.*

Sesam hat einen sehr hohen Calciumgehalt und ist gerade deshalb bei Osteoporose sehr gut einsetzbar. Er muß aber gekeimt, geschrotet oder gemust sein, wenn das Calcium für den Darm aufschließbar sein soll. Empfohlene Tagesmenge: 2 Eßlöffel - gemahlen, vermust oder gekeimt.

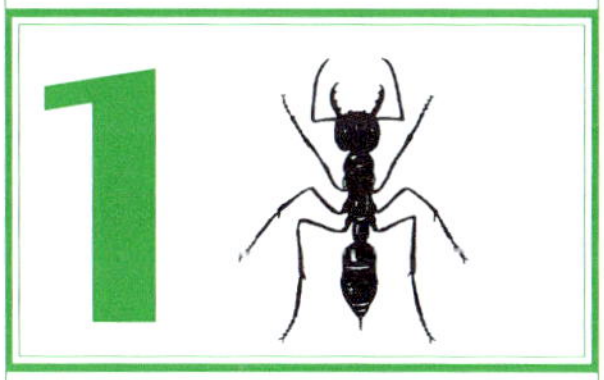

Buchweizenpizza

eine deutsche Pizzavariante

1

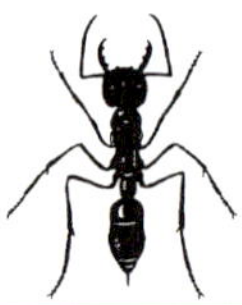
1

1

1

Zutaten

500g	*Buchweizenmehl*
5 EL	*Öl*
20 g	*Hefe*
125 g	*Sahne*
125 ml	*Mineralwasser*

Belag:

2 - 3	*Paprikaschoten, rot oder gelb*
250 g	*Zuckermais, ersatzweise 1 Dose Mais*
3 - 4	*Zwiebeln*
100 ml	*Sahne*
je 1 Msp.	*Thymian, Salbei, Oregano*
	etwas Butterschmalz oder Kokosfett
	etwas Buchweizenmehl
evtl.	*100 g Schafs- oder Ziegenkäse (Bewertung erfolgt ohne diese Zutat)*

Zubereitung

*1) **Buchweizenmehl** in eine Schüssel geben. Eine kleine Kuhle formen und dort hinein die mit etwas Wasser verrührte **Hefe** geben und mit etwas **Mehl** bestreuen. Etwa 10 min. gehen lassen.*

*2) **Sahne** und **Wasser** verrühren und mit dem **Öl** über das **Mehl** geben. Alles zu einem glatten Teig verkneten und den Teig nochmals ca. 10 min gehen lassen.*

*3) In der Zwischenzeit **Gemüse** putzen, zerkleinern und in einem Topf mit der **Sahne** bißfest garen und würzen.*

4) Teig durchkneten und ggf ein weiters Mal "gehen" lassen.

Buchweizenpizza

Fortsetzung:

*5) Ein Backblech mit **Butterschmalz** oder **Kokosfett** bestreichen und mit etwas **Buchweizenmehl** bestreuen und den Teig dünn ausrollen.*

6) Belag auf den Teig legen und alles bei 170 Grad 25 - 30 min backen.

*Evtl. die Pizza in den letzten 7 - 10 min mit gehacktem **Schafs**- oder **Ziegenkäse** bestreuen.*

Bei Tieren können durch Getreidekost Gelenkschäden verstärkt werden. Buchweizen, Hirse und Amaranth wirken gelenkstabiliserend.

MAIS-PIZZA MIT GEMÜSEBELAG

Zutaten für den Teig:

1/2 L Mineralwasser
1/2 Würfel Hefe (20 g)
400 g Maismehl
2 - 3 EL Öl

Zutaten für die Tomatensauce:

2 größere Zwiebeln
2 EL Öl
1 Dose Tomatenmark
1 Knoblauchzehe
1 EL Oregano
1 TL Thymian
1 TL Schabzigerklee

Zutaten für den Belag:

20 Scheiben Auberginen, im Dampftopf kurz vorgegart
2 - 3 Paprikaschoten, rot oder gelb
250 g Champignons oder andere Pilze
1 TL Sojasauce
1/2 TL Bohnenkraut
3 EL frische Kräuter (z B. Schnittlauch, Thymian, Basilikum usw.)

Zubereitung:

*1) Das Mineralwasser mit der Hefe vermischen, das **Mehl** unterrühren, **Öl** zugeben und einen glatten Teig kneten. Den Teig gehen lassen.*

*2) **Zwiebeln** im **Öl** andünsten, mit dem **Tomatenmark** vermischen und ggf. einkochen lassen, würzen.*

PIZZA

FORTSETZUNG:

3) Den Hefeteig nochmals durchkneten und auf einem gefetteten Backblech ausrollen. Mit der abgekühlten **Tomatensauce** bestreichen.

4) Das **Gemüse** in feine Streifen oder Scheiben schneiden, schichtweise auf die vorbereitete Pizza legen und würzen.

5) Bei 160 - 180 Grad 30 min backen.

Eine Gemüsepizza schmeckt besser als eine übliche mit Wurst und Käse. Gesünder ist sie allemal.

Glutenfreies Mischbrot

Zutaten

250 g	*Mais*
125 g	*Buchweizen*
50 g	*Reis*
50 g	*Hirse*
100 g	*gelbe Sojabohnen*
80 g	*Linsen*
60 g	*Sonnenblumenkerne wahlweise Sesam oder Kürbiskerne*
2 TL	*Weinsteinbackpulver*
400 ml	*Wasser, lauwarm*
40 g	*Hefe*
2 ML	*Biobin*
40 ml	*Wasser*
1 TL	*Olivenöl*

Zubereitung

*1) **Getreide** und **Hülsenfrüchte** fein mahlen. Die **Getreide** können auch in einer anderen Zusammensetzung verwendet werden.*

*2) 40 g **Sonnenblumenkerne** mit dem Mehl vermischen. **Salz** und **Backpulver** mit dem **Mehl** vermischen. **Hefe** im lau-warmen **Wasser** auflösen. **Biobin** im Wasser auflösen, zum Wassergemisch zufügen und alles 10 Minuten kneten.*

*3) Den Teig in eine vorbereitete Backform füllen, den Teig glattstreichen, mit **Olivenöl** bepinseln und mit den restlichen **Sonnenblumenkernen** oder **Sesam** bestreuen (oder **Kürbiskerne**).*

4) 60 Minuten am warmen Ort gehen lassen. 60 Minuten bei 170 ° backen. Während der Backzeit eine flache Schüssel mit heißem Wasser in den Backofen stellen.

Flachbrot mit Früchten

Zutaten

50 g	*Buchweizen, fein gemahlen*
50 g	*Vollwertreis, fein gemahlen*
3 EL	*Sonnenblumenöl*
60 ml	*Wassser*
4	*eingeweichte Trockenaprikosen*
30 g	*Leinsamen*
	Kokosfett zum Fetten des Backbleches

Zubereitung

Alle Zutaten zu einem glatten Teig verarbeiten, auf einem gefetteten Backblech dünn ausrollen und für 10 min. bei 150 Grad backen.

Auch dieser Teig sollte, wenn möglich noch etwas ruhen. Der ***Buchweizen*** *kann gegen andere, geeignete Getreidesorten, die* ***Aprikosen*** *gegen andere Trockenfrüchte ausgetauscht werden.*

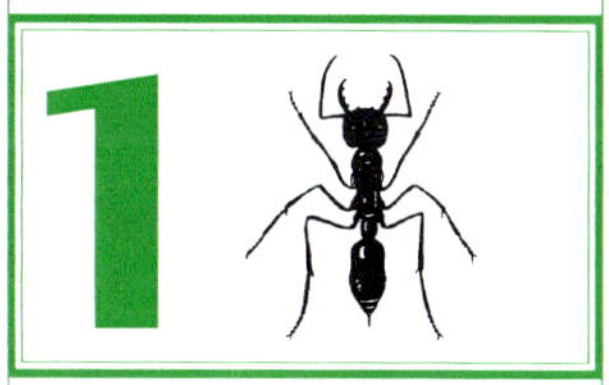

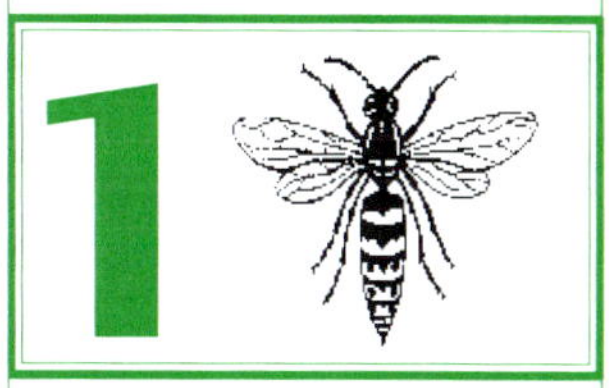

Buchweizen - Zucchini - Kuchen

Zutaten

200 g	*Buchweizenmehl*
30 g	*Olivenöl*
1 - 2 TL	*Vollrohrzucker (Ursüße oder Rapadura)*
2 TL	*Ei-Ersatz*
2 TL	*Weinsteinbackpulver (weizenfrei)*
	Sojamilch nach Bedarf
1	*mittelgtroße Zucchini*
	Kokosfett zum Einfetten der Form

Dieser Kuchen führt nicht zu den üblichen Rheumaschüben wie üblicher Kuchen.

Zubereitung

*1) Aus **Öl**, **Mehl**, **Vollrohrzucker** und **Ei-Ersatz** mit dem **Backpulver** einen Rührteig zubereiten.*

*2) **Zucchini** bürsten und grob reiben, dann unter den Rührteig heben.*

3) In einer gefetteten Kastenform bei 160 Grad 45 min. backen.

Endlich mal ein gesunder Kuchen!

Buchweizen - Hirse - Brot

Zutaten

Vorteig:

1 EL	*Grundansatz (s. Rezept S.313)*
1 TL	*Backferment*
500 ml	*Wasser, 40 ° C warm*
250 g	*Buchweizen-mehl*
250 g	*Hirsemehl*

Hauptteig:

250 ml	*Wasser 40 °C*
250 g	*Buchweizen-mehl*
250 g	*Hirsemehl*
1 TL	*Fenchel*
1 TL	*Koriander*
1 TL	*Kümmel*
	Kokosfett oder Butterschmalz
	Sesam oder Leinsamen

Zubereitung

1) ***Grundansatz*** *und* ***Backferment*** *in wenig* ***Wasser*** *auflösen, dann restliches* ***Waser*** *zufügen.*

2) ***Buchweizen****- und* ***Hirsemehl*** *zugeben und gut verrühren. Vorteig 12 Std. bei ca. 30 ° C gehen lassen. Der Teig darf nicht austrocknen.*

3) Anschließend ***Wasser*** *zum aufgegangenen Vorteig geben und gut verrühren.*

4) ***Buchweizen****- und* ***Hirsemehl*** *sowie* ***Gewürze*** *dazugeben und ca. 5 min. durchkneten.*

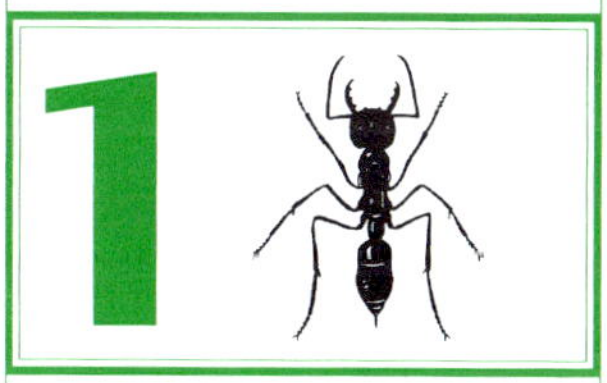

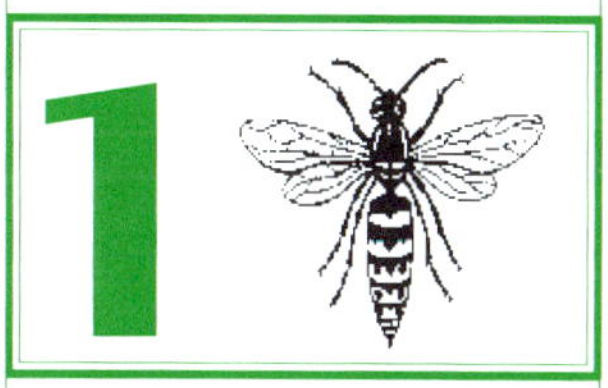

Buchweizen - Hirse - Brot

Fortsetzung:

6) Eine Kastenform ausfetten und mit ***Sesam*** *oder* ***Leinsamen*** *ausstreuen. Den Teig in die Form füllen und bei 30 °C nochmals rund 20 min. gehen lassen.*

7) Im Backofen 30 min. bei 220 °C und dann weitere 30 min. bei 170 °C backen.

Während des Backvorganges eine Schale mit Wasser in den Backofen stellen.

Zur Herstellung glutenfreier Brote besonders geeignet ist eine Backform mit Deckel

von der Firma Gesundwarendienst Richard Geisler, Bismarckstr.10. 37581 Bad Gandersheim

Hinweis:
Die Temperatur von 30 ° erreicht man, indem man den Ansatz in den Backofen schiebt und die Backofenbeleuchtung anschaltet.

Hirse - Backferment,
Grundansatz

Zutaten

100 ml	*Wasser, lauwarm (40 °C)*
10 g	*Backferment - Granulat (Reformhaus)*
100 g	*Hirsemehl*
100 ml	*Wasser, 40 Grad*
200 g	*Hirsemehl*

Zubereitung

*1) 100 ml **Wasser**, **Backfermentgranulat** und 100 g **Hirse** verrühren und 12 Stunden bei 30 Grad gehen lassen.*

*2) Nach 12 Std. mit 100 ml **Wasser** und 200 g **Hirse** auffüllen, gut verrühren und nochmals 10 - 15 Std. bei 30 °C gehen lassen.*

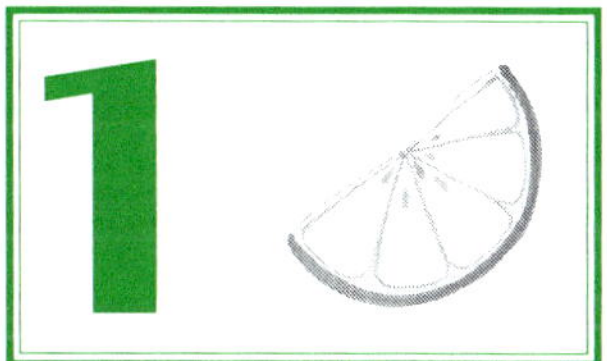

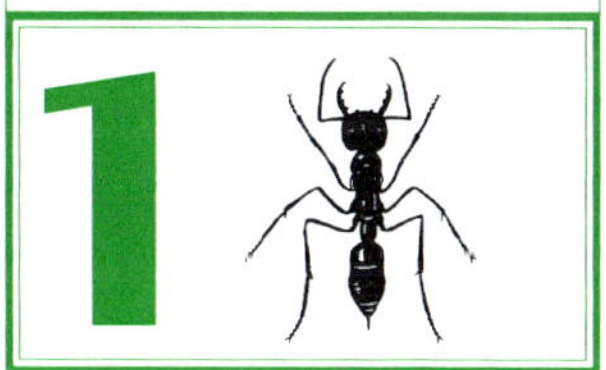

Hinweis:

Dieser Grundansatz reicht für mehrere Brote. Er ist - in einem Schraubglas im Kühlschrank verwahrt - mehrere Monate haltbar.

Die Temperatur von 30 °C erreicht man, indem man den Ansatz in den Backofen schiebt und die Backofenbeleuchtung anschaltet.

Hirse - Fladenbrot

1

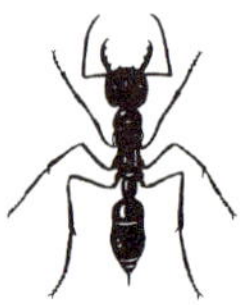
1

1

2

Zutaten

200 g	*Hirsemehl*
50 g	*Amaranth, gepufft*
50 g	*Sesam, ungeschält*
4 EL	*Sonnenblumen-öl*
1 Msp.	*Koriander*
100 ml	*Mineralwasser*
	Fett für das Backblech

Zubereitung

1) Alle Zutaten miteinander verkneten und in 15 gleichgroße Teile teilen.

2) Kleine Fladen formen, oder wenn der Teig krümelt kleine Fladen auf das gefettete Backblech streichen.

3) Bei 160 Grad ca 15 min. backen.

Hinweis:
Statt des Hirsemehls kann man auch 100 g gemahlene Hirse und 100 g zerkleinerte Hirsesprossen verwenden.

HIRSE-REIS-BROT

TUT GUT

Zutaten

30 g	*frische Hefe*
30 g	*Sauerrahmbutter*
200 g	*Hirsemehl*
150 g	*Reismehl*
240 ml	*Sahne-Wasser-Gemisch*
	Kokosfett zum Ausfetten der Kastenform

Zubereitung

1) ***Hefe*** *in etwas* ***Sahne-Wasser-****Gemisch auflösen und 10 min gehen lassen.*

2) Das ***Mehl****-Gemisch unterrühren, gut verkneten und zugedeckt bei Zimmertemperatur gehen lassen. Den Teig nochmals durchkneten und in eine gefettete Kastenform füllen, wieder ca 30 Minuten gehen lassen.*

3) Den Backofen auf 230 Grad vorheizen und das Brot ca 30 Minuten bei 180 Grad backen.

Natürlich nimmt man bei Reis am besten Natur- oder Wildreis!

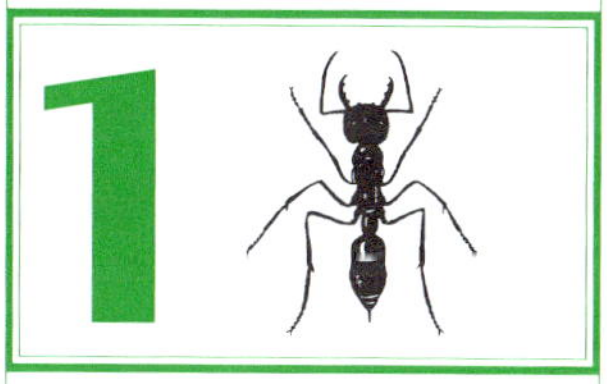

Knäckebrot, getrocknet

Zutaten

100 g	*Buchweizen, fein gemahlen*
4 EL	*Sonnenblumenöl*
80 ml	*Wasser*
1 Msp	*Thymianpulver*
30 g	*Leinsamen, im Moulinex zerkleinern*
	evt. etwas Streumehl
4	*eingeweichte Aprikosen, püriert*

Zubereitung

1) Alle Zutaten miteinander vermischen und gut durchkneten.

2) Den Teig dünn ausrollen, eventuell etwas Streumehl verwenden und in Formen schneiden. Sollte der Teig kleben, zwischen 2 Blatt Pergamentpapier ausrollen.

3) Auf dem Dörrgerät Stufe 2 = 40 Grad trocknen.

Wahlweise kann das Knäckebrot auch aus Hirse hergestellt werden. Geschmackliche Veränderungen können durch den Austausch der Aprikosen gegen eingeweichte Feigen erreicht werden.

KARTOFFELBROT

Zutaten

1/2	*Würfel Hefe*
100 ml	*Mineralwasser*
400 g	*Kartoffeln*
50 g	*Reis, fein gemahlen*
50 g	*Buchenweizen, fein gemahlen*
100 g	*Mais, fein gemahlen*
1 TL	*Kümmel*
1 TL	*Liebstöckel, gehackt*

Aufbewahrung:

Zunächst in Pergamentpapier und dann in einen Frischhaltebeutel eingepackt hält sich das Brot mehrere Tage im Kühlschrank.

Zubereitung

*1) **Hefe** und **Wasser** miteinander verrühren. Die **Kartoffeln** in Schale kochen pellen und zerstampfen (etwas abkühlen lassen).*

*2) Den feingemahlenen **Reis**, **Buchweizen**, und **Mais** zusammen mit den **Kartoffeln** in das Wasser-Hefe-Gemisch einrühren.*

*3) **Kräuter** hinzugeben und 5 Minuten kneten.*

4) Brotteig in eine gefettete Kastenform füllen und 10 Minuten gehen lassen, bis sich Poren an der Oberfläche zeigen.

Backzeit: 30 Minuten bei 180 Grad

Glutenfreies Mischbrot II

als Triebmittel:

Hirse-Backferment-Grundsatz (selbst hergestellt)

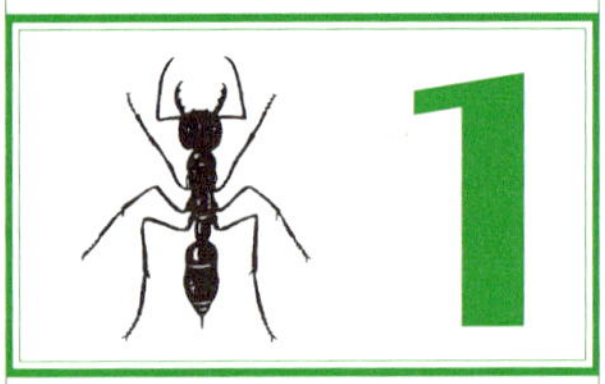

Zutaten

Vorteig:

1 EL	*Grundansatz (aus Hirse)*
1 TL	*Backferment*
250 ml	*Wasser, 40 °C*
250 g	*Hirse, fein gemahlen*

Hauptteig:

250 ml	*Wasser, 40 °C*
400 g	*Getreide, fein gemahlen*
50 g	*Sojamehl*
150 g	*Reis, fein gemahlen*
100 g	*Buchweizen, fein gemahlen*
100 g	*Hirse, fein gemahlen*
3 TL	*Brotgewürz (Fenchel, Koriander, Kümmel)*
50 g	*Kürbiskerne*
	Kastenform
	Butterschmalz zum Fetten der Backform
	Leinsamen oder Sesam zum Ausstreuen der Backform

Fortsetzung auf der nächsten Seite

Glutenfreies Mischbrot II

Fortsetzung:

Zubereitung

Vorteig:

1) ***Grundansatz*** *und* ***Backferment*** *in wenig* ***Wasser*** *auflösen und restliches* ***Wasser*** *einrühren.*

2) ***Hirsemehl*** *zurühren und zugedeckt 2-18 Stunden bei etwa 30 ° C ruhen lassen. Der Teig darf nicht austrocknen.*

Hauptteig:

1) ***Wasser*** *mit dem reifen Vorteig verrühren.*

2) ***Vollkornmehl, Gewürze*** *und* ***Kürbiskerne*** *dazurühren und ca. 5 Minuten kräftig kneten.*

3) Zugedeckt bei 30 °C 60 Minuten gehen lassen. Teig nochmal kurz durchkneten und in die gefettete und ausgestreute Back-form füllen.

4) Bei etwa 30 °C nochmals gehen lassen, bis sich das Volumen etwa verdoppelt hat und sich Poren an der Oberfläche bilden.

5) Backform auf 220 °C vorheizen. Während des Backens eine Schale mit kochendem Wasser in den Backofen stellen.

6) Im vorgeheizten Backofen etwa 30 Minuten bei 220 °C anbacken und weitere 30 Minuten bei ca 170 °C fertig backen.

Wahlweise:

Vorteig wie oben

Hauptteig aus:

250 ml	*Wasser*
450 g	*Sojamehl*
	Gewürze +SB-Kerne

Gelbe Paprikacreme

Zutaten

2	*gelbe Paprika*
1	*Thymianzweig*
2 EL	*Soja-Joghurt*
1	*mittelgroße Zwiebel*
1	*Knoblauchzehe*
1 TL	*Sojasoße*
1 EL	*frische Kräuter, z. B. Dill, Petersilie oder Basilikum*

Zubereitung

1) ***Paprika*** *vierteln, entkernen und in wenig Wasser mit dem* ***Thymianzweig*** *ca. fünf Minuten kochen.*

2) Abgießen, den ***Thymianzweig*** *entfernen, die* ***Paprika*** *enthäuten und mit dem Pürierstab pürieren.*

3) Mit dem ***Soja-Joghurt*** *verrühren.*

4) ***Zwiebel*** *und* ***Knoblauch*** *schälen und sehr klein schneiden. Zusammen mit der Soja-Soße zu der Paprikacreme geben.*

5) Mit frischen ***Kräutern*** *bestreuen und kalt servieren.*

HASELNUßMUS

Zutaten

250 g	Haselnüsse
50 ml	Öl oder 125 g Butter
1 EL	Mandelmus

Nüsse und Mandeln sind gute Magnesiumquellen.

Zubereitung

1) **Haselnüsse** grob hacken und in einer Pfanne ohne Fett goldgelb rösten

2) **Öl** oder **Butter** mit den **Haselnüssen** mit dem Mixer pürieren, mit **Mandelmus** abschmecken.

Die Haselnuß kann gelegentlich zu schweren Allergien führen. Sie ist gleichwohl ein guter Calcium- und Magnesiumlieferant.

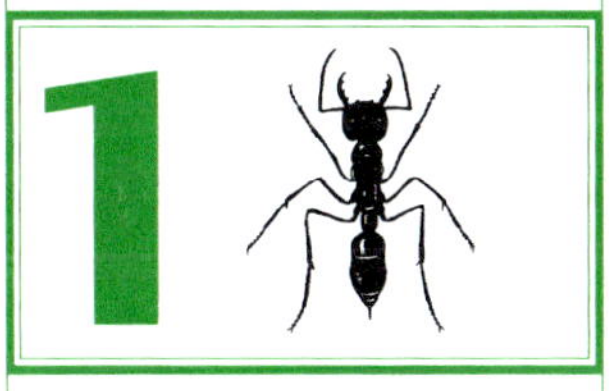

MERRETTICH - TOFU

Zutaten

250 g	*Tofu*
2 EL	*Distelöl*
1 Msp	*Acerolapulver*
1 Pr.	*Peperonipulver*
1 TL	*Sojasoße*
1	*kleiner, geriebener Apfel*
4 - 6 TL	*frisch geriebener Merrettich*

Zubereitung

Alle Zutaten im Mixer cremig pürieren.

Merrettich- Tofu schmeckt als Brotaufstrich, aber auch zu Pellkartoffeln.

Merrettich ist scharf. Was scharf ist, ist basisch, gesund und regt die Verdauungssäfte an.

Tofu - Brotaufstriche

Zutaten

250 g	*frischer Tofu*
50 g	*Nüsse oder Samen, gehackt, nach Geschmack*
oder 2 EL	*Nuß- oder Sesammus*
1 Msp.	*Acerolapulver*
	ggf. etwas Zuckerrübensirup oder Ahornsirup
oder	*frische, gehackte Kräuter oder Gemüse nach Geschmack*

HInweis:

Tofuspeisen sollten immer reichlich abgeschmeckt werden, da Tofu stark die Geschmacksstoffe aufnimmt und neutralisiert.

Zubereitung

1) ***Tofu*** *weich rühren oder fein mixen. Die* ***Tofumasse*** *kann dann pikant oder süß abgeschmeckt werden.*

2) Für süße Brotaufstriche bieten sich ***Nüsse***, ***Mandeln***, ***Sonnenblumenkerne*** *(gemahlen) oder* ***Nuß****- und* ***Mandelmus***, ***Sesammus*** *(Tahin) jeweils mit etwas* ***Acerolapulver*** *abgeschmeckt an.*

3) Für würzige Brotaufstriche sind zu empfehlen: feingewiegte ***Kräuter***, *feingewiegte Gemüse, wie* ***Zwiebeln***, ***Gurken***, ***Tomaten***, *rote* ***Paprika***, ***Knoblauch*** *usw. Man kann noch* ***Hefeflocken***, ***Vitamin-R-Paste***, *oder geriebenen* ***Meerrettich*** *hinzufügen.*

SALBEIBUTTER

Zutaten

75 g	*Butter*
12	*gehackte Salbeiblätter*
1 TL	*Zwiebelsaft*
1 Msp.	*Acerolapulver*

Zubereitung

Butter cremig rühren, gehackte ***Salbeiblätter*** *fein verrühren, 1 Stück* ***Zwiebel*** *mit Knoblauchpresse auspressen, mit* ***Acerolapulver*** *einrühren und mit* ***Salbeiblättern*** *verzieren. Schmeckt zu Grilltomaten.*

Olivenaufstrich

Zutaten

100 g	*Tofu*
2 EL	*Sahne*
100 g	*schwarze Oliven entsteint*
1/2 TL	*Oregano*
1 Msp.	*Acerolapulver*
nach Geschmack	
1	*Knoblauchzehe*

Zubereitung

Tofu *mit* ***Sahne*** *cremig rühren,* ***Oliven*** *fein hacken und unterrühren, mit den anderen Zutaten abschmecken.*

Kartoffelaufstrich

Zutaten

400 g	*Kartoffeln*
100 g	*Zwiebeln*
1	*Knoblauchzehe*
50 g	*Butter*
100 g	*Sahne*
2 EL	*Schnittlauch, geschnitten*
1 EL	*Petersilie, gehackt*
1/2 EL	*Basilikum*
1 Prise	*Majoran*
1 Prise	*Pfeffer*
1 Prise	*Muskat*

Zubereitung

*1) **Kartoffeln** in der Schale kochen, noch heiß schälen und fein reiben.*

*2) **Zwiebeln** und **Knoblauchzehe** fein schneiden und in der **Butter** glasig dünsten. Abgekühlte **Zwiebeln**, **Sahne** und **Kräuter** zur Kartoffelmasse geben. Mit **Majoran**, **Pfeffer** und **Muskat** abschmecken und auskühlen lassen.*

Dieser Brotaufstrich schmeckt am besten, wenn er einige Stunden durchziehen konnte und kühl serviert wird. Er ist im Kühlschrank 2-3 Tage haltbar.

AVOCADO- KRÄUTERCREME

Zutaten

1 reife	*Avocado*
1 Prise	*Acerolapulver*
2 EL	*Sahne*
2 EL	*frische, gehackte Kräuter (z.B. gehackter Schnittlauch, Zitronenmelisse, Petersilie, Kerbel usw.)*
1 Msp.	*Schabzigerklee*

Hinweis: Diese Avocadocreme ist ein guter und eiweißfreier Ersatz für Kräuterquark.

Zubereitung

*1) **Avocado** halbieren, Schale und Kern entfernen und das Fruchtfleisch mit einer Gabel zerdrükken. Sofort mit **Acerolapulver** bestreuen.*

*2) **Sahne** und **Kräuter** unter die **Avocadomasse** rühren und alles mit **Schabzigerklee** abschmecken.*

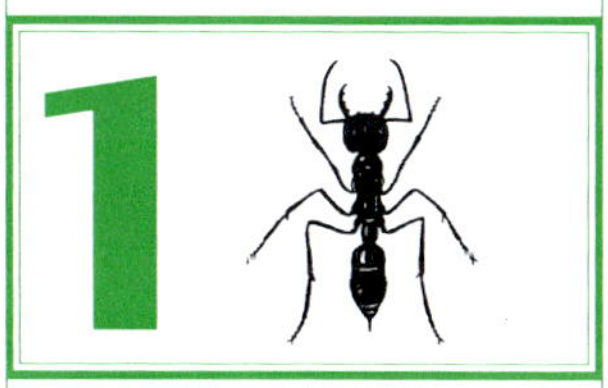

HOUMMOUS

Zutaten

200 g	Kichererbsen
600 ml	Wasser
1 TL	Pfeffer
1 Msp.	Paprika
1 Msp.	Acerola
2 EL	Hefeflocken
1 TL	Oregano
1	Knoblauchzehe
2 EL	Olivenöl

Zubereitung

1) Gewaschene ***Kicher-erbsen*** *über Nacht in der dreifachen Menge Wasser einweichen. Am nächsten Morgen in dem Wasser weichkochen (ca.1 Stunde, im Dampftopf in 1/3 der Zeit) .*

2) Durch ein Sieb passieren, oder im Mixer pürieren. Mit ***Paprika****,* ***Acerola - Wasser - Gemisch, Hefe-flocken****,* ***Oregano*** *und durch eine Presse gedrücktem* ***Knoblauch*** *ab-schmecken.*

3) Den ***Hoummous*** *auf die Teller füllen, in die Mitte eine Mulde machen und* ***Olivenöl*** *hineingeben. Von einem Fladenbrot (s. Seite 314) Happen abbrechen und damit den* ***Hoummous*** *aufstippen.*

MARMELADE AUS FRISCHEM OBST

Zutaten

750 g frisches Obst (z.B. Bananen, schwarze Johannisbeeren, Himbeeren, Blaubeeren, Mirabellen , Aprikosen)
50 g Vollrohrzucker
2 geh.TL Agar- Agar

Zubereitung

Das frische ***Obst*** *wird mit* ***Vollrohrzucker*** *und* ***Agar- Agar*** *gemixt und unter ständigem Rühren erwärmt, jedoch nicht über 40°. Im erwärmten Zustand 10 Minuten quellen lassen. In Gläser abfüllen und im Kühlschrank aufbewahren. Haltbarkeit: ca. 3-4 Wochen. Die Marmelade kann auch aus tiefgekühltem Obst zubereitet werden. Der Saft, der beim Auftauen entsteht, wird mitverwen-det.*

2 

1 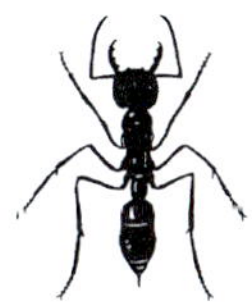

1 

1 

Brotaufstrich

aus Trockenfrüchten

Zutaten

50 g	*Aprikosen*
50 g	*Feigen*
50 g	*Datteln*
100 ml	*Wasser*
1 Msp.	*Acerolapulver*
1 Prise	*Naturvanille*
2-3 El	*Mandeln oder Nüsse, gerieben*

Zubereitung

Trockenfrüchte *kleinschneiden und mehrere Stunden im Wasser einweichen. Eingeweichte* ***Trockenfrüchte*** *mit den* ***Gewürzen*** *pürieren und geriebene* ***Mandeln*** *zugeben, bis eine streichfähige Masse entsteht.*

HOT TOMATO

KALTES FÜR HEIßE SOMMERTAGE

Zutaten

1	Tomate
1	rote Paprikaschote
1 Pr.	Peperonipulver (nach Geschmack)
1 kleiner	Kopfsalat
1	Broccoliröschen
	Petersilienstengel zum Garnieren

Zubereitung

1) **Tomate** und **Paprikaschote** entsaften und mit dem **Peperonipulver** scharf würzen.

2) Den Saft in einem Eiswürfelbehälter einfrieren.

3) **Kopfsalat** und **Broccoli** entsaften.

4) Den Saft in cin großes Glas füllen, mit 2-3 **Tomaten - Paprika**eiswürfeln und einem Stil **Petersilie** garniert servieren.

Würzig und gesund!

Tomaten - Coktail

2

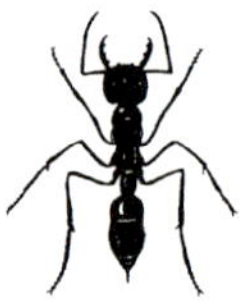

2

2

2

Zutaten

Tomatensaft aus 6-8 frischen Tomaten	
2 TL	Senf (selbst hergestellt, (siehe Rezept Seite 282)
1/2 TL	Öl
1/2 TL	Acerola - Wasser - Gemisch
4 Spritzer	Sojasoße
	Stäubchen Rosmarin
1/2 EL	Schlagsahne
1 TL	gehackter Dill
1 Msp.	Rosmarin

Zubereitung

1) **Tomatensaft** mit **Senf**, **Öl**, **Acerola - Wasser - Gemisch**, **Rosmarin** und **Sojasoße** vermischen und in Gläser gießen.

2) Die **Schlagsahne** daraufgeben und den **Dill** darüberstreuen.

Tomate sollte nach Tomate schmecken. Das tut sie, wenn sie ungespritzt ist, an natürlichem Licht gereift und auf gutem Boden gewachsen ist.

BROMBEER-MIX

Zutaten

100 ml	*Brombeer-Muttersaft*
30 ml	*Wasser*
10 g	*Mandelmus = 1 EL*

Zubereitung

1) Alle Zutaten miteinander vermischen und gut durchmixen.

Besser als jede Limonade, jeder Obst- oder Zitronensaft!

2 

1 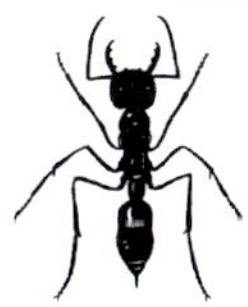

1 

1 

Heidelbeer-Mix

2

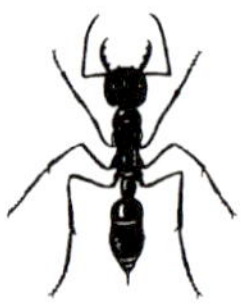

1

1

1

Zutaten

100 ml	*Heidelbeer-Muttersaft*
1/2 Meßl.	*Biobin (mit 50 ml Wasser kalt)*

Vergessen Sie bei diesem Rezept alle Fertigsäfte!

Zubereitung

Alle Zutaten miteinander vermischen und gut durchmixen.

Die Heidelbeere (auch Blaubeere genannt) ist auch ein gutes Therapeutikum bei Darmproblemen.

Ihr hoher Gehalt an Bioflavoniden (dies sind Farbstoffe mit Vitamincharakter) verstärkt nachhaltig die Wirkung von Vitamin C.

Holunder-Mix

Zutaten

100 ml	*Holunder- bzw.Muttersaft*
1/2	*Meßl. Biobin mit 50 ml kaltem Wasser angerührt*

Zubereitung

Alle Zutaten miteinander vermischen und gut durchmixen. Wahlweise mischen mit Heidelbeersaft, schwarzer Johannisbeersaft oder Sojamilch.

Gesund aus unseren Landen. Wertvolle Vielfalt statt unserer monotonen Milch- und sauren Obstgetränke.

2

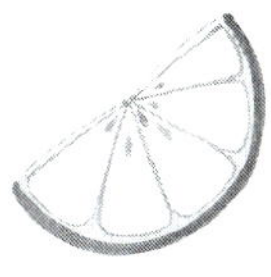

1

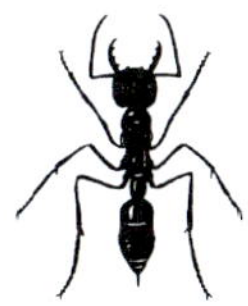

1

1

VITAMIN-KAROTTEN-MIX

SAG JA ZU VITAMIN A!

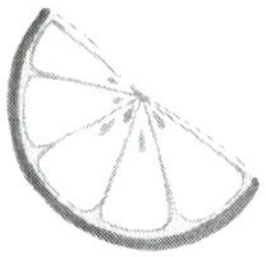

1

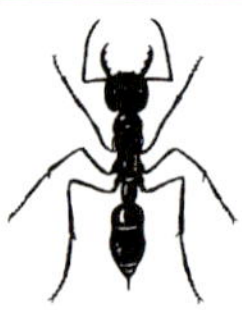

3

3

1

Zutaten

100 ml	*frischer Karottensaft*
10 g	*Mandelmus =1EL*
1 Prise	*Acerolapulver*

Nur Karotten aus biologischen Anbau enthalten einen hohen Anteil an Betacarotin (Provitamin A).
Bei gedüngten und gespritzten Karotten ist z.T. kein Betacarotin mehr nachweisbar gewesen.

Zubereitung

Alle Zutaten miteinander vermischen und gut durchmixen.

Rheumatiker und Allergiker müssen leider verzichten!

ROTE-BETE-MIX

Zutaten

100 ml	*frischer Saft von roter Beete*
50 ml	*frischer Apfelsaft*

Zubereitung

Alle Zutaten miteinander vermischen und gut durchmixen.

Gesund und gut bekömmlich.
Die Rote Bete hat nach der Zwiebel den höchsten Gehalt an Kieselsäure, (wichtigster Baubestandteil der Haare, wichtig auch für unsere Nägel und unser Bindegewebe).

SO EINFACH !

TAGESPLÄNE FÜR DIE GANZE WOCHE

Tagesplan Säure- Basen-Haushalt

Für die ganze Woche: ***Frühstücksmüsli, Rezepte ab Seite***

Montag ***mittags:*** *einfacher Feldsalat S. 155 Wirsingroulade S. 216, dazu in der Schale gebackene Kartoffeln S. 189* ***abends:*** *Spinat- oder Mangoldsuppe S. 182 mit glutenfreiem Toastbrot*	**Dienstag** ***mittags:*** *Kohlrabi-Radieschen-Tomatensalat S. 157 Gegarter Weißkohl S. 208, dazu Nudelgericht S. 244* ***abends:*** *Kartoffelpuffer S. 191*	**Mittwoch** ***mittags:*** *Avocadosalat mexikanisch S. 158 Fenchelgemüse S. 201, Pommes Frittes S. 193* ***abends:*** *Mungobohnen-Sprossensalat S. 159 mit glutenfreiem Brot und Butter*
Donnerstag ***mittags:*** *Brokkoli-Tomatensalat S. 163 Linsengemüse S. 205, Buchweizenomelette S. 241* ***abends:*** *russische Zwiebelsuppe S. 173*	**Freitag** ***mittags:*** *Rote-Bete-Salat S. 170 Hirse-Pastinaken-Pfanne S. 252* ***abends:*** *Knoblauchbrot S. 264*	**Samstag** ***mittags:*** *Zucchini-Melonen-Frischkost S. 164 Rotkohl S. 225 mit Kastaniengemüse S. 211 und Kartoffelpüree S. 192* ***abends:*** *Unsere bunte Salatvariante S. 169*

Sonntag

mittags:

Chinakohlsalat S. 165, Gebackene Maiskolben S. 203
Amaranthdessert mit Obst S. 288

abends:

Hoummous S. 328 und Fenchelsalat S. 168

Tagesplan für Rheumatiker

Für die ganze Woche: ***Frühstücksmüsli, Rezepte ab Seite***

Montag ***mittags:*** *Fenchelsalat S. 168* *Porreegemüse mit Kapern S. 207, dazu gratinierte Kartoffeln S. 186* ***abends:*** *Kürbissuppe S. 181*	**Dienstag** ***mittags:*** *Sauerkraut- Frischkost mit Rettich S. 171* *Kürbis in der Röhre S.214,* *Blechkartoffeln S. 189* ***abends:*** *Rote- Bete- Salat S. 170 und glutenfr. Brot mit Butter*	**Mittwoch** ***mittags:*** *Unsere bunte Salatvariante S. 169* *Brokkoli gedünstet S. 197 dazu Reis in Kokosmilch S. 256* ***abends:*** *russische Zwiebelsuppe S. 173*
Donnerstag ***mittags:*** *Linsen-Buchweizenkeimling-Salat S. 166* *Blumenkohl S. 195, dazu Hirseküchlein S. 250* ***abends:*** *glutenfreies Brot u. Meerrettich-Tofu-Aufstrich S. 322*	**Freitag** ***mittags:*** *Zucchini-Melonen-Frischkost S. 164* *grüne Bohnen S. 209 und Maisschnitten S. 254* ***abends:*** *Steckrübensuppe S. 179*	**Samstag** ***mittags:*** *Gewürzreicher Gurkensalat S. 156* *Dicke Bohnen S. 222 und Pellkartoffeln* ***abends:*** *Kohlrabi-Radieschen-Tomatensalat S. 157 und glutenfreies Brot mit Butter*
Sonntag ***mittags:*** *Erbsensprossensalat S. 160* *Fenchel-Gemüse S. 201 und Petersilienreis S. 255* *Heidelbeer-Kaltschale S. 284* ***abends:*** *Zucchinisuppe S. 178*		

Tagesplan bei Allergien

Für die ganze Woche: ***Frühstücksmüsli, Rezepte ab Seite***

Montag	Dienstag	Mittwoch
mittags: *Sauerkrautfrischkost S. 171 Gebackene Maiskolben S. 203 dazu Sprossenbratlinge S. 240* ***abends:*** *Kartoffel- Porreesuppe S.176*	***mittags:*** *Mungobohnen-Sprossensalat S. 159, Kohlrabi mit Kräutern, S.213 dazu Buchweizenpfannkuchen S. 245* ***abends:*** *glutenfreies Brot mit Avocadokräutercreme S. 327*	***mittags:*** *Kohlrabi- Radieschen-Tomatensalat S. 157 gedämpfte Gurken S. 202 dazu Boullionkartoffeln S. 184* ***abends:*** *glutenfreies Brot mit Haselnußmus S. 321*
Donnerstag	**Freitag**	**Samstag**
mittags: *Gewürzreicher Gurkensalat S. 156, Blumenkohl-Compositum S. 195, Hirseküchlein S. 250* ***abends:*** *Unsere bunte Salatvariante S.169 glutenfreies Brot mit Butter*	***mittags:*** *Fenchelsalat S. 168 Linsengemüse S. 229 und Maisschnitten S. 254* ***abends:*** *Reispudding S. 293*	***mittags:*** *Linsensprossensalat S. 162 Kürbis in der Röhre S. 214 und Blechkartoffeln S. 189* ***abends:*** *Brokkoli- Suppe S. 174*

Sonntag

mittags: *Kürbissalat S. 167 Kastaniengemüse S. 211 und Herzoginkartoffel S. 187*
Rote Grütze S. 285

abends:
Russische Zwiebelsuppe S. 173

Tagesplan

bei Krebserkrankungen oder Krebsgefährdung

Für die ganze Woche: ***Frühstücksmüsli, Rezepte ab Seite***

Montag	Dienstag	Mittwoch
mittags: *Sauerkraut-Frischkost mit Rettich S. 171 Kastaniengemüse S. 211, dazu saftiges Gemüse, z.B. Zucchini-Pfanne S. 218* ***abends:*** *Brokkolisuppe S. 174*	***mittags:*** *Salat von Linsen- und Buchweizenkeimlingen S. 166, Kürbis in der Röhre S. 214, dazu Kartoffelpürree S. 192* ***abends:*** *Fenchelsalat S. 168 und glutenfreies Brot mit Butter und Kräutern*	***mittags:*** *Mungobohnen-Sprossensalat S. 159 Schwarzwurzeln S. 204, Buchweizennudeln S. 244* ***abends:*** *glutenfreies Brot mit gelber Paprikacreme S. 320*
Donnerstag	**Freitag**	**Samstag**
mittags: *Rote-Bete-Salat S. 170 Chinakohl S. 200, dazu Hirseküchlein S. 250* ***abends:*** *Kartoffel-Porree-Suppe S. 176*	***mittags:*** *Avocadosalat mexikanisch S. 158 Brokkoli gedünstet S. 197, dazu Buchweizengrütze S. 238* ***abends:*** *Zucchinisuppe S. 178 mit glutenfreiem Toast*	***mittags:*** *Kohlrabi- Radieschen-Tomatensalat S. 157 Reibekuchen S. 191* ***abends:*** *Steckrübensuppe S. 179*

Sonntag

mittags:

Brokkoli- Tomatensalat S. 163, Schwarzwurzeln S. 204 und Kartoffelpüree S. 192
Melonenspalten mit Aprikosen S. 290

abends:

Unsere bunte Salatvariante S. 169

Vitamin- und Mineralstoffgehalt von Nahrungsmitteln

Die Sorge, daß die von uns empfohlene Form der Ernährung einseitig sei, scheint zu einer der Hauptprobleme unserer Patienten zu gehören. Fragen wie: "Woher bekomme ich ausreichend Vitamin C, wenn ich keine Orangen oder Zitronen mehr essen darf?" oder "Muß ich nicht regelmäßig Milch trinken, um meinen Kalziumbedarf zu decken?" werden uns fast täglich gestellt.

Daß man auch im Rahmen der säurefreien und allergiearmen Ernährung ausreichen Vitalstoffe zu sich nimmt, wollen wir anhand der folgenden Tabellen beweisen. Dennoch sind die hier genannten Bedarfs- und Inhaltsangaben mit Vorbehalt zu betrachten:

- *So beziehen sich die Angaben über den Vitamin- oder Mineralstoffgehalt eines Nahrungsmittels immer auf biologisch angebautes, nicht überdüngtes oder gespritztes Frischgemüse und Frischobst. Konventioneller Landbau führt in der Regel zu einer Verarmung an Vitaminen und Mineralstoffen.*
- *Auch die Bedarfszahlen sind nur mit Vorsicht zu genießen: Unter besonderen Umständen kann sich der Bedarf an Vitaminen und Mineralstoffen rasant erhöhen. So werden unter psychischem Stress, bei chronischen Erkrankungen, bei Einnahme von Medikamenten oder bei Nikotin- oder Alkoholkonsum sowie im Alter oftmals vom Körper weitaus mehr Vitamine benötigt und verbraucht, als dies die Bedarfszahlen aussagen.*
- *Darüberhinaus sind die Bedarfszahlen oftmals vor mehreren Jahrzehnten erhoben worden und werden der erhöhten heutigen Belastungen durch Umwelteinflüsse nicht mehr gerecht.*
- *Auch die Empfehlungen verschiedener Quellen differieren oftmals um 20 % und mehr. So liegen die Empfehlungen der amerikanischen Gesundheitsbehörden (U.S.R.D.A.), auf die wir uns beziehen, über denen der Deutschen Gesellschaft für Ernährung (DGE).*
- *Da aber bei fast allen Erkrankungen eklatante Mangelerscheinungen bei den verschiedensten Vitaminen, Mineralien und Spurenelementen vorliegen, stehen wir hier am Sockel eines Monumentes, das wir therapeutisch erst zu erschließen beginnen.*
- *Aus Amerika kommend, etabliert sich mehr und mehr eine Therapierichtung, die wir als orthomolekulare Medizin bezeichnen: die konsequente Krankheitsbehandlung mit ausreichenden Dosen an Vitalstoffen.*

- Mehr Hinweise und therapeutische Erfahrungen über die auch den meisten Ärzten noch in ihren komplexen Beziehungen wenig bekannte und noch weniger genutzte Bedeutung der Vitalstoffe finden Sie in unserem Ernährungsbuch 1: "Revolution in der Ernährung, Das Kursbuch der säurefreien und allergiearmen Ernährung" und Ernährungsbuch 3: "Das große Buch der Vitalstoffe".

Hitliste der Vitalstoffe

WAS - Worin - Wieviel?

Vitamin A (chem. Name: Retinol)

Empfohlene tägliche Zufuhr: 5.000 I.E. (U.S.R.D.A)

Folgende Nahrungsmittel decken den Vitamin A-Bedarf am besten:

Portionsgröße	Vitamingehalt	Tagesbedarf (%)
10 g Dorschlebertran	10.000 I.E.	200 %
150 g Karotte, roh	10.000 I.E.	200 %
200 g Grünkohl, roh	4.400 I.E.	90 %
150 g Spinat	3.500 I.E.	70 %
100 g Thunfisch	1.500 I.E.	30 %
100 g Chicorée, roh	720 I.E.	15 %
50 g Aprikose	500 I.E.	10 %
20 g Butter	433 I.E.	9 %

Wie auch die Vitamine D, E und K gehört Vitamin A zu den sogenannten „fettlöslichen Vitaminen", das heißt, der Körper benötigt zur Aufnahme dieser Vitamine zusätzlich ungesättigte Fettsäuren .

Der Vitamin A-Bedarf des Menschen wird durch Retinol (Vitamin A) aus tierischen Nahrungsmitteln wie Butter, Eier, Leber, Lebertran, Fleisch und dem Beta-Carotin (Vorstufe von Vitamin A) aus pflanzlichen Nahrungsmitteln gedeckt.

Vitamin A wird für das natürliche Wachstum des Körpers benötigt, es fördert die Funktion von Haut und Schleimhaut, die es besonders vor „freien Radikalen" (Schadstoffen aus Umwelt und Ernährung) schützt. Außerdem bildet der Körper *aus Vitamin A eine Substanz, den „Sehpurpur", die für den normalen Sehvorgang unerläßlich ist.*

Zusammen mit den Vitaminen E und C sowie den Spurenelementen Selen und Zink gehört Vitamin A zu den wirkungsvollsten Radikalenfängern. Die Wirkung dieser Stoffe zur Verhütung vieler, chronischer Krankheiten (Lungen- oder Brustkrebs, Rheuma, Allergien und Erkrankungen des Herz-Kreislauf-Systems) wird in zunehmendem Maße erforscht.

Vitamin B_1 (chemischer Name: Riboflavin)

Empfohlene tägliche Zufuhr: 1,7 mg (U.S.R.D.A.)

Die Gruppe der B-Vitamine unfaßt ca. 20 Einzelsubstanzen, deren Wirkung noch nicht in allen Einzelheiten erforscht ist. Vitamin B_1 oder Thiamin spielt z.B. eine Rolle bei der regelrechten Funktion der Schleimhäute des oberen Verdauungstrakts (Mund, Zunge) sowie der Augen. Ein anderer, ebenfalls wichtiger Bereich der Wirkung von Thiamin bezieht sich - wie bei vielen, anderen B-Vitaminen auch - auf den Bereich des Zentralnervensystems.

Folgende Nahrungsmittel decken den Vitamin B1-Bedarf am besten

Portionsgröße	Vitamingehalt	Tagesbedarf (%)
60 g Sojabohne, trocken	0,59 mg	34,7 %
50 g Erdnuß	0,45 mg	26,5 %
150 g grüne Erbse, getrocknet	0,35 mg	20,9 %
60 g Bohnen, getrocknet	0,28 mg	16,5 %
60 g Reis, unpoliert	0,25 mg	14,7 %
200 g Kartoffel, mit Schale	0,20 mg	11,8 %

So kann ein Mangel an Thiamin zu seelischen Störungen bis hin zu Depressionen führen, auch kommt es unter einem Vitamin B_1-Mangel zu Taubheitsgefühlen inn Armen und Beinen.

Vitamin B_2 (chemischer Name: Riboflavin)

Empfohlene tägliche Zufuhr: 2,0 mg (U.S.R.D.A.)

Folgende Nahrungsmittel decken den Vitamin B_2-Bedarf am besten

Portionsgröße	Vitamingehalt	Tagesbedarf (%)
140 g Rinderleber	4,03 mg	202 %
350 g Hähnchen	0,56 mg	28 %
150 g Makrele	0,54 mg	27 %
60 g Sojabohne, getr.	0,31 mg	15,5 %
100 g Grünkohl, roh	0,25 mg	12,5 %

Ein Mangel an Vitamin B_2 oder Riboflavin kann sich in Veränderungen der Mundschleimhaut (Rötung, Brennen etc.) sowie in Sehstörungen äußern. Vitamin B_2 spielt außerdem eine wichtige Rolle im Stoffwechsel von Kohlenhydraten, Fetten und Proteinen. Desweiteren ist ein ausreichender Spiegel an Riboflavin wichtig für unser Immunsystem, den Abwehrapparat des menschlichen Körpers: es beeinflußt die Bildung von Antikörpern und die Formation von roten Blutzellen (Erythrozyten).

Vitamin B_3 (chemischer Name: Niacinamid, Nikotinsäureamid)

Empfohlene tägliche Zufuhr: 15 - 18 mg

Folgende Nahrungsmittel decken den Vitamin B_3-Bedarf am besten:

Portionsgröße	Vitamingehalt	Tagesbedarf (%)
350 g Hähnchen	25 mg	100 %
140 g Rinderleber	21 mg	100 %
50 g Erdnuß	7,7 mg	50 %
110 g Champignons	6,0 mg	30 %
200 g Kartoffel, gek. mit Schale	3,4 mg	17 %
100 g Grünkohl, roh	2,1 mg	13 %

Der Wirkstoff "Niacin" hat in der Vergangenheit viele unterschiedliche Namen gehabt: Nicotinsäure, Nicotinamid, Vitamin B_3, Vitamin PP und pp-Faktor. Das "PP" leitet sich von dem Begriff "Pellagra-preventing" ab, weist also darauf hin, daß diese Substanz zur Verhinderung der "Pellagra" dient, einer Mangelerkrankung, die früher häufig bei der armen Landbevölkerung Südeuropas und Nordamerikas auftrat. Auch bei der Pellagra finden sich Symptome, die bei Mangelerscheinungen der anderen Vitamine des B-Komplexes auftreten und Auswirkungen auf die regelrechte Funktion von Haut, Schleimhäuten und das Nervensystem haben.

Vitamin B_6 (chemischer Name: Pyridoxin)

Empfohlene tägliche Zufuhr: 2,5 mg (U.S.R.D.A.)

Folgende Nahrungsmittel decken den Vitamin B_6-Bedarf am besten:

Portionsgröße	Vitamingehalt	Tagesbedarf (%)
350 g Hähnchen	1,7 mg	68 %
60 g Sojabohne, getr.	0,71 mg	28,4 %
140 g Banane	0,50 mg	20,0 %
50 g Hirse	0,38 mg	15,2 %
100 g Porree, roh	0,25 mg	10,0 %
150 g Blumenkohl	0,24 mg	9,6 %
100 g Kartoffel, roh	0,21 mg	8,4 %

Beim Vitamin B_6 spielen die Funktionen im Bereich des Nervensystems ähnlich wie bei B_1 und B_2 eine wichtige Rolle: ein Mangel an diesem Vitamin, das auch unter dem Namen Pyridoxine bekannt ist, äußert sich häufig in seelischen Problemen sowie dem möglichen Verlust der Kontrolle über die Muskulatur. Aufgrund dieser, für das Nervensystem spezifischen Funktion nennt man diese Vitamine auch "neurotrope" Vitamine.

Vitamin B_{12} (chemischer Name: Cobalamin)

Empfohlene tägliche Zufuhr: 8 mcg; (Mikrogramm) (U.S.R.D.A.)

Folgende Nahrungsmittel decken den Vitamin B_{12}-Bedarf am besten:

Portionsgröße	Vitamingehalt	Tagesbedarf (%)
140 g Rinderleber	91 mcg	1.138 %
150 g Forelle	6,75 mcg	84 %
350 g Hähnchen	1,75 mcg	22 %
1 Hühnerei	0,91 mcg	30 %
30 g Sahne	0,12 mcg	4 %

Im Gegensatz zu den anderen B-Vitaminen, die auch in pflanzlichen Nahrungsmitteln vorhanden sind, kann der Bedarf an Vitamin B_{12} oder Cyanocobalamin mit zwei Ausnahmen nur aus tierischen Produkten (Leber, Eigelb oder Käse) gedeckt werden. Diese zwei Ausnahmen sind einerseits die Bierhefe, andererseits die Süßwasseralge Spirulina platensis (z. B. Mega-Alg).

Neben Folsäure und Eisen trägt Cyanocobalamin wesentlich zur Blutbildung bei. Ein Mangel an Vitamin B_{12} führt deshalb immer zur Ausbildung einer speziellen Form der Blutarmut, der sogenannten "perniziösen Anämie". "Perniziös" bedeutet soviel wie verderblich oder vernichtend, und so endet diese Erkrankung - wenn nicht behandelt - immer tödlich. Außerdem ähnelt das Cyanocobalamin chemisch dem pflanzlichen Wirkstoff "Chlorophyll", das in der Pflanze die Energie des zugeführten Sonnenlichts in chemische Energie umwandelt und das Sonnenlicht somit für den Stoffwechsel nutzbar macht.

Vitamin C (chemischer Name: Ascorbinsäure)

Empfohlene tägliche Zufuhr: 75 mg

Folgende Nahrungsmittel decken den Vitamin C-Bedarf am besten:

Portionsgröße		Vitamingehalt	Tagesbedarf (%)
5 g	Acerola-fruchtpulver	955 mg	1270 %
125 g	schwarze Johannisbeere	221 mg	300 %
200 g	Grünkohl, gek.	150 mg	200 %
180 mg	Apfelsine	90 mg	120 %
100 g	Blumenkohl, roh	73 mg	100 %
100 g	Chinakohl, roh	36 mg	50 %
50 g	Zitronensaft	27 mg	30 %
100 g	Kartoffel	17 g	25 %

Der Begriff "Ascorbinsäure" - wie man das Vitamin C auch nennt - weist gleichzeitig auf die Hauptfunktion dieses wasserlöslichen Vitamins als Anti-Skorbut-Mittel hin. Zwar ist Skorbut, als klassische Vitamin C-Mangelerkrankung früherer Zeiten, heute als Vollbild sehr selten. Dennoch weisen viele Ernährungswissenschaftler darauf hin, daß die zunehmende Zahl an Paradontoseerkrankungen Anzeichen eines larvierten (versteckten) Vitamin C-Mangels sein können. Darüberhinaus finden wir häufig in der Praxis Menschen mit einer erhöhten Neigung zu Blutergüssen bzw. brüchigen Blutgefäßen, die sich unter einer gezielten Vitamin C-Gabe oft wesentlich bessern.

Desweiteren haben neuere Untersuchungen der Wirkung von Vitamin C gezeigt, daß es in der Lage ist, über seine Wirkung bei der Bildung von menschlichem Bindegewebe auch weitreichende, vorbeugende Auswirkungen auf Krebserkrankungen besitzt. So ist es z. B. in der Lage, krebserregende Stoffe aus der Umwelt, wie unter anderem

Nitrosamine zu vernichten. Über die Möglichkeiten, die Ascorbinsäure auch zur Behandlung von Krebserkrankungen einzusetzen, streiten sich die Ernährungswissenschaftler noch. Dessen ungeachtet sollte der Krebskranke sich an die Empfehlung des Vitamin C-Papstes Linus Pauling halten, der äußerte, daß alle diesbezüglichen Studien nur eins ergeben hätten: Es sei auf jeden Fall vorteilhaft, wenn ein Krebskranker vermehrt Vitamin C zu sich nehme.

Vitamin C regt die Bildung weißer Blutzellen an und ist insofern in der Behandlung von Infekten, bei Schäden durch Strahlen- oder Chemotherapie nicht mehr wegzudenken.

Vitamin D (chemischer Name: Calciferol)

Empfohlene tägliche Zufuhr: 400 I.E. (U.S.R.D.A.)

Folgende Nahrungsmittel decken den Vitamin D-Bedarf am besten:

Portionsgröße		Vitamingehalt	Tagesbedarf (%)
150 g	Hering	1.000 I.E.	250 %
150 g	Forelle	270 I.E.	67,5 %
100 g	Eidotter	325 I.E.	81,25 %
150 g	Karpfen	162 I.E.	40,5 %
110 g	Champignons	85,2 I.E.	21,3 %

In einem amerikanischen Buch wurde das fettlösliche Vitamin D oder Caciferol als "Sunshine-Vitamin" (Sonnenschein-Vitamin) bezeichnet. Tatsächlich ist der menschliche Organismus in der Lage, genügend Vitamin D selbst herzustellen, wenn er in ausreichendem Maße dem Sonnenlicht ausgesetzt ist. Leider wird diese Vitaminsynthese in zunehmendem Maße - unter anderem durch die erhöhte Luftverschmutzung blockiert.

Vitamin D spielt eine wesentliche Rolle beim Aufbau der menschlichen Knochen, es bewirkt die Einlagerung von Kalzium und Phosphor in den Knochen. Die klassische Vitamin D-Mangelkrankheit, Rachitis, die in Deutschland besonders um die Jahrhundertwende bei Kindern verbreitet war, tritt heutzutage durch die routinemäßige Gabe von Vitamin D-Präparaten (z. B. Vigantoletten, früher sinnvoll durch Lebertran vorgenommen) im Säuglingsalter nicht mehr im Vollbild auf. Dennoch sollte man die zunehmenden Zahnschäden schon bei Kleinkindern als eine unterschwellige (subklinische) Form der Rachitis einordnen.

Vitamin E *(chemischer Name: Tocopherol)*

Empfohlene tägliche Zufuhr: 20 mg (U.S.R.D.A.)

Während Vitamin E in den fünfziger Jahren noch als "Fruchtbarkeitsvitamin" Furore machte, wurde der wahre Wert dieses (ebenfalls fettlöslichen) Vitamins erst in den letzten Jahren erkannt.

Folgende Nahrungsmittel decken den Vitamin E-Bedarf am besten:

Portionsgröße		***Vitamingehalt***	***Tagesbedarf (%)***
200 g	*Grünkohl, gek.*	*7,2 mg*	*36 %*
15 g	*Mandeln*	*3,72 mg*	*18,6 %*
180 g	*Spargel, gek.*	*3,24 mg*	*16,2 %*
10 g	*Haselnüsse*	*2,62 mg*	*13,1 %*
100 g	*Wirsing, gek.*	*2,5 mg*	*12,5 %*

Als wirkungsvoller Radikalenfänger schützt Vitamin E oder Tocopherol die fetthaltigen Anteile der Zellwände vor der Zerstörung durch freie Radikale. Darüberhinaus verhindert es auch die vorzeitige Zerstörung anderer, fettlöslicher Vitamine wie Vitamin A, D und K. Wissenschaftlich gesichert ist die positive Wirkung von Vitamin E bei Rheumakranken: unter der Gabe eines Vitamin E - Präparates konnte hier vielfach die Einnahme von Rheumamitteln (NSAR) verringert werden, ohne daß die Patienten mehr Beschwerden hatten. Über die präventive (vorbeugende) und therapeutische Wirkung von Vitamin E bei Krebs- sowie Herz- und Kreislauferkrankungen sind weltweit über tausend Studien erstellt worden. Wir werden diesen Studien im Rahmen des demnächst erscheinenden Buches "Das große Buch der Vitalstoffe" einen besonders breiten Rahmen schaffen.

Mineralstoffe

Eisen (chemische Formel: Fe)

Empfohlene tägliche Zufuhr: 18 mg (U.S.R.D.A.)

Folgende Nahrungsmittel decken den Eisen-Bedarf am besten:

Portionsgröße	Eisengehalt	Tagesbedarf (%)
140 g Rinderleber	9,94 mg	60 - 90 %
350 g Hähnchen	6,3 mg	40 - 60 %
60 g Sojabohne, getr.	5,12 mg	30 - 50 %
200 g Grünkohl, gekocht	3,4 mg	20 - 30 %
150 g grüne Erbsen	1,95 mg	14 - 20 %
200 g Kartoffel, gek. mit Schale	1,6 mg	10 - 15 %

Eisen ist ein wesentlicher Bestandteil des roten Blutfarbstoffes "Hämoglobin". Im Hämoglobin enthaltene Eisenatome binden den Atemsauerstoff im Blut und sorgen so für den Sauerstofftransport im Körper. Ein Eisenmangel führt somit zur Verminderung des Hämoglobins und schließlich zu einer Form der Blutarmut, der "Eisenmangelanämie". Diese Eisenmangelanämie tritt besonders häufig bei jungen Mädchen und Frauen auf und führt zu einer blassen Hautfarbe, Müdigkeit und einer erhöhten Infektionsanfälligkeit.

Kalium (chemische Formel: K)

Empfohlene tägliche Zufuhr: 2 - 4 g

Folgende Nahrungsmittel decken den Kalium-Bedarf am besten:

Portionsgröße	Kaliumgehalt	Tagesbedarf (%)
60 g Sojabohne, getrocknet	1044 mg	25 - 50 %
200 g Kartoffel, gek. mit Schale	880 mg	20 - 40 %
200 g Grünkohl, gekocht	768 mg	15 - 30 %
140 g Banane	550 mg	12 - 25 %

Der Mineralstoff Kalium wird im menschlichen Körper vor allem für die Muskelarbeit und die Reizleitung im Herzen benötigt Kommt es - besonders nach schweren Durchfallerkrankungen, aber auch bei künstlicher (parenteraler) Ernährung oder Blut-wäsche (Dialyse) zu einem erhöhhten Verlust von Kalium, so sinkt die Leistungsfähigkeit des Herzens und Wasseransammlungen in den Beinen (Ödeme) sind die Folge. Kalium wirkt ausschwemmend und somit der vermehrten Wassereinlagerung durch Kochsalz und Cortison entgegen.

Kalzium (chemische Formel: Ca)

Empfohlene tägliche Zufuhr: 800-1200 mg

Folgende Nahrungsmittel decken den Kalzium-Bedarf am besten:

Portionsgröße	Kalziumgehalt	Tagesbedarf (%)
200 g Grünkohl, roh	440 mg	30 - 50 %
200 g Grünkohl, gekocht	356 mg	25 - 45 %
60 g Sojabohne, getrocknet	154 mg	15 - 20 %
150 g Porree, roh	100 g	9 - 12,5 %

99 Prozent des im Körper angelagerten Mineralstoffes Kalzium sind im Skelett gebunden. Daraus erklärt sich dessen Bedeutung für den Bau und die Gesundheit der menschlichen Knochen. Außerdem wirkt das Kalzium als Ausgleich (Puffer) für die dem Körper zugeführten Säuren und reguliert so das Säure-Basen-Gleichgewicht des Körpers. Ein Kalziummangel, der u. a. auch durch saure Ernährung bewirkt werden kann, führt zu einer Freisetzung von Kalzium aus den Knochen und somit zu deren Entkalkung und erhöhten Brüchigkeit (Osteoporose).

Magnesium (chemische Formel: Mg)

Empfohlene tägliche Zufuhr: 450 mg (U.S.R.D.A.)

Folgende Nahrungsmittel decken den Magnesium-Bedarf am besten:

Portionsgröße	Magnesiumgehalt	Tagesbedarf (%)
60 g Sojabohne, getrocknet	148 mg	50 %
60 g Reis, unpoliert	94 mg	30 %
50 g Hirse, gz. Korn	85 mg	28 %
200 g Grünkohl, gekocht	52 mg	15 %
140 g Banane	50 g	15 %

Der Mineralstoff Magnesium spielt ebenfalls eine wichtige Rolle beim Knochenstoffwechsel. Eine weitaus größere Bedeutung kommt ihm als "natürlichem Beruhigungsmittel" zu. Erste Anzeichen eines Magnesiummangels sind häufig nachts auftretende Muskelkrämpfe, die durch eine Übererregbarkeit der motorischen Nerven unter Magnesiummangel hervorgerufen werden. Aber auch bei psychischer Unruhe, verbunden z. B. mit Ein- und Durchschlafstörungen ist oftmals ein Magnesiummangel als Ursache dieser Beschwerden zu sehen.

Selen (chemische Formel: Se)

Empfohlene tägliche Zufuhr: 100 mcg, (Mikrogramm)

Folgende Nahrungsmittel decken den Selen-Bedarf am besten:

Portionsgröße	Selengehalt	Tagesbedarf (%)
150 g Forelle	1.200 mcg	1.200 %
150 g Hering	210 mcg	200 %
200 g Schälgurke	60 mcg	60 %
100 g Kohlrabi, roh	50 mcg	50 %
60 g Sojabohne, getrocknet	36 mcg	36 %
60 g Reis, unpoliert	24 mcg	24 %
100 g Kartoffel, roh	12 mcg	12 %

Das Spurenelement Selen gehört - neben den schon erwähnten Vitaminen A, C und E zu den sogenannten "Radikalenfängern". Selen ist Bestandteill eines Enzyms, der sogenannten "Glutathionperoxidase", die, ähnlich wie das Vitamin E das Herz vor Schädigungen durch freie Radikale schützt. Ein Selenmangel führt somit in erster Linie zu krankhaften Veränderungen der Herzmuskulatur (Kardiomyopathie) und damit zu Verringerungen der Herzleistung (Keshan - Krankheit). Darüberhinaus ist Selen ein spezifischer Schutzstoff (Antidot) gegen Schwermetallgifte.

Zink (chemische Formel Zn)

Empfohlene tägliche Zufuhr: 15 mg

Folgende Nahrungsmittel decken den Zink-Bedarf am besten:

Portionsgröße	Zinkgehalt	Tagesbedarf (%)
140 g Rinderleber	7,1 mg	50 %
60 g Linse, getrocknet	3 mg	20 %
100 g Thunfisch	1,7 mg	12 %
50 g Erdnüsse	1,6 mg	11 %

Besonders für das menschliche Abwehrsystem, das Immunsystem ist das Spurenelement Zink von überragender Bedeutung. Es ist Bestandtteil von mehreren hundert Enzymen. Außerdem nimmt das Zink eine wichtige Stellung bei der regelrechten Funktion der Sexualhormone und -organe ein. Zinkmangel kann zu verzögertem Wachstum der männlichen Geschlechtsorgane führen und begünstigt Unfruchtbarkeit.

Weiterführende Literatur

**Wenn Sie sich weiter für das Gebiet der gesunden Ernährung einlesen wollen:
hier sind einige Bücher, die vielleicht Ihr Intersse finden könnten:**

- ***Anemüller;***
  "Das Grunddiäten- System"
- ***Bruker, Dr. med.;***

- ***Buchinger, Dr. med. Otto****;*
  "Heilfasten",
  Hippokrates Verlag, Stuttgart
- ***Buchinger, Dr. med Otto & Dr. med Andreas****;*
  "Das heilende Fasten",
  Dr. Werner Jopp Verlag, Wiesbaden
- ***Carper, Jean****,*
  "Nahrung ist die beste Medizin",
  Econ Verlag, Stuttgart
- ***Glaesel, Karl O.,***
  "Heilung ohne Wunder und Nebenwirkungen",
  Labor Glaesel Verlag, Konstanz
- ***Günther, Ernst;***
  "Lebendige Nahrung",
  Verlag Ernst Günther, Thöringen (Schweiz)
- ***Hoffmann, Peter (Hrsg.),***
  "Wegweiser Lebensmittel",
  pmi Verlagsgruppe, Frankfurt/ Main
- ***Katalyse e.V. (Hrsg.);***
  "Das Ernährungsbuch",
  Kiepenheuer und Wisch, Köln
- ***Koch, Fred W.;***
  "Saure Nahrung macht krank",
  Frech Verlag, Stuttgart (vergriffen, nur noch antiquarisch zu beziehen)
- ***Muermann, Bettina,***
  "Lexikon Ernährung",
  rororo Handbuch
- ***Nöcker, Rose-Marie,***
  "Körner, Sprossen, Keime",
  Wilhelm Heyne Verlag, München
- ***Philippeit, Ute und Schwartau, Silke;***
  "Zuviel Chemie im Kochtopf?",
  rororo - Sachbuch
- ***Philippeit, Ute,***
  "Weniger Chemie im Kochtopf,
  rororo Sachbuch
- ***Randolph, Theron G. und Moss, Ralph W.,***
  "Allergien: Folgen von Umwelt und Ernährung",
  Verlag C. F. Müller, Karlsruhe
- ***Sander, Friedrich F.,***
  "Der Säure - Basenhaushalt des menschlichen Organismus",
  Hippokrates Verlag, Stuttgart
- ***Uhle, Margret,***
  "Was kann man überhaupt noch essen",
  Goldmann Verlags GmbH, München

- ***Vollmer, Günther, Josst, Günther, Schenker, Dieter, Sturm, Wolfgang und Vreden, Norbert**; "Lebensmittelführer Fleisch, Fisch"; "Lebensmittelführer Obst, Gemüse" dtv wissen und praxis*
- ***Wendt, Lothar, Prof. Dr. med.;** Die Eiweißspeicherkrankheiten", Karl F. Haug Verlag, Heidelberg*
- ***Worlitschek, Michael, Dr. med.,** "Praxis des Säure-Basen-Haushaltes, Karl F. Haug Verlag, Heidelberg*
- ***Worlitschek, Michael, Dr. med.,** "Der Säure - Basen - Haushalt", Karl F. Haug Verlag, Heidelberg*
- ***Zabel, Prof. Dr. med. und Petri, Susanne;** "Eiweißfasten", Karl F. Haug Verlag, Heidelberg*
- ***Ziegler, Dr. med Harald,** "Vitamine, Mineralstoffe, Spurenelemente", Germa Press, Hamburg*
- ***Zabel, Prof. Dr. med.;** "Die interne Krebstherapie und die Ernährung des Krebskranken", Bircher Benner Verlag*

BEZUGS- UND EINKAUFSQUELLEN

Adressen zum Einkauf Ihrer Lebensmittel erhalten Sie (außer vielleicht bei "Ihrem" Reformhaus oder Naturkostladen) unter anderem bei folgenden Organisationen:

"demeter" - Forschungsring für Biologisch - Dynamische Wirtschaftsweise e. V. (Demeter Bund)

Baumschulenweg 11

64295 Darmstadt

Tel: 06155/2674

Fax: 06155/5774

"ANOG" - AG für naturnahen Obst- Gemüse und Feldfruchtanbau e. V.

Josef - Schell - Straße 17

53121 Bonn

Tel: 0228/627591

Fax: 0228/616170

"Bioland" - Verband für organischbiologischen Landbau e. V.,

Barbarossastraße 14

73066 Uhingen

Tel: 07161/31012

Fax: 07161/37819

Außerdem stehen diese Adressen auch in dem Buch:

"Einkaufen direkt beim Bio - Bauern", herausgegeben von der Stiftung Ökologie und Landbau

Weinstraße Süd 51

67098 Bad Dürkheim

Tel: 06322/8666

Fax: 06322/8794

oder in den folgenden Büchern:

"Alternatives Branchenbuch"

ALTOP Verlag,

Gotzinger Straße 48

81371 München

Tel: 089/74661-0

Fax: 089/7256246

"Naturkost in Deutschland",

Linda Kuhl

Verlag Ganzheitliche Gesundheit,

Wildburg

Der Vier Flamingos Verlag hat aufgrund der Hinweise und Erfahrungen von Dr. Klaus Hoffmann und der Schwierigkeit, diese aus den USA kommenden Produkte beziehen zu können, die Präparate Acerola pur (jetzt Acerola premium), Yucca-Root und Mega Alg in sein Vertriebsprogramm übernommen.

Bezugsquellen:
für die nachfolgend beschriebenen Artikel:

Vier Flamingos Verlags- und Vertriebsgesellschaft mbH
Postfach 15 54
48405 Rheine
Tel: 0 59 71 / 1 30 15 - 16
Fax: 0 59 71 / 1 30 17

für die anderen im Text beschriebenen Produkte wie Heilerde, Kieselsäure, Rebasit, Bierhefe etc. Apotheken und Reformhäuser

Rheuma heilt man anders
(Teil I)

Zweite erweiterte Auflage

Dr. med. Klaus Hoffmann

Provokativ sind nicht nur der Titel dieses Buches, sondern auch die Auffassungen des Mediziners Dr. Klaus Hoffmann zur Behandlung von Rheumaerkrankungen. Abseits der üblichen schulmedizinischen Behandlungen, die der Autor in ihrer Wertigkeit sehr relativiert, werden Heilbehandlungen aufgezeigt, die aus dem üblichen Rheumadilemma führen sollen.

Die Unheilbarkeit verschiedener Rheumaerkrankungen (von Schulmediziner behauptet) wird in Frage gestellt und anhand diverser Behandlungsprotokolle stark relativiert.

Außerachtlassen aller Ernährungseinflüsse und nicht zuletzt schädliche Therapieformen können das Krankheitsgeschehen bis hin zur Invalidität führen.

Also nicht das Krankheitsbild selbst bedingt Unheilbarkeit, sondern wenig geeignete Therapieansätze.

ISBN 3-928306-01-4

Vier Flamingos

Rheuma heilt man anders
(Teil II)

Dr. med Klaus Hoffmann

Ein Buch mit vielen wichtigen, vergessenen oder bahnbrechenden Hinweisen, Therapieformen, Rezepten usw.
Im einzelnen wird ausführlich vorgestellt:

- Die Behandlung mit Yucca-Extrakten - eine der hochkarätigsten Behandlungsformen zur Entgiftung des Körpers, aber auch der Ergänzung der Ernährung mit wichtigen Nährstoffen.
- Ergebnisse einer Therapiestudie mit Haifischknorpel.
- Osteoporosebehandlung (Knochenschwundbehandlung) ohne Hormone für alle, die den Wahnsinn der modernen Medizin nicht mitmachen wollen.
- Ausführlicher Rezept- und Ernährungsteil zur säure- und allergiearmen Ernährung gemäß den Empfehlungen in "Rheuma heilt man anders" Teil I.
- Der Therapieversuch eines Menschen, der mit Lachen und Vitamin C seine schwere Rheumaerkrankung besiegte.
- Weitere Fallberichte von Kranken, die ihr Schicksal besiegten: So das Beispiel einer Dame, die ihre Hüftoperation absagte und wenige Monate später einen Tanzkursus belegte.
- (Selbst-) Behandlung mit Hochfrequenz. Eine Therapieform, die früher in Millionen Familien gang und gäbe war und insbesondere bei Rheuma, aber auch bei vielen anderen Erkrankungen hervorragende Resultate brachte.

Erweitern Sie Ihre Erkenntnisse mit Informationen, die Ihr Leben und Ihre Gesundheit um neue Dimensionen bereichern werden.

Vorbestellung über den Vier Flamingos Verlag, Rheine, oder Auslieferung über den Buchhandel ab 3. Quartal 1995.

ISBN 3-928306-11-1

Die Immunbuch-Reihe des Vier Flamingos Verlages

Dr. Klaus Hoffmann / Axel Berendes

Rette Dein Immunsystem

Ein Leitfaden zum Überleben in einer Welt voller Umweltgifte, Zivilisationskrankheiten, Psychostreß sowie Folgen medizinischer Diagnostik und Therapie

Vier Flamingos Verlag
Rheine

Dr. Klaus-Ulrich Hoffmann

Rette Dein Immunsystem

Teil 2

Die KREBSSTORY

Suche nach der Wahrheit

Informationen für Betroffene und deren Angehörige, Gesunde und interessierte Therapeuten

Vier Flamingos Verlag
Rheine

Dr. Klaus-Ulrich Hoffmann

Rette Dein Immunsystem

Teil 3

KREBS

Die Wege der sanften Medizin

Behandlung von Geist und Körper

Vier Flamingos Verlag
Rheine

Dr. Klaus Hoffmann / Axel Berendes

Rette Dein Immunsystem

Teil 4

DIE GEFÄHRLICHE WELT DER MIKROBEN

Robbensterben
Schweinepest
Rinderwahnsinn
Pilzerkrankungen
Killerbakterien
HIV und AIDS
Hepatitis Viren

Vier Flamingos Verlag
Rheine

in Vorbereitung

Dr. Klaus Hoffmann / Axel Berendes

Revolution in der Ernährung

Das Kursbuch der säurefreien und allergiearmen Kost

Ein übergeordnetes Ernährungskonzept für die Ernährung bei allen Krankheiten und zur Gesunderhaltung

Theorie, Anwendung und praktische Erfahrungen

Vier Flamingos Verlag,
Rheine

Revolution in der Ernährung

Das Kursbuch der säurefreien und allergiearmen Kost

Es gibt hunderte von Ernährungs- und Rezeptbüchern jeglicher Couleur, teilweise sich widersprechenden Inhalts. Dieses Buch soll keine weitere Verwirrung schaffen, sondern Struktur und Ordnung, Übersicht und Klarheit bringen.

Es kann nicht Dutzende von verschiedenen Diäten für Dutzende von verschiedenen Krankheiten geben. Für Patienten mit verschiedenen Krankheiten **muß** eine Ernährungstherapie für alle Krankheiten gelten.
Unter den hunderten verschiedener Ernährungsbücher gibt es kein vergleichbares.
Können Sie sich folgendes vorstellen:

- ein Gelenk (Verschleiß) regeneriert sich wieder
- Depressionen verfliegen
- Krebskrankheiten werden vermieden oder stabilisieren sich
- Allergien sich allmählich abbauen
- Herzmuskelschwäche und Nierenfunktionen werden besser
- Stoffwechselwerte werden günstiger
- Pilz- und Infektanfälligkeiten wird nach und nach der Garaus gemacht

Dies alles ist das Konzept unseres Kursbuches. Vielfältige Darstellungen und entsprechende Fallbeispiele, die Besserung und Heilwirkung dieser umfassenden Kost darstellen, bereichern dieses Buch und geben ihm seinen praktischen Wert für jedermann.
Ein umfassendes Thema, nicht vergleichbar mit der heute praktizierten Vollwertkost. In wichtigen und gesundheitsrelevanten Fragestellungen werden um der Gesundung und der Gesunderhaltung willen elitäre Feststellungen getroffen. Nicht aus Publicitysucht, sondern aus der praktischen Erfahrung heraus.

- In Vorbereitung für 1996 -

Heilung bei Blutdruck, Herz- und Kreislaufkrankheiten und wie man weitere Krankheiten beeinflußt

Die Faszination der Atmung

Autor: Prof. Dr. med. et phil. Lothar Gottlieb Tirala
Neubearbeitung von: Dr. Klaus-Ulrich Hoffmann

Der Autor dieses Buches Prof. Dr. med. et phil. Lothar Gottlieb Tirala ist bereits verstorben.

Trotzdem ist sein Buch über Heilatmung eines der interessantesten, fundiertesten und ausgereiftesten Bücher über Heilatmung aus der ärztlichen Praxis heraus.

Dieses Buch, bereits erstmals 1949 erschienen und in vielfältigen Auflagen nachgedruckt, enthält umfassende Hinweise zur Heilung von Krankheiten, insbesondere im Bereich des hohen Blutdrucks und von Herz- und Kreislaufkrankheiten.

Das Schicksal des Hochdruckkranken unserer Tage sieht überwiegend so aus, daß er ein Leben lang einer chemischen Medikation unterzogen wird. Daß es andere Wege in der Behandlung gibt, hat Professor Tirala bereits vor Jahrzehnten aufgezeigt. Er führte in seiner internationalen Praxis Behandlungen von Herz-, Hochdruck- und Kreislauferkrankungen mittels Atemtherapie durch.

Seine Erfahrungen in der Behandlung anderer Krankheitssymptome sind ebenfalls als wahre medizinische Fundgrube zu betrachten.

Der Vier Flamingos Verlag hat es sich zur Aufgabe gemacht, die Erfahrungen von Professor Tirala wieder dem Kreis interessierter Leser und Kranker zugänglich zu machen, die Krankheiten nicht als Schicksal sondern als Herausforderung zur Bewältigung ihrer eigenen Probleme auffassen.

Gewissermaßen als Nebenprodukt fallen viele wichtige Hinweise auch über die Beeinflussung anderer Krankheiten mittels Atemtherapie an.

Ein hochinteressantes Buch, das eine Renaissance verdient hat.

Das Buch hat durch seine ungeahnte Nachfrage in unzähligen Auflagen bereits früher das Interesse breiter Leserkreise gefunden und das sehr zum Vorteil seiner Anwender.

Ein Erfahrungsbericht dazu von dem Arzt Dr. Klaus Hoffmann:
"Ich hatte dieses wertvolle Buch von einem Patienten zur Durchsicht bekommen. Ich las es, als ich auf einem Flug in die Sowjetunion in der Ära Gorbatschov unterwegs war. Die Ernährung in den dortigen Hotels war so, daß sie nicht meinen Notwendigkeiten entsprach. Die Folge war, daß ich als früherer Rheumatiker mir eine schmerzhafte entzündliche Rheumaschwellung an einem Sprunggelenk zuzog.

Da ich auf diese Situation nicht vorbereitet war und keinerlei Medikamente bei mir hatte, praktizierte ich die Atemtechnik nach Professor Tirala. Dies sogar intensiver als in dem Buch vorgegeben. Das Erstaunliche passierte, daß innerhalb weniger Tage allein durch Anwendung dieser Atemtechnik die Gelenkschwellung vollkommen zur Rückbildung kam. Die entsprechenden Hinweise für die Anwendung auch bei Arthritis fand ich in einem Fallbericht von Professor Tirala, in dem er beschrieb, daß bei einer Patientin, die diese Atemtherapie wegen eines hohen Blutdrucks durchführte, auch Gelenkbeschwerden gelindert wurden."

Vier Flamingos

Interessieren Sie diese Themen?

- **Revolution in der Ernährung**

  Das Kursbuch der säurefreien und allergiearmen Kost

  Das große und umfassendste Buch zum Thema säurefreie Kost.

  Alle Grundlagen und Zusammenhänge einer optimierten Ernährungsform für **alle** Krankheiten zusammengefaßt in einem Werk. Gleichzeitig stellt dieses Buch ein Therapiebuch für alle ernährungsabhängigen Krankheiten dar und enthält vielfältige Beispiele dazu.

- **Therapiebuch der Vitalstoffe**

  Alles über Vitamine, Mineralien, Spurenelemente Enzyme und ihre Anwendung zur Krankheitsprophylaxe und Therapie

- **Dokumentation: Ernährung und Krebs**

  Alle verfügbaren wissenschaftlichen Fakten und Ergebnisse der Erfahrungsmedizin zusammengefaßt

- **Therapiebuch der Hochfrequenztherapie**

  Die Wiederbelebung einer vergessenen Therapie

- **Die Faszination der Atmung**

  In Anlehnung an die Arbeiten von Professor Tirala / Graz. Die unglaublichen Dimensionen und Wechselbeziehungen von Atmung und Gesundheit

es geht weiter ...

... oder vielleicht diese?

- **Revolution in Neurologie und Psychiatrie**
  Auswege aus scheinbar unheilbaren neurologischen und psychiatrischen Krankheitsbildern

- **Wie jung wollen Sie werden?**
  Die meisten Alterungsprozesse sind nicht physiologisch - drehen Sie das Rad der Zeit zurück! Ein um zehn bis zwanzig Jahre jüngeres Aussehen - verbunden mit mehr Gesundheit - ist keine Utopie.

- **Herz und Gefäße - Bis ins Alter jung**
  Wie Sie nicht zu den fünfzig Prozent jener Menschen gehören, die an einer Erkrankung von Herz und Gefäßen sterben.

Dies sind die Bücher aus unserer weiteren Verlagsplanung.
Jedes für sich eine Kostbarkeit.
Unsere Verlagsprogramme, die ca. jedes Halbjahr aktualisieret werden, halten Sie auf dem laufenden.

Vier Flamingos

Vorträge und Seminare

mit

Dr. med. Klaus Hoffmann

Dr. med. Klaus Hoffmann ist praktizierender Arzt, Therapeut, Dozent und Autor verschiedener medizinischer Fachbücher.

Seine Spezialgebiete sind: Neue Wege in der Krebs-, Rheuma- und Immuntherapie, Behandlung von unphysiologischen Alterungsprozessen ("Fast jeder Mensch kann jung sein"), die Reduzierung von Arteriosklerose sowie Vermeidung dadurch ausgelöster Erkrankungen wie hoher Blutdruck, Angina pectoris, Herzinfarkt, Schlaganfall oder Besserung von Folgeerscheinungen dieser Erkrankungen, was auch noch viele Jahre nach Krankheitsereignis möglich ist. Sein besonderes Anliegen ist die Aufklärung über die Erhaltung oder Wiedergewinnung der Gesundheit im Rahmen einer säurefreien (basischen) und allergiearmen Kost.

Zu diesen hochakuellen Themen finden regelmäßig Tagesseminare mit
Dr. Klaus Hoffmann statt.

Fordern Sie bitte weitergehende Informationen bei unserem Seminardienst an.

Vier Flamingos Verlag, Rheine

Yucca Root

Nahrungsergänzung

reich an:
- Saponinen
- Enzymen und Vitaminen
- Mineralien und Spurenelementen

Die Verwendungsmöglichkeiten der **Yucca**-Pflanze sind vielfältig und reichen über die Verwendung zur Nahrungsergänzung, zur Wundbehandlung bis hin als Zusatz für Kosmetika.

Auffällig ist die starke Reinigungswirkung auf den Körper und die Ausscheidung von Stoffwechselschlacken durch Verwendung von **Yucca**-Auszügen als Nahrungsergänzung.

Biochemische Untersuchungen konnten diese Wirkung aufklären: Der Pflanzensaft der **Yucca** enthält in hoher Konzentration einen bitter schmeckenden Naturstoffkomplex, die Saponine. Das sind sogenannte Steroidverbindungen, die im Verdauungstrakt die Funktion einer "biologischen Seife" erfüllen, Toxine absorbieren und Ablagerungen nicht nur aus dem Darm, sondern auch aus Gefäßen und Gelenken allmählich auswaschen.

Saponine fördern die Verbindung von Ölen (Fetten) und Wasser. So werden die Zirkulation des Blutes und die Nährstoffaufnahme verbessert. Die daraus resultierende bessere Nahrungsverwertung hat zur Folge, daß deutlich weniger substanzielle Nahrung benötigt wird, das Hungergefühl läßt nach.

Die wertvollen Bestandteile der **Yucca**-Pflanze gibt es bei uns in Form von Kapseln, welche den schonend getrockneten Pflanzensaft der **Yucca**-Wurzel (Root) und gemahlene Bestandteile derselben enthalten. Neben ihrem hohen Anteil an Saponinen zeichnen sich **Yucca Root** Kapseln durch ihren Ballaststoffreichtum, ihren Enzym- und Vitamingehalt als auch durch zahlreiche Mineralien und Spurenelemente aus. Sie sind eine hochwertige Nahrungsergänzung, die den Organismus reinigt, den pH-Wert neutralisiert und die Voraussetzung für die Bildung einer natürlichen und gesunden Darmflora schafft.

Hinweis:
Um eine optimale Entfaltung der Inhaltsstoffe zu erreichen, empfiehlt es sich , während der kurmäßigen Anwendung den Körper mit reichlich Flüssigkeit zur versorgen. Die tägliche Flüssigkeitsaufnahme sollte hierbei nach Möglichkeit zwei Liter nicht unterschreiten.

- **Yucca-Root**: 270 Kapseln mit je 500mg pulverisierter Yucca Wurzel (Yucca baccata), frei von chemischen Zusätzen, zu beziehen bei:

Vier Flamingos

MEGA-ALG

Salzseealgenpulver aus
Spirulina platensis

Spirulina ist der bedeutsamste aller Nahrungsergänzungsstoffe.
Es stellt ein basisches Ernährungskonzentrat dar.

Besonderheiten:

- Hoher Anteil an kompletten Protein (Aminosäuren), darunter alle essentiellen Aminosäuren, welche vom Körper nicht selbst hergestellt werden können.
- Besonders hoher Anteil an natürlichem Vitamin A. Vitamin A ist das Hauptvitamin zur Krebsprophylaxe. Es ist das Schutzvitamin der Haut und Schleimhäute und stimuliert das Immunsystem. 10 Gramm Algenpulver enthalten 30.000 IE Vitamin A in Form von Beta-Carotin.
- Enthält alle B-Vitamine, besonders Vitamin B12 (20 mal mehr als Frischleber). Unterstützt die Blutbildung.
- Hoher Anteil an Chlorophyll und Eisen, weiteren Blutbildungsstoffen.
- Wirkt basisch und ist dadurch zur Behebung von Übersäuerungszuständen geeignet.
- Spirulina wirkt durch den hohen Sättigungsgrad als natürlicher Appetitzügler.
- Gute Vitalstoffergänzung im Fasten
- Durch sofortige Bereitstellung von Energie geeignet bei Erschöpfungszuständen.
- Hoher Anteil an ungesättigten Fettsäuren (Gefäßschutz, cholesterinsenkend)
- Angaben über weiteren Vitalstoffgehalt im Immunbuch I,
  Kapitel: Therapeutische Hinweise
- Tagesdosierung 3 bis 30 Gramm

Auch in Tablettenform erhältlich!

Vier Flamingos

Acerola Premium

Natürliches Vitamin C aus der Acerola Kirsche

Grundlage für **Acerola Premium** Fruchtpulver ist die Acerola-Kirsche, die Vitamin C-reichste Frucht der Welt. Sie wächst im tropischen Amerika. Von den Eingeborenen der Karibik werden die klein-wüchsigen Acerolabäume "Bäume der Gesundheit" genannt.

Acerola Premium enthält ausschließlich natürliches Vitamin C aus der Acerola-Frucht. Dieser natürliche Gehalt beträgt durchschnittlich 18% und liegt durch die bioaktiven Begleitstoffe der Acerola-Kirsche als Komplex vor. Der natürliche Vitamin-C-Komplex hat eine wesentlich umfassendere Wirkung und ist nicht vergleichbar mit isoliertem synthetischen Vitamin C!

Acerola Premium ist ein gesundheitsförderndes Lebensmittel und empfehlenswert als tägliche Nahrungsergänzung besonders bei:

- Frühjahrsmüdigkeit
- Wetterfühligkeit
- Rekonvaleszenz
- Schwangerschaft und Stillzeit
- zur Stärkung der Abwehrkräfte
- Streß
- allgemeinen körperlichen Belastungen

Zu beziehen über:

Vier Flamingos

Ano

ein wundersames Darmröhrchen mit erheblicher Bedeutung

Kaum ein "Wundermittel" ist bisher so der Aufmerksamkeit entgangen, wie das Darmröhrchen genannt **ANO**. Es ist dies ein körperanschmiegsam hergestelltes Röhrchen, dessen Noppe außerhalb des Schließmuskels verbleibt. An dieser Noppe wird es nach Bedarf herausgezogen. Durch einen Hohlraumschliff im Innern des Ano wird erreicht, daß die im Darm sich ständig bildenden Gärgase stetig abgeleitet werden. Da der Darm bis zu 50 Liter dieser Gärstoffe pro Tag bilden kann, kann es eine richtige Wohltat bedeuten, von dieser quälenden Last befreit zu werden.

Wie erklärt sich die "Wunderwirkung" des **ANO**?

Krankheitszustände werden oft durch Blähungen außerordentlich erschwert. Blähungen behindern die ganze Darmtätigkeit so sehr, daß eine optimale Verdauung nicht möglich ist. Wir erkranken an unseren Blähungen. Gestauter Daminhalt wird zu einer ausgiebigen Brutstätte für Bakterien.

Bezugsquelle: Vier Flamingos

BIO-SUN Creme electrique

Diese Creme ist bemerkenswert. Zum einen hat sie einen hohen regenerativen Effekt auf die Haut. Der kosmetische Effekt ist erheblich. Sie ist hervorragend zur Behandlung von Narben, zur Vermeidung von Narbenwulstbildungen geeignet. Sie unterstützt auch durch den Mineralanteil regenerative Prozesse bei rheumatischen Erkrankungen. Es kann zu Abschwellungen von entzündlichen Veränderungen und Reduzierung von Schmerzzuständen kommen. Auch hier ist ein Therapieversuch lohnend.

Bezugsquelle: Vier Flamingos

pH-Teststreifen

Die Übersäuerung ist die Ursache der meisten Krankheiten. Ein geregelter Stoffwechselablauf ist vom Säure-Basen-Gleichgewicht abhängig. Die Mehrzahl aller Meßwerte sollte bei pH 7,4 oder leicht höher liegen. Niedrigere Werte führen lt. Dr. Klaus Hoffmann auf Dauer zu gesundheitlichen Störungen.
Mit Hilfe der pH-Teststreifen aus dem Vier Flamingos Vertrieb und der beiliegenden Tabelle können Sie täglich Ihre pH-Werte kontrollieren.
Verpackungseinheit: 100 Teststreifen
Meßbereich: 5,2 - 7,4 pH

Bezugsquelle: Vier Flamingos

Nitrat-Teststäbchen

Kontrolle des wichtigsten Faktors der Umwelt - und Nahrungsbelastung

Nitrat ist ein allgegenwärtiger Belastungsfaktor für die menschliche Gesundheit geworden. Dabei spielen Nitratbelastungen des Trinkwassers vielleicht noch die kleinere Rolle gegenüber den Belastungen, die sich durch Nahrungsmittel aus konventionellem Anbau, mit Nitritsalzen konservierten Fleisch- und Wurstwaren sowie durch das Erhitzen von tierischem Eiweiß selbst ergeben. Erhöhte Nitratwerte sind durch Messung im Speichel nachweisbar. Gleichzeitig wird auch die Belastung durch Nitrit erfaßt. Aus Nitrit entstehen Nitrosamine, das sind Substanzen, die als stark kanzerogen eingestuft werden.
Da Vitamin C die Umwandlung von Nitrat in Nitrit und Nitrosamine vermeiden hilft, läßt sich dadurch gleichzeitig die eventuelle Notwendigkeit für eine Optimierung der Vitamin C-Versorgung ablesen.

Vier Flamingos Verlag

Original Hopi Ohrkerzen®

Die **BIO-SUN** Ohrenkerzen sind ein echtes Naturprodukt. Sie werden aus wertvollen Honigextrakten, naturbelassenen Leinengeweben und Heilkräutern in pulverisierter Form wie Salbei, Johanniskraut und Kamille hergestellt.

Der Unterdruck (sog. Kamineffekt) und die natürliche Vibration der stehenden Luftsäule durch die Flammenbewegung wirken sich wie eine sanfte Trommelfell-Massage aus. Dadurch wird eine feststellbare Druckregulation in den Nebenhöhlen bewirkt.

Die Druckströmung leitet die wertvollen Kräutersubstanzen nach innen und man kann folgende Wirkungen beobachten:

- Schutz für irritierte Zonen
- Anregung des Sekretflusses
- Abtransport von Schlacken und Ablagerungen

Durch die bei der Verbrennung entstehende Wärme stellt man fest:

- Anregung der Durchblutung
- Stärkung des Immunsystems
- Kräftigung der entschlackenden Zirkulation der Lymphe

Die Gesamtwirkung ist angenehm, wirkt entspannend und beruhigend auf das Gesamtsystem.

Versandeinheit: 10 Stück

Bezugsquelle: Vier Flamingos

Raus aus den Federn, rein in die Wolle

Am allerwenigsten Beachtung in der Rheumatherapie findet der Schlafplatz des Patienten.

Ein erheblicher Störfaktor ist die Verwendung von Federbetten.

Die gerupften Federn rutschen dicht zusammen und geben ein nahezu luftdichtes Polster. Das ist der Grund, warum die menschliche Haut darunter so schön warm gehalten wird. Wir wissen aber, daß die Luftzirkulation und der feuchte Durchgang für unser Wohlbefinden sehr wichtig sind.

Deswegen schneiden Federbetten und selbst die teuersten Daunen bei Vergleichstests in diesen Punkten meist sehr schlecht ab. Weil Inletts sehr dicht gewebt sein müssen wegen der sonst nach außen durchdringenden spitzen Federkiele, ist eine regelrechte Luftzirkulation im Federbett selbst nicht möglich. Körperausdünstungen ziehen aber trotzdem über Nacht hinein (Löschblatteffekt), ohne daß sie von selbst durch Lüften wieder ausdunsten können. Aus diesem Grunde bleibt bei der Verwendung von Tiermaterialien allein die Verwendung von Wollhaaren übrig.

Kamelhaar und seine Vorteile

- **Kamelhaar ist grundsätzlich unempfindlicher gegen Hautausdünstungen und läßt sie rascher entweichen.**
- **Kamelhaarbetten bleiben länger rein.**
- **Es ist im Sommer kühler und im Winter wärmer, weil die Wolle gröber und damit lufthaltiger ausfällt.**
- **Tierwolle, Kamelhaarwolle noch mehr als Schafswolle, wird eine antirheumatisch-schmerzstillende Wirkung nachgesagt.**

Das Kamel wird nicht geschoren, sondern die Treiber sammeln entweder die abgefallenen Wollbüschel auf, oder die Wolle wird ausgekämmt, wie für unsere Kamelhaarbetten.

Im Gegensatz zu einem Leinenbett empfindet man beim Zubettgehen kein besonderes Kältegefühl, das den Körper oft stundenlang nicht warm werden läßt und das Einschlafen behindert, wenn ein Wollbett verwendet wird. Der Körper kann sich hier optimal auf "wolliges" Wärme- und Wohlgefühl einstellen.

Man spricht von einer "Wollaura".

Wenn man sich tagsüber in Wollkleidung hüllt, wäre es ja auch unlogisch, sich nachts mit anderen Materialien zu umgeben. Kamelwolle soll einen 100prozentig höheren Belebungseffekt haben als Schafswolle. Wolle wirkt nach JÄGER auffallend stoffwechselsparend, so daß der Hunger reduziert wird und der Mensch mit bedeutend weniger Nahrung als sonst auskommt.

Wolle, insbesondere Kamelhaarwolle, kommt zum Tragen, wenn sie unmittelbar auf die Haut appliziert wird. Deswegen empfiehlt sich das nackte Schlafen in Kamelwollbetten. Der arteigene Kamelwollgeruch wird als einschläfernd empfunden und dient der Schlafförderung. Sowohl die Bettunterlage als auch die Bettdecke sollten optimalerweise aus diesem Wollhaar sein.

Informationsmaterial und Preislisten zu diesem neuen Produkt aus unserem Hause können Sie ab sofort anfordern!

Vier Flamingos

Der Niedrigtemperatur-Gartopf von Vier Flamingos

Schonend

garen

statt

verlustreich

kochen

In Vorbereitung

Vorteile:

- **mehrere Gerichte (z. B. Vorspeise, Hauptspeise, Beilagen) zugleich zubereiten (gleichzeitige Beschickung und Entnahme)**
- **alle Temperaturbereiche unterhalb der Leukozytosepunkte stufenlos einstellbar**
- **Temperatur- und Zeitschaltung machen unabhängig vom Kochtopf**
- **Speisen behalten ihren Eigengeschmack und schmecken auch ohne Salz!**
- **optimaler Erhalt von Vitalstoffen**

Vier Flamingos-Versand.
Sonderprospekte sind ab 1996 erhältlich.

Der Vier Flamingos Vertrieb

präsentiert:

WASSERREINIGUNG DER NATUR ABGESCHAUT

UMKEHROSMOSE

eine patentierteWELTNEUHEIT

Der einfache Weg zu noch besserem Trinkwasser

Comfort *line* - **Untertischgerät der neuen Generation**

OSMOTRONIK - **Auftischgerät**

Umkehrosmose ist ein Filtrationsverfahren, welches ermöglicht, Stoffe im Molekularbereich auszufiltern. Das verunreinigte Wasser wird gegen eine Membrane gepreßt. Die Verunreinigungen werden ausgespült und nur die Wassermoleküle dringen durch die Osmosemembran.

Kohleaktivfilter werden von ihrer Funktion als "Wasserverschönerung" angesehen. Sie halten Nitrate, Insektizide und Pestizide nur teilweise zurück.
Die Wasserdestillation ist durch einen hohen Energieverbrauch belastet und ökologisch nicht vertretbar.
So stellt sich die Umkehrosmose als technisch kaum noch zu optimierendes Verfahren und trotz höherer Geräteanschaffungskosten als sehr preiswertes Wasseraufbereitungsverfahren dar (ca. 2,3 Pfennig/Liter).

Rückhaltwerte der Geräte:

OSMOTRONIK + COMFORT *line*

Phosphate	bis zu	97%
Härtegrad	bis zu	97%
Nitrat	bis zu	93%
Pestizide Herbizide	bis zu	99%
Schwermetalle	bis zu	99%
Bakterien, Vieren	bis zu	100%
Radioaktive Partikel	bis zu	96%
Asbest	bis zu	100%

Wenn Ihr Trinkwasser aus der Wasserleitung kommt

Ihr Trinkwasser könnte durch Schadstoffbelastungen bedenklich verunreinigt sein.
Schadstoffe aus Industrie und Umwelt, die mit dem Wasser täglich aufgenommen werden, belasten den Organismus chronisch.
Belastende Substanzen, die heute in den Öko-Kreislauf gelangen, sickern langsam in tiefere Erdschichten, wo sie nach ca. 15 Jahren im Grundwasser ankommen.

Wann haben Sie das letzte Mal ein Glas Leitungswasser getrunken?

Mit Speisen und Getränken nehmen wir täglich 2-3 Liter Wasser zu uns. Wasser ist unser wichtigstes Lebensmittel: Es steuert den Stoffwechsel, transportiert Nährstoffe und Mineralien, führt Schlacken ab, regelt den Kreislauf und kontrolliert die Körpertemperatur.
Trinkwasser ist so wichtig für unsere Gesundheit, daß wir keine Mühe scheuen sollten, seine natürliche Qualität zu erhalten.

Wasser ist nicht nur unser Lebensmittel Nr. 1

W A S S E R I S T L E B E N

Wenn auch in Ihrem Wasser
"Der Wurm" drin ist:
Lösungsvorschlag Nr. 1

Die praktische
und preiswerte
Lösung:

OSMOTRONIK II TFC-S

Auftischgerät

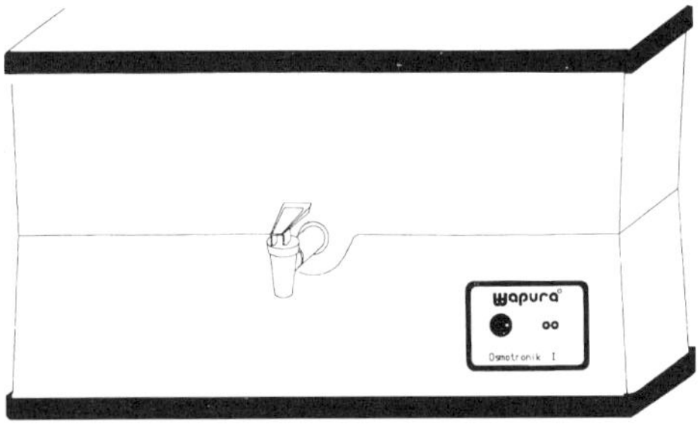

Sieben Pluspunkte für Ihr Wohlbefinden:

- Trinkwasser höchster Qualität
- Nur Pfennige pro Liter!!
- Einfach in der Bedienung
- Leicht zu installieren
- Täglich bis zu 30 Liter (Familienbedarf)
- Arbeitet nur mit dem Druck des Leitungswassersystems
- Lange Lebensdauer durch die Selbstreinigungseigenschaften des Gerätes

Lösungsvorschlag Nr. 2:

Die Trinkwasserreinigung durch das Untertischgerät Comfort line

Für Gesundheit und Wohlbefinden: klares, sauberes, gereinigtes Trinkwasser.

- Reduziert NItrat, Pestizide, Schwermetalle, Chlorkohlenwasserstoffe, Viren, Bakterien usw.
- Ist bedienungs- und installationsfreundlich und liefert je nach Gerätetyp bis zu 150 ltr. täglich reinstes Wasser, ausreichend für die ganze Familie
- Arbeitet ohne Einsatz von chemischen Stoffen, benötigt keine Regeneration
- Hat eine lange Lebensdauer durch Selbstreinigung.
- halbautomatisches Trinkwasseraufbereitungsgerät mit hydraulischer Abschaltung und manueller Spülung.

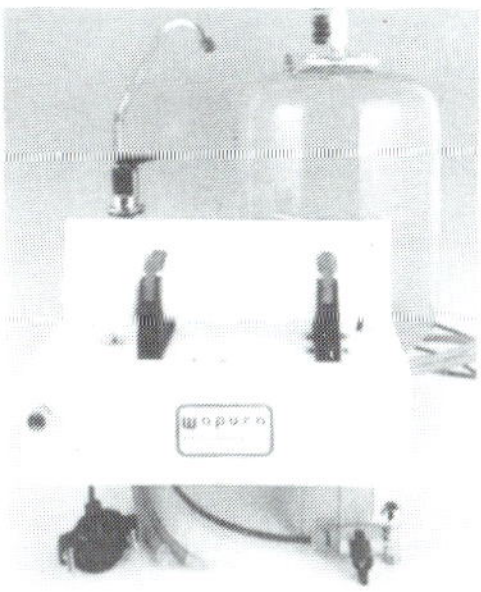

Comfort line

ideal für jede Küche. Platzsparendes und bedionungsfreundliches Untertischgerät mit separatem Trinkwasserhahn und Vorratstank.

Bitte fordern Sie unseren Geräteprospekt an.

Menge	Bestnr.	Artikel	Preis
	1083	Yucca Root (270 Kapseln)	180,-
	1999	MEGA-ALG (Pulver, 500 g)	145,-
	1600	MEGA-ALG (Tabl., 850 Stck.)	154,-
	1028	Acerola Premium (Pulver, 100 g)	35,-
	1032	pH-Teststreifen (1 Pckg. à 100 Stck.)	9,-
	1031	ANO	41,-
	1030	BIO-SUN Zellstromcreme, electrique	41,-
	1071	Ohrenkerzen (Pckg. à 10 Stck.)	58,-
	1005	Rette Dein Immunsystem Teil I	42,-
	1500	Rette Dein Immunsystem Teil II : "Die Krebsstory"	42,-
	2500	Rette Dein Immunsystem Teil III: "Krebs: Die Wege der sanften Medizin, Behandlung von Geist und Körper"	42,-
	1002	Rheuma heilt man anders Teil I	36,-
		Verlagsprogramm, ohne Berechnung	
		Sonderprospekte, (Niedrigtemperatur-Gartopf, Kamelhaarbetten, Ohrkerzen), ohne Berechnung	
		Summe:	

Porto: Inland:
Verpackung und Porto: 5,- DM, (ab DM 80,- DM Warenwert zu Lasten des Verlages)
Ausland: Verpackung und Porto zu Lasten des Empfängers

Gesamt:

Preisangabe / Versandbedingungen: Stand Juli/ 95

Bitte einsenden an:

Vier Flamingos Verlags- u. Vertriebsges.mbH
Postfach 1554
48405 Rheine